指数保险与中国自然灾害救助体系改革

中国发展研究基金会

图书在版编目（CIP）数据

指数保险与中国自然灾害救助体系改革/中国发展研究基金会著. —北京：中国发展出版社，2014. 12 （2017.3重印）

ISBN 978－7－5177－0214－6

Ⅰ. ①指… Ⅱ. ①中… Ⅲ. ①自然灾害—灾害保险—研究—中国 Ⅳ. ①F842. 64

中国版本图书馆 CIP 数据核字（2014）第 176237 号

书　　　名：指数保险与中国自然灾害救助体系改革
著作责任者：中国发展研究基金会
出 版 发 行：中国发展出版社
（北京市西城区百万庄大街 16 号 8 层　100037）
标 准 书 号：ISBN 978－7－5177－0214－6
经　销　者：各地新华书店
印　刷　者：北京明恒达印务有限公司
开　　　本：710mm×1000mm　1/16
印　　　张：13. 75
字　　　数：270 千字
版　　　次：2014 年 12 月第 1 版
印　　　次：2017 年 3 月第 4 次印刷
定　　　价：42. 00 元

联 系 电 话：（010）68990642　68990692
购 书 热 线：（010）68990682　68990686
网 络 订 购：http：//zgfzcbs. tmall. com//
网 购 电 话：（010）68990639　88333349
本 社 网 址：http：//www. develpress. com. cn
电 子 邮 件：fazhanreader@163. com

课题组成员

课题顾问

卢　迈　中国发展研究基金会秘书长

课题组组长

方　晋　中国发展研究基金会副秘书长

课题组协调人

俞建拖　中国发展研究基金会研究一部主任

分报告作者

《灾害风险融资：文献回顾》

刘民权　北京大学经济学院教授

Khan Kikkawa　亚洲开发银行研究所经济学家

《中国自然灾害救助体系研究——现状、挑战与对策》

罗楚亮　北京师范大学经济与工商管理学院教授

陈国强　西北师范大学讲师

《指数保险在中国自然灾害救助中的应用前景》

孙祁祥　北京大学经济学院院长、教授

刘新立　北京大学经济学院副教授

《指数保险与金融市场发展研究报告》

熊志国　中国保险监督管理委员会政策研究室主任

徐志峰　中国保险监督管理委员会政策研究室研究员

《指数保险与政府财政管理体制改革》

贾　康　全国政协委员，财政部科研所所长、研究员

李　全　中国财政学会绩效管理委员会执行秘书长、研究员

章　元　复旦大学教授，亚洲开发银行兼职研究员

范小雯　财政部科研所博士后

李　檬　财政部科研所研究人员

王辰愉　对外经济贸易大学研究人员

《指数保险在国际和国内的发展经验和教训——以指数保险在农业领域的应用为案例》

陈宗胜　南开大学经济学教授

周云波　南开大学经济研究所教授

序 言

灾害风险管理是2015年后国际发展议程的热点问题。中国国土广袤，地理和气象条件多样且复杂，地震、洪涝、干旱等各类自然灾害时有发生，每年因各类自然灾害造成的人民生命和财产损失巨大。探索有中国特色的灾害风险管理体系，不仅对中国来说有巨大现实意义，对国际发展领域也有积极意义。

中国发展研究基金会一直高度关注中国的灾害风险管理和灾害救助工作。2008年汶川地震以来，我们多次译介国际上防震减灾的先进经验，组织了多期相关培训班和研讨会，和国外大学合作并将先进的抗震技术引入中国贫困边远地区，积极投入灾区的恢复重建工作。此次在瑞士再保险公司的支持下，开展“指数保险与自然灾害救助体系改革”课题研究，将我们在这方面的工作推向深入。

在长期的灾害风险管理实践中，中国已经形成了有自身特色和优势的自然灾害救助体系，但是如何发挥市场机制的作用，使灾害救助中政府、社会、市场的功能相得益彰，仍是有待探索的课题。此次基金会与国内外优秀的专家团队合作，探讨将指数保险这一新兴的保险产品纳入到灾害风险管理体系，以提高灾害风险管理的有效性、及时性和保障能力，对于完善灾害救助体系和灾害风险管理体系意义十分重大。

课题团队经过努力形成的丰富成果，得到了多方的肯定，现在又即将成书以飨各方面的读者，在此我向全体课题组成员表示热烈祝贺！当然，基金会的这项研究仍然是尝试性的，我们期待更多的专家、保险行业从业者、政府部门以及社会公众就此进行研究和讨论，并期待进一步的合作。

卢　迈

中国发展研究基金会秘书长

2014 年 11 月

前 言

中国是自然灾害多发国家，每年都因为自然灾害导致巨大的生命和财产损失。据有关部门统计，2013 年全国因为干旱、洪水、地震等各类自然灾害造成损失总额达 4210 亿元。如此巨大的损失，不论是对遭受灾害的个人而言，还是对于国家而言，都需要正视并着力予以纾缓。因此，建立有效的自然灾害风险救助体系，为国家以及个人和组织提供一张安全网，托住发展的底线，确保发展进程的平稳平滑，具有极其重要的意义。

在自然灾害救助体系建设中，融资是一个具有根本重要性的问题。在金融市场相对发达的今天，当遭受自然灾害风险的时候，政府除了调整预算和调拨财政资金来开展救灾和重建工作，还可以通过信贷、发行债券和保险等手段进行融资，个人和企业也是如此。

面对巨型自然灾害，传统的保险手段作为灾害风险融资手段有一定的局限性。由于信息不对称导致的道德风险和逆向选择问题，传统保险通常需要经过复杂的勘察定损和较长的理赔周期，难以满足灾害救助中的即时性需求。此外，巨型灾害对一个地区来说往往是一种系统性风险，损失一旦形成，规模往往十分惊人，并超出传统保险机构的保障能力。因此，许多传统保险都将巨灾排除在保险范围之外。

指数保险作为一种新兴的金融创新产品，由于其建立在公开、即时的信息基础上，能够在灾害风险事件发生后根据理赔触发条件迅速作出响应。此外，由于指数保险的标准化特点，也非常容易证券化并且通过金融市场进一步分散风险。正是由于指数保险的这些特性，它有可能成为一种重要的灾害风险融资手段，对传统灾害风险融资构成补充。

鉴于指数保险在灾害风险融资中的潜力，以及保险在我国现行灾害风险融资体系中发展不足的现状，中国发展研究基金会于2013年11月启动了“指数保险与自然灾害救助体系改革研究”课题。为了做好这项研究，基金会成立了由财政部财政科学研究所、保险监督管理委员会政策研究室、北京大学经济学院、南开大学经济学院、北京师范大学经济与工商管理学院、亚洲开发银行研究所专家组成的课题组。

经过10个月的努力，各课题组均出色地完成了委托报告，包括：“中国自然灾害救助体系研究”（罗楚亮等）、“指数保险与政府财政管理体制改革”（贾康等）、“指数保险与金融市场发展研究”（熊志国等）、“指数保险在中国自然灾害救助中的应用前景”（孙祁祥等）、“指数保险在国际和国内的发展经验和教训”（陈宗胜等）以及“灾害风险融资：文献回顾”（刘民权等）。这六份报告都已经汇集在本书中。

在课题论证、研讨和报告撰写过程中，许多专家参与了讨论并提出了宝贵的意见。课题组顾问、中国发展研究基金会秘书长卢迈对课题的研究设计给予了宝贵建议，并在各阶段的讨论中提出了建设性的意见。史培军、王振耀、江先学、舒高勇、李冰清、刘玮、赵振民、叶涛等为课题论证和框架设计提出了建议。参加课题组2014年4月、8月两次研讨会的众多专家的发言也给我们带来很多启发。

本课题研究的顺利完成，有赖于全体课题组成员的辛勤投入及众多专家和单位的大力支持。本课题得到了瑞士再保险股份有限公司的资助。中国发展研究基金会理事长、原国务院发展研究中心主任王梦奎先生、瑞士再保险集团首席执行官李伟斯先生高度关心和重视双方的这次合作。国务院发展研究中心副主任张来明先生、中国保险监督管理委员会副主席周延礼先生对课题的研究成果给予了高度评价。瑞士再保险集团全球合作主席潘瑞康、公共利益风险业务执行总裁和亚太区负责人马臻国、北京分公司总经理陆勤对课题研究给予大力支持；瑞再北京分公司副总经理魏钢参与了课题各个环节的研讨，并提供了有力的技术支持；瑞再专家白耀玲、刘晓菲参与相关的讨论，焦洁为课题的组织协调做了大量工作。中国发展研究基金会副秘书长崔昕大力促成了与瑞再的这次合作，并对课题的设计提供了富有建设性的意见，研究一部主任俞建拖和项目官员陈诚、陈浩不仅出色完成了具体的课题组织工作，也承担了课题相关研究工作和本书的编辑工作。中国发展出版社社长包月阳、副总编辑尚元经和编辑赵建宏、陈学英为本书的顺利出版提供了大力支持。

指数保险作为灾害风险管理的重要工具，已经在实际应用中崭露头角，显示出巨大的潜力。如何将其进一步纳入我国灾害风险管理体系和保险市场发展战略中，是一个有待深入研究的课题，基金会的这项研究只是做了初步探索。我们非常高兴地看到，在国务院颁布的《国务院关于加快发展现代保险服务业的若干意见》中，有关探索指数保险等新兴产品的内容已经纳入其中，这是令人鼓舞的信号。今后，基金会将继续关注我国的灾害风险管理体系改革以及灾害风险融资问题，并和国内外的同行积极开展交流与合作。

值此本书付梓之际，作为课题组组长，谨代表中国发展研究基金会，对课题组全体成员和为课题顺利完成提供支持和帮助的单位和个人表示诚挚的感谢！

方　晋

中国发展研究基金会副秘书长

2014 年 11 月

目 录

| 第一章 |

指数保险与中国自然灾害救助体系改革：机遇、挑战与对策课题成果综述

◎中国发展研究基金会课题组

本综述基于本课题各分报告课题组研究成果，课题组组长方晋对本综述的框架和要点提供了指导意见，综述报告由俞建拖执笔。

中国是世界上自然灾害最多发、受灾最严重的国家之一。由于幅员辽阔、气象地质条件复杂，包括地震灾害、地质灾害、气象灾害、海洋灾害等在内的各种类型自然灾害在我国都多有发生，带来巨大的生命和财产损失。据民政部2010年提供的统计数字显示，近20年来，我国因遭受各类自然灾害每年平均死亡约4300人，倒塌民房约300万间，因灾直接经济损失占国内生产总值的2.48%。

严重的自然灾害冲击对中国的自然灾害救助体系提出更高的要求。改革开放以来，特别是汶川地震之后，中国的自然灾害救助体系有了长足的发展，基本上建立了较为现代化的自然灾害救助制度体系、应急响应体系、救援保障体系以及灾后重建和科技支撑体系。灾害救助体系的完善对灾区人民在灾时的生命财产保障以及灾后的重建和生产生活恢复起到了有力的支持作用。中国的自然灾害救助体系既有自身的特色和优势，也存在一些明显的短板。

指数保险不同于传统保险的以实地勘损为赔付依据，它以合同双方就灾害频度和强度对保险标的可能产生的损失规模的理解和认知，事先约定灾害发生强度指数（或指数组合）及对应的赔偿额度作为保险赔付触发机制及标准。指数保险作为一种新兴金融工具，具有高透明性、低交易成本、有效控制道德风险和逆向选择问题、标准化等特点。指数保险的承保范围不限于自然灾害相关的指数，但是在自然灾害救助领域可发挥天然优势，在自然灾害救助中有着巨大的潜力。

一、我国自然灾害救助体系的特点

我国的自然灾害救助体系在长期的灾害救助实践中，形成了自身鲜明的特色。从制度特色上看，中国的灾害救助体制更多采用的是一种“举国体制”，发挥政治优势，动员全国力量。从管理模式看，根据不同的灾害类别分别成立相应的救灾组织领导机构，实施条块分割的政府救灾组织管理。从机制设计看，救灾领导机制具有灵活性。当灾害发生后，一般由主要领导牵头成立救灾领导小组指挥灾害救助工作，各相关部门予以配合，国家可以随时下发相关规定、通知和意见及时处理灾害救助中的突发事件。此外，救灾与灾害重建相对独立。救灾工作通常侧重于救灾过程中的物质保障和技术保障，并不涉及灾害发生后的损失厘定和赔付问题，而灾后重建工作则由灾区政府在中央政府支持下逐步实施。

这种灾害救助体系有其突出的优点：在强大的政治动员下，可以迅速集中各种资源和力量，并对突发事件进行灵活的处置。但是，从现代自然灾害救助体系的要求来看，我国的自然灾害救助体系也暴露出诸多薄弱和不足之处。

第一，救灾重于防灾。现有的灾害救助体系更类似于一种“战时”动员机制，需要投入巨大的政治和组织资源。考虑到灾害发生的不确定性，如果作为常规制度安排则成本高昂。

第二，政府在灾害救助中承担主体责任，并在一定程度上承担无限责任。这导致政府在灾害救助中承担的角色过多、责任过重，反而不利于发挥自身的优势提高灾害救助的效率和效果。

第三，社会和私人部门在灾害救助中的活跃程度较低、参与相对不足。政府部门的强力主导和社会部门的发育不足，也使得民众对政府的救助存在高度的依赖性，公众防灾意识普遍不足，并且在灾害发生后也缺乏科学合理的知识和自救自助的能力。

第四，救灾法律体系不健全。现有的灾害救助法律体系在灾害救助时涉及的个人、组织、机构之间的权利义务关系并不清晰，往往依靠大量灾时的临时规定来进行协调。

第五，从筹资角度看，资金过多依赖于财政资金，此外居民和企业自有资金、社会捐赠资金也占据相当比例，对于保险以及巨灾债券等金融工具的利用不足，不利于风险在更大范围内分散。

第六，资金来源的有限性也限制了灾害补偿水平。从 1990 ~ 2010 年民政部统计数据看，我国年均拨付的自然灾害救灾专款为 60.1 亿元，占年均自然灾害损失 2518.3 亿元的 2.39%，救灾补偿与自然灾害损失之间存在巨大的缺口。

二、指数保险在自然灾害救助体系中的应用

与传统的保险相比较，指数保险具有以下六个方面的优点。

第一，具有高度风险聚焦性。对于传统的保险产品而言，当发生大面积的天灾时，农业损

失很难在空间尺度上得到分散，这就增加了保险公司赔付的差异性，加重了保险公司经营的风险。指数保险可保的前提恰恰是风险要具有空间相关性，若利用相邻地区的农作物对天气变化响应的相近性，就可以在时间尺度上有效地分散农业风险。

第二，道德风险和逆向选择问题易于控制。在指数保险中，由于补偿并不取决于保险标的的实际损失，被保险人在风险管理和减灾方面的积极性得到了保护，减少了道德风险的发生。另一方面，较高风险区域的被保险人由自己负担额外的风险损失责任，因而减少了逆向选择的发生。另外，指数保险所应用的气象信息等相关触发条件是公共信息，保险人和投保人无法因为信息不对称而获益，逆向选择和道德风险问题受到了抑制。

第三，产品设计标准、透明且较为灵活。指数保险通常使用简单和标准的保单格式，一般不用调整以适应每个投保人的需要，进而降低了管理成本。同时，由于保单设计相对简单，指数保险也更容易被保险知识匮乏的被保险人所接受。保单标准化的另一个好处是便于在二级市场交易，有利于保险公司将系统性巨灾风险分散至资本市场或国际金融市场。

第四，依据客观数据和科学方法，更具科学合理性。一方面，由于指数保险的费率厘定和风险区域规划以客观数据和科学方法为基础，因而保险产品更具有合理性。另一方面，由于合同结算使用的是独立于保险公司和投保人的第三方提供的数据，该数据的权威性不受合约持有者的影响，这保证了合约履行的科学性。

第五，赔付触发机制标准化，理赔便捷。在传统保险中，承保人不得不确定是否每个投保人都遭受了损失，不得不进行损失调整，因而导致理赔速度缓慢。而指数保险的赔付不需要估计单个投保人的实际损失，只需从合约约定触发条件发布机构读取客观数据，即可依据标准化的赔付触发机制实现理赔，从而简化赔付过程，实现快速理赔。

第六，指数保险可以通过证券化转移保险市场风险，还可以通过保险与信贷市场的互动来推动金融市场的发展。指数保险合约的流通性有助于分散风险。指数保险产品是一种与特定事件高度相关但又不依赖实际损失评估的金融产品，指数变化客观、透明，投资者比较容易了解产品。把某个特定自然事件发生投保的资产进行证券化，能够引起外部投资者的关注，并推动二级市场如巨灾债券或期权和期货等衍生产品交易。对于保险公司而言，一方面能够通过金融市场募集更为廉价的灾害基金，另一方面指数保险规避和分散风险的能力比传统的保险更强。此外，通过建立指数保险与信贷市场、投保人的联系，采取“银保互动”的指数保险模式，还有助于减少金融服务的交易成本，双向刺激金融市场的发展。

由于指数保险的上述特性，其在多个方面有助于弥补现行灾害救助体系的不足：一是使筹资结构更加多样化，有利于在更广的范围分散灾害风险，减轻政府以及受灾地区居民和企业的灾害负担；二是提供了补充性的资金来源，在其他条件不变的情况下，有利于提高整体的风险补偿水平；三是由于指数保险在赔付上的迅捷性，有助于提高灾害救助体系的响应速度、救助效率和效果；四是指数保险开发和运用过程中积累和产生的大量数据资料和信息，可以被用于优化自然灾害救助系统，整体上提高灾害风险的管理水平；五是指数保险作为一种事前的融资安排，它的普及有助于提高政府和公众的风险意识，促使他们在灾害预防上投资。

指数保险也存在着自身的不足。其中最重要的是基差风险，由于指数保险的赔付金额事先约定，不以投保人的实际损失为基础，有的投保人没有受灾也会得到赔偿，有的受灾很严重但得到的赔偿不足以弥补其灾害损失。此外，指数保险的产品特性也决定了其赔付金额相对有限，并且在说服政府和公众接受指数保险时也面临挑战。因此，在灾害救助体系中，指数保险作为灾害风险筹资工具，需要与其他工具和手段结合使用。

三、在我国推广指数保险的有利条件和挑战

从总体上看，当前中国指数保险的发展具备了诸多有利条件。

第一，从市场需求看，通过对陕甘地区农户的调研分析显示，只要消费者对产品有深入的了解，指数保险拥有巨大的潜在空间。

第二，从政策环境看，2013 年 3 月 1 日国务院制定的《农业保险条例》出台后，中国发展农业指数保险的政策环境呈现出比较有利的局面。更重要的是，十八届三中全会出台的《决定》中，明确提出“完善保险经济补偿机制，建立巨灾保险”，鉴于指数保险在巨灾保险应用中的天然优势，这对于指数保险的试点和推广也是一个重大的利好。

第三，从技术条件看，我国目前已经建立了新一代中国数字地震观测系统，在气象数据获取方面也拥有了 2200 个省级气象站和 700 个国家气象站，卫星技术的发展也使人们有条件获取更多更好的关于洪水、农作物、植被等相关数据。

第四，从业界态度看，保险公司对于指数保险产品的供给是很积极的，目前国内已经有多家保险公司引入国际先进技术和经验开发指数保险产品，并结合不同地区的气候、承灾体、孕灾环境进行了试点和推广。

第五，先期经验积累。目前，中国在安徽、天津等地开展指数保险试点，为进一步发展指

数保险积累了宝贵的先期经验。

从现实看，当前我国也存在若干不利于指数保险推广的因素，主要表现为以下六点。

第一，技术层面上，复杂地形和气候条件下选择合适的指数会面临巨大的困难，公众对于复杂指数的接受程度低，高质量的数据获取困难，历史数据不足，区域数据采集的覆盖低等等。

第二，在政策法规方面，目前还没有明确的法律法规、行政条例对指数保险的财政补贴予以确认，指数保险也未被纳入政策性保险的范畴，只有地方政府根据政策精神，通过地方财政支出对指数保险产品进行保费补贴。

第三，行业经营状况不尽理想。目前，经营农业保险的保险企业营利状况普遍不理想，地方补贴也不一定都能到位，指数保险专业销售人员不足，也不利于指数保险的推广。

第四，农民对指数保险的认识有限，对保险公司及其产品的信任程度低，相关的教育和知识普及缺乏，影响了对农业保险（包括指数保险）的支付意愿。

第五，承灾体抵御风险的水平还显得不足，造成指数保险所设计的赔付率较高，进而使得单位保额的保费较高，不仅抑制了市场需求，而且保险公司对承保也比较犹豫。

第六，我国资本市场尚不完善，体系发展不均衡且结构单一，金融市场上的衍生工具发展滞后、技术手段创新力度不够，金融中介服务机构不发达，也制约了指数保险产品的开发和应用。

从现实出发，当前宜选择数据基础良好、风险灾害种类相对单一、国内外已经有相对成熟的做法、政府和公众有充分认识和需求的地区进行试点，可率先从农业天气指数保险、农产品价格指数保险、地震指数保险等领域开展试点工作。

四、推进指数保险试点、完善自然灾害救助体系的政策建议

第一，完善自然灾害救助体系的顶层设计，明确指数保险在其中的作用和地位。从自然灾害救助的覆盖能力、救助水平、公平性、可持续性、及时性和有效性等要求出发，全面审视并明确救灾主体、救助对象、救灾资源、救灾手段以及制度保障。将指数保险作为事前风险筹资手段纳入灾害救助体系的常规组成部分，使自然灾害风险负担在政府－市场－社会的分配更加合理。对指数保险与其他风险筹资手段、救助手段的匹配与衔接进行优化。根据现阶段经济发

展和金融市场的实际情况，制定我国指数保险发展中长期规划，协调各方资源，统筹安排，防止在巨灾保险的整个设计过程出现碎片化现象。在具体的制度建设和运行过程中，建议更多地采用政府引导下的市场运作，充分发挥各职能机构的作用。

第二，在指数保险试点和推广应用过程中建立良好的公私合作伙伴关系。指数保险作为一种市场化的保障手段，建议在现阶段的参与配置上采取“政府主导 + 市场补充”方案，确保充分分散风险，实现投保普及化。保险业和政府之间应建立一种建设性伙伴关系，政府在适当的条件下可充当保险公司的最终担保人。指数保险试点地区的政府还可以对私人和企业购买指数保险提供相应的财政补贴。建立强制保险与非强制保险相结合的试点机制，在相关机制和产品成熟以后，逐步向市场化过渡，让居民自由选择。

第三，改革政府预算管理体制，实现政府预算与指数保险的衔接。将巨灾指数保险列为预算中自然灾害救助支出的明细科目，且单独设立科目进行核算和绩效管理，进行长期、多年的预算管理和绩效评估。试点探索用财政预备费购买指数保险，同时对购买保险的过程、保险兑付的过程以及重大自然灾害的损失弥补或灾后重建的效果进行常规和专项的审计，为其他地区开展类似的常识提供理论和实践依据。

第四，完善相关的法律法规和监管体系。以现有法律体系为基础制定符合我国实际的自然灾害救助基本法和相关配套法律，以法律的形式明确各级政府与居民的权利义务关系，规定救灾程序及救灾主题，确定灾后重建扶助措施。将应急预案体系以法律的形式加以重申。完善金融保险行业的立法，对《公司法》《银行监督管理法》《证券法》《保险法》等进行修订，破除指数保险连接证券发行的障碍。立法机关应完善配套的法律法规，适度开放保险市场和证券市场对机构投资者的限制，放开成立特殊目的的机构（SPV）的限制，在法律上确立 SPV 的优惠税收地位和完善 SPV 诚信义务的规定，让有实力的机构投资者积极参与到保险连接证券的认购发行中。强化银行、证券、保险业的金融监管协调，制定相关金融监管协调条例，明确牵头部门及其他政府部门的权利和义务，明确监管的责任边界，条件成熟时制定金融监督管理法，在法律上固化协同监管机制。加强金融监管日常工作的协调。

第五，充分利用国际保险市场和资本市场，通过再保险安排分散高集聚风险，加快其他巨灾保险金融创新产品研究。鉴于指数保险高风险聚集性的特征，建议对接国际再保险市场，通过再保险进一步在国际上分担风险责任。保险公司根据自身偿付能力承担一定比例的风险责任，积极参与国际再保险市场对巨灾管理的研究课题，及时吸收国际先进经验，完善我国指数保险机制。积极发挥资本市场对巨灾保险的支持作用，研究开发适合资本市场特点的巨灾债券、巨灾期权等证券化产品以及非传统风险转移产品，作为再保险风险分散机制的补充。

第六，建立规范技术标准和基础信息数据库。加强气象、水文、统计、国土等部门的数据整合，建立对各类保险标的信息进行分门别类统计的可更新数据库，在此基础上建立我国省级行政区划对应的巨灾标的信息检索功能，相关信息数据库可逐步精确到县、乡镇甚至村一级。巨灾损失数据信息整合，加强专项课题研究，整合国内外研究机构、高等院校的历史巨灾损失信息，开展有关巨灾等历史资料的研究和调查，形成分风险种类的巨灾历史损失数据库，并建立数据修正完善的长效机制，逐步建立能够用于承保政策制定和损失快速评估的历史损失数据库。加强民政、人口、经济等相关灾害信息来源整合，加强广播、电视、互联网、通信等渠道信息的整合，形成灾害预警信息数据库，作为支持农业保险、巨灾保险运行的灾害预警和防灾减灾工作的数据基础。加强农业保险和气象、水文、地震等部门的协作，为发展符合中国国情的保险连接证券创造条件。

第七，加快灾害救助以及与指数保险相关的人才培养，加强对灾害风险防范以及指数保险知识的普及工作。通过“走出去、引进来”开展国际合作，吸收国际灾害救助以及保险连接证券的现金经验和做法，加快人才的培养。与此同时，根据我国金融市场和现实情况及未来需求，根据指数保险等新金融创新的知识要求，开展继续教育和在职培训。完善相关的专业资格认证体系，将指数保险、风险证券化等基础知识和业务纳入考核体系。高等院校和科研机构的相关教育设置体现新的行业需求，做好人才培养规划，合理设置课程，为灾害救助和金融创新做好人才储备。通过宣传教育提高全社会有关灾害风险防范的意识，普及有关灾害救助以及指数保险的知识和技能。

| 第二章 |

灾害风险融资：文献回顾

◎**刘民权**（北京大学）

◎**Khan Kikkawa**（亚洲开发银行研究所）

自然灾害给发达经济体和发展中经济体都会带来巨大的人员伤亡和经济损失。单就经济损失而言，从绝对值来看，发达经济体因存在大量价值高昂的实体资产，自然灾害的经济损失可能会比发展中经济体高得多。然而，相对于国内生产总值而言，发展中经济体、新兴市场和面积较小国家受自然灾害的经济影响事实上会更为剧烈。例如，虽然 2011 年日本大地震造成了总额达 2100 亿美元的直接经济损失，但它只相当于日本同时期国内生产总值的 4%，而同年泰国洪灾的直接经济损失仅为 450 亿美元，则相当于其国内生产总值的 13%；海地 2010 年地震的直接经济损失为 78 亿美元，竟是其国内生产总值的 120%（Ghesquiere 等，2012）。

自然灾害对经济造成的潜在影响如此巨大，使得发达经济体和发展中经济体都必须重视事前灾害风险融资，以期在灾害发生后能快速救灾、重建和恢复。有研究表明，根据现状估算，在减灾上花费 1 美元相当于在灾害恢复上花费 7 美元，因此投资于减灾更为划算。尽管各国也十分需要投资于减少灾害风险，但本文将不探讨与此相关的筹资问题。一个国家可以投资于减灾，但仍然无法避免所有自然灾害。所以，各国依然需要在一次灾害，特别是一次罕见的巨灾发生后，投资于灾后救助、重建和恢复。而事先准备一笔用于突发事件的资金，以备不时之需，则已成为公共政策中极为重要的一个方面。另一个途径则是在事件发生之后调动必要资源。

以下第 2 部分将探讨一些重要概念，并提出一个区分不同减灾风险融资体系的框架。该框架包括 3 个重要方面或维度：国际/国内、公共/私营、事前/事后。接下来的两个部分将回顾一些重要的实例。第 3 部分探讨事前灾害风险融资，从国内和国际两个方面重点关注一系列公共和私营部门的资金筹措办法，突出私营部门来源的重要性。第 4 部分考虑事后灾害风险融资，同样从国内和国际两个方面强调公共和私营部门的来源。最后部分总结全文。

一、自然灾害的影响和灾害风险融资

（一）自然灾害和经济

自然灾害给世界各国带来了越来越高的经济损失。除人员伤亡外，自然灾害损坏财产，破坏重要的基础设施，而且妨碍社会功能，以至阻碍经济发展。一些极端事件（extremeevents）导致了自然灾害，我们把这些事件本身称之为“风险”（hazard）。但这些事件本身并不一定造成灾害。只有当有居民和社区暴露于其作用之下（exposure），并且在这些居民和社区中存在针对这些事件的脆弱性（vulnerability），才会使它们逐步发展为灾害。各国可以采取各种措施以减少相关事件发生的概率，减低暴露率和降低脆弱性来减少灾害风险，但本文将不涉及这些具体的措施。

现有证据表明，自然灾害可导致一国国内生产总值在短期内持续下降。根据 Noy（2009）的研究成果（Noy 使用了 109 个国家 1970～2003 年的统计材料），由自然灾害造成的财产损失会阻碍发展中国家国内生产总值的增长；直接损害的规模每增加一标准差可导致增长率降低 9%。相比较而言，发达国家同样受影响但其对增长率的影响只少于 1%。由于对国内生产总值的巨大影响，自然灾害会在很大程度上抑制发展中经济体的发展。此外，在许多方面，自然灾害的频发性和严重程度都在与日俱增。有学者指出，由于自然风险高发地区的人口增长以及极端事件发生的频率和严重程度的增加，经记录下来的发生在 90 年代的自然灾害是 70 年代的 3 倍（Rasmussen，2004）。

然而，自然灾害对经济体长期增长的影响则是不明确的。Skidmore 和 Toya（2002）显示，由于灾后人力资本的积累和技术的增长，气候灾害事实上可导致增长率的提高，而由于对物质资本和人力资本的摧残，地质自然灾害则不然。Rasmussen（2004）则表明，自然灾害可能阻止或者不会对长期增长产生任何影响。一方面，自然灾害可能因毁坏资源而降低长期增长率，另外重建也可能挤掉其他有高回报率的投资；另一方面，经济的长期增长又会受重建规模的影响。然而，若没有充足的资金用于恢复或者提高原有的基础设施和公共服务，也就不会出现有效的重建。因此，从这一角度讲，各国也必须为有效的灾后重建准备充足的资金。

（二）灾害风险融资方案

一个经济体可通过多种融资渠道获得灾后所需的救助、重建和修复资金。由于人们常常认为这类工作属于政府的职责范畴，故大部分资金来自公共部门，尽管近期也出现不少提倡公私合营的方案，但它们只不过旨在增加来自私营部门的资金水平。

可根据以下三个主要维度确定一国的灾害风险融资体系：事前/事后、公共/私营、国际/国内。出于某些分析的目的，第一个是最重要的维度，即根据筹资发生的时段区分灾害风险融资方案。事前方案需要一个潜在的受害对象或其政府意识到灾害风险的存在，并采取积极措施准备好一笔必要的资金以供事后使用，无论是用于灾后救助、重建或恢复。与之相反，在事后方案中，相关当事方不需在事前采取行动，而只需在灾害发生后做出应对措施寻找必要资金。

无论哪种情况，所涉及的资金都意味着巨大的机会成本。在事前方案下，相关代理人或政府或可预先安排大量的财政资源（如留出足够的储备资金），或者支付高额的保险金来转移风险，以满足预期的事后需要。两者均涉及本可投入其他用途的大笔资金。对于那些尤其缺乏发展资金的经济体来说，这将意味着巨大的机会成本。同样，事后方案也意味着相关经济体将承担巨大的机会成本。灾害发生后，或者原本用于发展目的的预算分配将被转移用于应对紧急情况和恢复工作，或者政府需增税，又或是诉诸昂贵的事后资本市场借贷。在前一种情况下，经济发展将会受到直接的影响；在后两种情况下，增加的国债和更高额的税收会影响新的私营投资（Cummins 和 Mahul，2009），进而危害国家的发展前景。尽管发展中国家也许可依赖国际社会的慷慨解囊，但这类资金的规模以及可到位的速度常是不确定的。

第二个维度涉及公共部门与私营部门在灾害风险筹措中的相对重要性。保险市场是抵御灾害风险的一种主要事前融资工具和一种重要的私营资金来源。然而，由于发展中经济体保险市场的普遍不景气，如果没有大量公共补贴，几乎不会有经济体可以建立可支付的、有效的、可持续的灾害保险项目。正因为如此，虽然在发达经济体中有高于 40% 的自然灾害直接经济损失得到保险，但在中等收入经济体中，这个数字却不到 10%；在低收入经济体中，这一数字还不足 5%（Cummins 和 Mahul，2009）。另一方面，由于对灾害风险意识的局限性和撒马利亚人困境[①]，即使在发达经济体中，不少公民也不情愿购买保险。例如，有学者指出，尽管政府

① 撒马利亚人困境指的是由利他主义造成的道德危机。由于受益者认为不管其自身努力程度，捐赠者总会提供帮助，因此，受益者本人只会为其自身福祉做最小的努力，从而无法达到最佳的救助结果。

提供大量补贴，由于美国公众对受灾人群的慷慨捐助，美国易受灾害影响地区的许多市民仍然不愿意购买自然灾害保险（Coaste，1995）。

在发展中经济体中，由于保险市场常常起不到应有的作用，积极的灾害风险筹资主要由政府来牵头和承担，并且主要采取事后融资的方式。积极的灾害风险融资指那些不是由受害者本身来提供相关资金的筹资手段，包括有组织的政府或市场行为。在缺乏积极的灾害风险筹资的情况下，一旦灾害发生，之后的救援、重建和恢复所需的资金将主要或全部由受害者（个人或企业）自己负担。

第三个维度涉及国际和国内的资金来源。国际资金对于规模较小的发展中经济体尤为重要。这类经济体抵御较大灾害的能力，无论在灾前还是灾后，都可能因其所面临的普遍的资源匮乏和较小的经济规模而受到严重削弱。对这些经济体来说，国际人道主义援助历来发挥着重要作用，但由于这类援助自身的特性，只能在灾后发挥作用。近年来出现了一些以事前国际合作为导向的应对灾害风险的方案，如加勒比灾害风险保险设施（见下文），但是其有效性和坚韧力仍有待观察。另外，也有学者（如 Raschky 和 Schwindt，2009）指出，持续的国际人道主义援助固然重要，但也有不利的副作用。尽管提倡事前灾害风险融资的用意是促进灾前融资，但对那些经常面临灾害并在事后一贯收到国际援助的经济体来说，却存在撒马利亚人困境的情况。Raschky 和 Schwindt（2009）指出，过去收到的国外援助的记录可能增加了一经济体事后得到外国救灾援助的预见性，从而导致决策者不采取合适的事前措施来履行其职责。在这些情况下，依赖国际社会慷慨解囊的动机趋向使得一个经济体过多地以事后为导向构建其灾害风险融资体系。

根据以上三个维度，表 2 – 1 列出了一些相应的融资手段及其被估算的资金规模以及成本，有大约相同规模的公共和私营事前灾害风险融资，但在事后融资中，积极的融资则几乎完全由公众主导。

（三）经济发展水平和灾害风险融资方案

很明显，表 2 – 1 只提供了描述一个经济体灾害风险融资体制性质的框架，是主要使用这些或那些融资手段决定了一个经济体灾害风险融资体制的特点。毫无疑问，它是由许多种因素决定的。在这些可能的因素中，有一项尤其值得一提，那就是一个经济体的经济发展水平。一个经济体经济发展水平的潜在作用在上文中已略有涉及，但对其作更加深入的探讨将大有裨益。

表 2－1　　灾害风险融资方案

事　前	公　共	私　人
国　内	应急预算 预算 2% ~5%[a] 1 ~2[b]	保险方案 · 传统的 · 参数的 4. 596 万亿美元 2&up[b]
国　际	或有债务工具 5 亿美元[a] 主权风险融资 2 亿美元[a] 7 亿美元[a] 1 ~2[b]	另类风险转移工具 · 灾难债券 · 天气衍生品 140 亿美元[a] 2&up[b]
事　后	**公　共**	**私　营**
国　内	政府干预 · 预算再分配 · 税务增值 · 国内信贷 1 ~2[b]	居民和私人企业在重建家园和企业方面的支出 无可靠的统计数据
国　际	国际人道主义援助 · 捐助者支持 · 借贷/津贴 · 国际信用 0 ~2[b] 0 ~2[b]	各种跨境私人捐赠和贷款 无可靠的统计数据

注：a 表示市场价值/潜在融资额；b 表示指示性的融资成本，按照金融产品的机会成本与其灾后预期支出的比率计算。

资料来源：私营部门的融资市场价值来自 vonDahlen 和 vonPeter（2012）；所有种类的指示性成本均来自 Ghesquiere 和 Mahul（2010）。

Michel-Kerjan 等（2011）提出了四种可能的灾害风险融资体制，他们根据一个经济体的经济发展水平而循序成为该经济体灾害风险融资的主要特点。根据一个经济体所主要依赖的融资手段，这四种体制分别是：捐助依靠型、政府事后筹资型、有部分保险涵盖、有限政府补助下的高度私营部门融资。在经济发展的早期，一个经济体的灾害风险融资主要以国际捐助为特点。随着经济体沿着发展阶梯逐步向上发展，政府事后融资逐步成为主要的筹资方式（国际捐助愈来愈少，国内筹资愈来愈多，但仍然以事后公共融资为主）。之后，随着经济的继续发展，起主导作用的事后公共融资体制逐步过渡到有限的事前融资阶段，这些事前融资主要采取保险的形式，且来自私营部门。最后，随着经济的进一步发展，一个以私营部门融资为主、只有有限政府补助的体制便会出现。图 2.1 提供了 Michel-Kerjan 等提出的梯级循序模型。

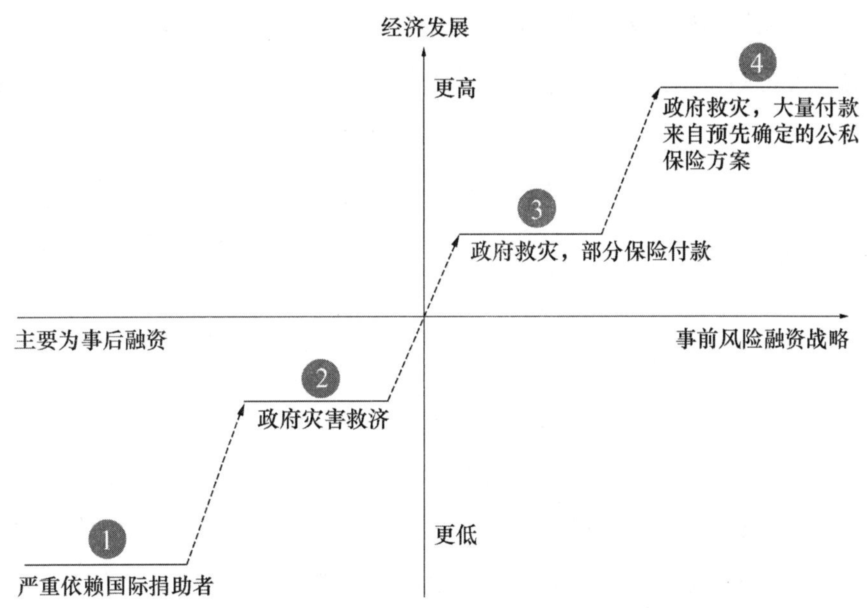

图 2.1 Michel-Kerjan 等的灾害风险融资管理制度的进阶模型

资料来源：Michel-Kerjan 等人（2011）。

然而，Michel-Kerjan 等的梯级循序模型似乎更是一种对世界各国灾害风险融资历史的概述，而非基于某些明确的原理及因果关系的理论。首先，其梯级递进的方向是否在全球范围内适用就是一个不清楚的问题。其次，虽然经济发展水平是决定一个经济体灾害风险融资体制特性的一个重要因素，但其他因素同样重要。例如，经济体的规模无疑就是其中之一。即使在人均收入方面属于贫困，一个大经济体的经济规模可以使得其更好地抵御同等灾害，而不需要像小规模经济体那样依靠国际援助。相比较而言，一个大规模经济体可能经历更频繁的自然灾害，但这些自然灾害通常会发生在不同的时间点上，而不太可能集中在同一个时间点，这使得这个大规模经济体可以举全经济体之力逐次克服灾难的影响。例如，中国几乎可以以一国之力抵抗所有灾难。同样，一个功能完整且有效的保险市场体系不仅取决于经济发展水平，还取决于经济体中居民的保险意识的强弱，而这似乎与文化和历史传统有关。

但是，经济发展水平的确是重要的。在其他条件相同的情况下，一个经济体越发达，它对国际援助的依赖性就越小。此外，它也更容易拥有一个有效的市场体系，包括一个发达的保险市场。在这些情况下，经济发展水平与其说是一个起决定性作用的因素，倒不如说是一个相关联的因素。

（四）灾害风险转移和灾害风险融资

目前关于灾害风险融资的关注点主要集中在灾害风险转移上。根据联合国国际减灾署的定义，所谓灾害风险转移，是指“正式或非正式地把某一风险的经济损失从一方转移给另一方的过程。通过这种转移，家庭、社区、企业或国家权力机构可以在灾害发生后从另一方获得资源。作为补偿，另一方可从风险转出方得到相应的社会和经济收益”（国际减灾战略，2009）。

灾害风险转移允许某一个人、机构或经济体以保险的形式把潜在灾害的全部或部分经济损失转移给其他方，并为此支付一定的保费。一个经济体可以通过这种方式来为某一可能发生的灾害筹措灾后所需的全部或部分救助、重建和恢复费用。尽管在通常情况下，一个经济体为转移这些风险支付的保费累计额常常会超过整个灾害的预期经济损失，然而通过这种转移，该经济体可将其可能承担的灾后费用在时间上进行分散至各个时间段。同时，在灾害一旦发生后，受保方也能比较迅速地得到灾后救助、重建和恢复所必需的资金，而确保那些遭受意外灾害的社区和人口迅速得到相关资金尤为重要，因为由灾害造成的人员和经济损失规模往往与灾后救援工作的及时性有关。另外，就任一单一灾害事件来说，风险转移还意味着可在空间上将相关灾后资金负担分散到许多个人、机构或国家中去。

典型的灾害风险转移方案一般为面对特殊灾害风险的个人或机构服务，或者是通过保险市场交易，或者是通过由政府赞助的计划来实现风险转移。以再保险或灾难债券形式出现的国际灾害风险转移则以政府为主体，政府或者作为投保人，或者作为借款人，此时相关的资金来自公共部门而非私人部门。一些受政府赞助的私营灾害风险保险计划也能从政府那里获得巨额的补贴，当然它们也从投保的个人或机构那里获得高额的保费，这可被看作是一种公私合作计划。

尽管灾害风险转移从分析角度来说是最有趣和最复杂的，其涉及的资金可主要来自公共部门，或私人部门，或公私两个部门，但它只是事前融资的一种形式。正如上文所指出的，政府在其预算中为灾害准备的储备资金是另一种情况，个人和私营机构也可能事先为灾害准备一些资金。然而，这些情况相对来说是比较少见的，无法在整个经济体的事前灾害风险融资中占到很大的比重。反之，私营部门却经常会在事后为自身和本地区的灾后重建和修复支付大量资金。但是，这些费用一般很少反映在一国的灾害融资统计数字中。事实上，现有的灾害融资统计系统主要针对的是与灾害风险有关的公共支出，包括事前和事后，而私营部门的相关费用常常是被遗漏掉的。

二、事前灾害风险融资

事前融资方案有利于确保一国在遭受灾害时有充足资金用于灾后救助、恢复和重建。事前融资不仅可以使得政府在灾后有一笔事先准备好的资金进行调拨以帮助灾后的救助、恢复和重建，还可确保政府有能力在灾后的第一时间提供所需的资金支持。与之相比，事后融资通常会滞后几个月（Cummins 和 Mahul，2009 年）。能否及时开展灾后救助乃至恢复和重建工作，无论对安定受灾人民的生活还是对于减少灾后修复和重建的总成本来说，都是至关重要的①。

由于其初期的机会成本，“撒马利亚人的困境”，以及从长远来看其总成本相对较高，事前融资方案在过去一直很难被实现，但最近国际上对其的呼声则越来越强烈。

（一）公共安排

1. 国内

就国内来说，来自公共部门的财政应急预算是一种经常被使用的财政工具，用于为灾后提供流动资金。若能在灾害发生前在政府资金中预留出一定比例的应急资金，就可以确保一旦灾害发生，政府就能及时拿出所需的资金用于灾后的救助、重建和恢复。政府应急预算所覆盖的范围可能大于自然灾害，包括所有会大量增加政府费用的开支，而政府对这些费用是很难预料的。自然灾害要求政府在灾后能尽可能快地提供资金，以免发生不必要的额外经济损失和人道主义危机。

一个采用应急预算方法的例子来自日本。由于日本为自然灾害多发国家，在 1995 ~ 2004 年间，日本每年会预留出 499 亿美元的预算用于灾害管理，大约占国家总预算的 5%。其中，48.7% 分配给土地保护项目，1.3% 用于早期预警系统，23.6% 用于灾害防范，余下的 26.4% 用于灾后重建和修复工作（Phaup 和 Kirschner，2010）。后者是我们目前所关注的。

尽管即时流动性很重要，但应急预算的办法存在严重的局限性。首先，应急资金本身会带来高额的机会成本，尤其是当其就是单一地为了应对灾害而设计的。这类资金并不起到转移或分散灾害风险的作用。为了达到其目的，它需要一个经济体建立一个巨额的资金库（Miller 和

① 在 2011 年非洲之角的饥荒中，如果国际社会救灾迅速，就不会造成 5 万 ~ 10 万人的死亡（Hillier 和 Dempsey，2012）。

Keipi，2005）。受灾害困扰的经济体既需要一旦灾难发生时承担灾后救助、重建和恢复的全部费用，又如果灾难迟迟不发生，相关资金无法成为其他发展资金而白白闲置。其次，对于一小型经济体来说，建立一个较大的储备资金库可能需要数年时间，而当多重灾难来袭时，仍然起不到它应起的作用（Ghesquiere 和 Mahul，2010）。Wang 等（2010）提到，在 2006 ~ 2008 年间，越南在应对灾后重建方面其政府公共资源出现了巨大缺口，具体来说，2006 年的缺口金额为 2.75 亿美元，2007 年降为 1.27 亿美元，2008 年又升至 1.52 亿美元。在越南，由于台风频繁来袭，以及灾后重建的巨额成本，占政府年度支出 2.5% ~3.8% 的应急预算已不足以应对相关灾害。

2. 国际

在国际方面，主权风险融资方案可以作为小经济体共同为灾后救援、重建和恢复筹集足够资金的保险形式。对于那些经济规模小、由自然灾害导致的潜在损失可占其经济总量的很大一个比例且灾后筹措资金的成本相对较高的经济体来说，主权风险融资方案是非常合理的。主权风险融资方案可包含应急信贷、再保险和巨灾债券等金融工具。这些融资手段不仅能增加可用于灾后重建的资金，也由于不同国家受灾风险程度不同而起到分散风险的作用，从而降低各参保国的再保险保费（Cummins 和 Mahul，2008）。

主权风险融资方案的一个有效例证就是加勒比巨灾风险保险基金（CCRIF）。它于 2007 年 6 月成立，旨在为 16 个加勒比岛国提供灾难保险[①]，目的是为小规模经济体提供灾后短期流动资金以确保政府的基本服务不受影响，直至其他资金到来之时（加勒比巨灾风险保险基金，2010）。加勒比巨灾风险保险基金提供了三种参数保险产品用于抵御不同灾害：15 年一遇的飓风灾害、20 年一遇的地震灾害和降雨过多。这些保险产品是参数化的，它们为加勒比地区的政府提供了以尽可能低的价格购买灾害保险的机会，同时防止保险费交叉补贴，为所有参保国提供了一个公平的环境（加勒比巨灾风险保险基金，2010）。

这项基金得到了世界银行的技术支持，并获得日本的赠款，启动资金则来自加拿大、欧盟、世界银行、英国、法国、加勒比开发银行、爱尔兰和百慕大。当然，这项基金还得到了 16 个加勒比岛国会员费的补充。根据自身所面临的地震和飓风风险的强弱，这些政府各支付 20 万美元到 400 万美元不等的会员费（Linnerooth-Bayer 和 Mechler，2008）。加总起来，其国

① 这 16 个国家包括：安圭拉岛、安提瓜和巴布达、巴哈马、巴巴多斯、伯利兹、百慕大、开曼群岛、多米尼克、格林纳达、海地、牙买加、圣基茨和尼维斯、圣卢西亚、圣文森特和格林纳丁斯、特立尼达和多巴哥、特克斯和凯科斯群岛。

际储备金总额达到2000万美元。除持有这笔储备金外，加勒比巨灾风险保险基金还从私营市场购买了5000万美元的保险，从传统再保险市场和世界银行购买了价值达8250万美元的再保险（Michel-Kerjan等，2011），估计总额达1.525亿美元的融资足以应对发生概率低于千分之一的总年度亏损索赔支付能力。通过跨地域分担损失，加勒比巨灾风险保险基金使得个人和企业能够限制由灾害带来的损失，并为政府提供事后流动资金，帮助它们重点救济那些尤其受灾害影响的个人或地区。自2007年建立后，加勒比巨灾风险保险基金已经为7个成员国政府付款8次，总额为3218万美元（加勒比巨灾风险保险基金，2010）。最多一笔付款是2010年海地地震后向海地政府支付的775万美元（几乎是海地地震保险额38.5万美元的20倍）（加勒比巨灾风险保险基金，2010）。一般说来，该基金能在灾害发生一个月内就把相关款项发放给受害国政府。

然而，该融资方案也存在局限性。由于加勒比巨灾风险保险基金的目的是在其他资金到来之前使相关政府有合适的流动资金用于应对灾害，因而其资金规模不足以用于重建。另外，作为一种参数保险，加勒比巨灾风险保险基金无法保证在一成员国确实经受了一场灾害，但因其程度不到事先所设的参数临界值而得到相关的资金支援。2007年迪恩飓风后，牙买加南部海岸损失惨重，多米尼克和圣卢西亚也遭受了由飓风带来的暴雨和热带风暴的袭击。然而，由于相关风力和降雨还不到险单所规定的阈值，因而这些国家仍然不能从该基金得到任何支援（加勒比巨灾风险保险基金，2010）。尽管这个事例强调了所采用的参数指标的严格性，但它也表明了参数保险方案的局限性。

（二）私营安排

1. 国内

保险是私营个体或企业乃至政府用于应对自然灾害风险的一种理想的融资机制。没有保险，相关方将不得不储存大量资金用于快速应对灾后损失。然而，由于极端事件发生的频率较低，这类资金可能长时间被搁置起来，这会对那些选择保留储备金的个体或企业或政府造成巨大的机会成本。保险方案使得个人、企业抑或政府能够以支付数额相对较小的年保险费为代价，转移风险，以确保一旦遭受极端事件影响，有资金用于灾后救援、重建和恢复。

有两种不同形式的保险触发和支付方案：补偿型和参数型。补偿保险指保险方将按照被保险方的实际损失（但取决于所购买的保险额度）而加以补偿。被保险方一般偏好补偿保险，因为它避免了“基差风险（basis risk）”。基差风险指的是通过某种指数所确定的补偿范围和被保险人遭受的实际亏损之间的差异。然而，在补偿保险方案下，由于保险公司需要在灾后派遣评估人员根据保险单逐一评定损失并核实是否属于被保范围，其操作成本一般较高，从而增加了保费，而且这种形式的保险往往导致补偿付款延迟。因为保险公司不仅需要雇佣评估人员对受损额进行评估，还需要给予他们足够的调查时间，这便会大大延迟向合格的被保人支付资金的时间。

与此相反，参数（基于指数的）保险“基于对灾害的参数测定来提供风险保险”（GlobalAgRisk，2012）①。在参数保险出现之前，灾害风险保险全都采用补偿保险的形式。然而参数保险方案以其更广的覆盖面、更高的灵活性和更低的交易成本，为灾害风险保险提供了一个更好的方法。例如，参数保险不必像补偿保险那样仅仅保护直接受灾的财产和资产，它可以更大限度地向间接受到灾害影响的人群提供保险，并因此可使更多行业的个人保护其资产。而且，指数保险基于参数触发，从而减少了道德危机问题。例如，据报道，在一些多重补偿保险危害庄稼的方案下，由于难以裁定哪些庄稼亏损属于被保范围，哪些不属于，农户相对于保险公司更处于优势地位（GlobalAgRisk，2012）。这反而为农户提供不当的动机，导致参保农户故意疏忽大意，而如果不参保，他们是不会那样做的。参数保险则减少甚至消除了这种动机，因为是否支付补偿与亏损程度无直接关系。

除了允许相关方（个人、企业、经济体）更好地管理灾害风险，在灾害风险融资中采用保险方案的另一个好处是它有助于顾励人们更好地认识和应对灾害损失，从而培养起一种更好的灾害风险意识和文化。保险费的高低大体上可表示潜在灾害的年度预期亏损②，再加上一些保险公司的经营成本。因为更高的风险意味着更高的保费，所以将激励被保险人更好地认识现有风险，并尽可能地采取措施缓和这些风险，从而起到降低参保成本的作用（例如，避免在易发生灾害的高风险地区进行资产投资）（Mahul 等，2011）。

需要说明的是，无论是通过补偿保险还是参数保险，相关方都有降低自身灾害脆弱性的动机，但是补偿保险方案提供的动机一般更少，其原因见上文。一些国家补贴农业补偿保险已经颇有争议，不仅因为高额的补贴，而且因为它鼓励了农民参与高风险的生产（Linnerooth-Bayer 和 Mechler，2008）。相比之下，不同于补偿保险，参数保险只为条件满足的受害方提供一笔固定的补偿，而不考虑被保灾害发生后的实际损失。这既摆脱了上文提到的道德风险问题，而且也更好地激励投保方在缓和灾害风险方面进行投资。

---

① 以地震险为例，如果地震达到了预先规定的等级。

② 等于“预期损失概率”乘以“预期损失程度”（Cummins 和 Mahul，2009 年）。

由于参数保险下的赔偿金额是固定的，所以参数保险的理赔速度也快于补偿保险。上文已经提到，补偿保险方案对每例索赔都要进行全面认定，代价昂贵。另外，由于每例索赔的认定过程都可能是各不相同的，这又增加了保险成本，也降低了赔付速度，有时甚至导致投保人数年之后才拿到赔偿金。滞后的赔付经常迫使投保人变卖资产，从而进一步减少了他们用于灾后重建的资金。表 2 – 2 总结对比了两种保险方案的优缺点。

表 2 – 2　　补偿保险、参数保险优缺点对比

补偿保险	参数保险
保险费用较高	保险费用较低
赔偿金额由受保财产损坏程度决定	赔偿金额由触发事件决定，且赔偿金额固定
需要理算师进行损失鉴定	凡触发，即赔付
赔付金额足以弥补所受损失	赔付金额固定，不一定能够弥补损失
保险费根据事件进行调整	保险费调整滞后或固定（微额保险计划）

2. 国际

从国际层面来看，由于巨灾债券是一种基于市场的事前灾害风险融资，因此可被视为一种私营安排。同时，又因为有时政府也会参与其中，所以严格地讲它有时也是一种公私合营的安排。总体来说，巨灾债券允许国家、保险公司或企业发行债券，以保证在自然灾害发生时能从投资者那里获得资金。如由政府发行巨灾债券，则政府可通过它建立巨灾险资金库，一旦发生巨灾，便可从中拨付资金，其运作方式相当于购买一份保险合同。在保险中，资金提供方是保险公司，但若为巨灾债券，资金提供方是该债券发行的资本市场。接下来我们将阐明由政府发行债券的情况。

政府可采用多种方式发行巨灾债券，我们在这里只考虑其中一种。政府可首先成立一家独立的公司，其目的即筹资以应对潜在的灾害损失。然后，政府可就某一特定时间段内的某些灾害风险向其投保。公司则可向资本市场投资者发行债券进行融资，并可用发行债券得到的本金和由政府支付的保险费来投资于一些安全的低回报投资产品。如果债券到期而灾害事件并未发生，投资者可收回投资于债券的本金外加利息（利息部分来自政府的保费和公司的投资赢利）。如果在债券到期前发生相关灾害事件，则本金和未付利息都将归债券发行国政府所有，用于灾后重建，之后的在规定期限内的利息也会被免除。在这种情况下，灾害发生后政府所能获得的巨灾险资金总额等于债券本金与未付利息的总和（Michel-Kerjan 等，2011）。

与单纯的政府财政应急资金和一般灾害保险相比，巨灾债券结合了多种优势：保费相对稳定，赔付速度快，以及有效地确保了相关资金只被用于与灾害相关的用途。首先，由于巨灾债券是由政府发行的，其条款（包括保险费和利率）将由投资者对风险的认识和对债券的需求决定，这就使得发行国可根据市场自行定价。相比之下，保险或再保险的条款往往是由当事的保险公司确定的，而不同保险公司之间并无太大竞争。其次，与参数保险类似，巨灾债券通常由一些参数值触发，因此赔付只取决于某一指定的事件是否发生，以及是否达到一定的严重程度，一旦触发就会迅速赔付。再次，巨灾债券是一种由第三方公司持有的资金，因此，不仅政府能够根据需要迅速建立巨灾险资金库，还能防止资金被挪作他用。相比之下，防止一般储备基金被挪作他用则相当困难。

三、事后灾害风险融资

尽管事前灾害风险融资非常重要，但在许多国家，特别是贫穷国家，它仍属例外而非惯例。在这些国家当中，资金缺乏常常严重阻碍着本国经济的发展。因此，如果为应对灾害预留出一大笔储备金，或者为了在灾害发生时（但不一定会发生）能有一笔资金用于灾后救灾和建设的话，那将是一种十分奢华的举措。无论如何，与这些国家面临的其他紧迫的社会经济问题相比，要事前为应对灾害风险融资而拿出一大笔本可用于其他发展项目的资金，在政策上将不是一个优选选项。在这种情况下，只有事后灾害风险融资似乎是一个明智的选择，在政治上也是更容易被接受的。

即便主要采用事后融资，相关当事国也可能会严重依赖国际捐助。自然灾害发生后，国际社会通常会为受灾国家提供人道主义援助以救助受灾地区，甚至还会为灾后重建和修复提供帮助。这种援助的规模也常与受灾国的需要程度有关，而在贫困国家中这种需要的规模常常是较大的。有时，这种人道主义援助会在很大程度上帮助受灾国弥补至关重要的资金缺口。但从另一方面来说，它也可能导致撒玛利亚人困境。在下文中，我们还是从公共/私人、国际/国内的角度分析事后灾害风险融资。

（一）公共安排

1. 国内

总体来说，事后国内公共融资一般采用调整政府预算和增加税收的形式。调整预算相对来说可以很快实行，增加税收则往往需要延迟一段时间才能实施。但是，这两种情况都隐含着显著的机会成本。调整预算不可避免地会缩小甚至终止一些现有发展项目，而增加税收则会阻碍企业的发展，或降低工人的生产积极性。

然而，对较发达的工业国来说，由于其政府总预算本来就非常庞大，且征税的基础也非常广泛，采用这两种方案都可在很大程度上满足其灾后需要，但对于一个贫困的不发达国家来说，这两种机制都基本无效。在这些国家中，预算可调整的范围很可能是非常有限的，税基也往往是非常狭小的。对于那些需要庞大灾后资金的当事国来说，这两种融资机制都会显得捉襟见肘。

另一种由政府掌控的选择就是在国内发行新债。这对于富裕的发达国家来说会是一个可行的选择。但对于一个贫困的发展中国家来说，就未必如此了，特别是当某一经济体刚刚遭受重大灾害打击时（尤其是它的经济规模又非常小），就算大体上是可行的，相关资本市场操作的昂贵性也是许多贫困国家所无法承受的。

由于上述原因，国内事后公共灾害风险融资一般不可能满足贫困的发展中国家对灾后救助、重建和恢复所需的资金，特别是当这些国家的经济规模又较小时。这似乎也是解释为什么这些国家严重依赖于国际人道主义援助来满足其灾后资金需求的一个因素，也许还是最主要的因素。在富裕国家（特别是经济规模较大的富国），这种情况就不大会出现，而且灾后对资金的需求也不会如此广泛。

2. 国际

对被援助国来说，尤其是那些贫困的发展中国家来说，国际人道主义援助一直以来是最经济的灾害风险融资方式。由于其经济实力薄弱，在灾后救助、重建和恢复资金的融资方面常常面临诸多限制，因此这些国家常常趋向于依赖国际人道主义援助，一般为来自他国政府的捐助和国际发展银行的优惠贷款。Yang（2008）指出，遭受飓风的发展中国家 73% 的灾害损失是由人道主义援助弥补的。由于对被援助国来说机会成本低，到目前为止，国际人道主义援助对于一些国家来说是最吸引人的灾害风险融资方式。

虽然机会成本较低，但依赖人道主义援助也有其弊端。首先，由于在融资过程中缺乏所有权，被援助国经常无法掌控资金的实际分配以满足其需求。如在 2010 年海地地震后，对流向海地的大量援助所做的定性研究表明，尽管初期援助满足了当地人民灾后的生存需求，但之后的救助却在推动海地的重建和恢复工作方面并未起到应起的作用。受访者指出，援助并未提高他们的生活境况，“因为它未能反映他们的中长期需求”。40 个访谈小组中的 22 个小组在其报告中称，人道主义援助分配不均且不公（Sylvestre 等，2010）。Freeman（2004）指出，不仅灾害影响反映了既有的社会经济结构，而且“社会经济精英人士能够更好地通过现行权力结构控制灾后援助的分配”（Freeman，2004）。

如上文所述，人道主义援助的另一个问题是有时会导致撒玛利亚人困境。根据 Kunreuther 等（1978）的研究，30% 的未参保家庭承认他们选择不购买自然灾害险是因为希望到时能获得援助。Coate（1995）指出，穷人在购买保险时，还考虑到能从富人那里获得多少慈善捐助。由于所能得到的慈善捐助的总金额是与穷人所购买的保险额相关的，故穷人意识到为了得到更多的慈善捐助，他必须让自己充分处于无保险的状态下，以便让富人们觉得他们不得不为他提供灾后救助。根据 Taylor 等（2012）的研究，在全球，国际经合组织 DAC 成员国提供了用于应急响应的大部分人道主义援助，其中来自美国和欧盟的相关援助在 2010 年就占国际总人道主义援助的 38%。

依赖人道主义援助的第三个问题是不可避免的资金缺口。因为撒玛利亚人困境的问题，富裕国家不愿意提供充足的资金来满足贫困国家的所有灾后需求，特别是当它们感到这些贫困国家并没有自己尽力满足这些需求，或是没有全力为可能发生的情况做好充足准备时。毕竟提供多少捐助的决定是富裕国家做的，但这同时也就决定了贫穷国家所能得到的灾后援助的规模。如果一个贫穷的受灾国完全依赖这种援助，就会迟早出现重大资金缺口。事实上，根据联合国人道事务协调厅财政跟踪服务（FTS）的确认，在自然灾害发生后，人道主义捐助者并未按受灾国的请求全力全额提供援助（见图 2. 2）。

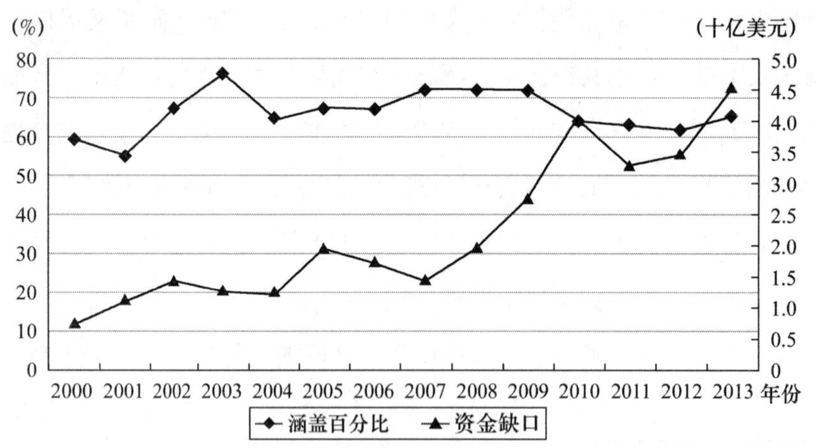

图 2. 2 灾后人道主义援助

资料来源：FTS，联合国人道事务协调厅。

依赖人道主义援助的最后一个问题是援助疲劳症。它使得在面对多重灾害时，国际社会的反应不可能一致且有条不紊。Michel-Kerjan 等（2011）指出，“如果某一灾害正好发生在一系列其他已经引起国际媒体关注的大规模灾害之后，并且因此而造成了一些捐助疲劳，那么针对这次灾害所提供的捐助会大大降低”。Taylor 等（2012）也指出，一个“不幸的事实”是，不同的人道主义危机常常得到不同程度的注意和资源，而并不那么考虑到真实的需要。

（二）私营安排

受灾居民和企业在事后筹措资金用于灾后救助、家园和企业的重建，这想必是人类为克服灾害损失、满足灾后资金需求的最古老的融资机制。在人类的早期，政府和国家不可能为受灾居民和社区提供多少资金帮助与支持，国际社会更不可能提供。这样来看，Michel-Kerjan 等（2011）提出的灾害风险融资发展模型实际上说的只是近期的发展轨迹。

刚刚所说的事后融资方式严格地说不是一种积极意义上的融资安排，但很有可能仍是受灾居民和企业广泛采用和依赖的。确实，现有的统计数据往往只注重捕捉与灾害相关的国际资金流动和国内公共开支，而忽视以上形式的融资及其规模。从更广泛的角度来看问题，国际资金流动的目标主要是灾后救助，而非灾后重建和恢复，而受灾国国内各级政府的公共开支大多只用于公共基础设施的重建和恢复。受灾地区居民住宅的重建和恢复以及企业的重建与恢复所需的资金，则通常由受灾人群和企业自身承担①。

在有些国家和社会，其文化较多地强调个人责任，包括克服由灾害带来的损失。在这些国家和社会中，灾后重建和恢复的任务往往由受灾人群和企业自身承担。在这些国家和社会中，人们可能会继续将私人融资作为一种主要的事后融资机制来实现重建家园的目的。

虽然大部分事后私人融资会来自国内，即来自受灾地区的群众和企业自身，但仍会有一些资金来自国外，比如国外个人或企业直接给受灾地区个人或企业捐款以帮助他们重建住房和恢复企业业务②。来自国外家人和亲人的国际汇款是另一种情况。还可能存在其他形式的捐款和汇款，但一般并不多见。总体来说，与大规模的国内私营部门（受灾个人和企业）的融资相比，跨国捐款和汇款的数额较小。

---

① 2011 年东日本大地震就是一个例子。即便日本政府将大量资源投入到重建上，但居民个人住房和企业的重建仍是居民和企业自身的责任。但此任务异常艰巨，直至灾后第三年仍有大量居民生活在临时庇护所或租来的房子里，而且花费大多自行承担。

2008 年中国四川汶川地震则是一个例外，中国政府不仅调集了灾区基础设施重建所需的必要资源，还为当地居民修建了住房（很多住房的质量甚至比他们原来的更好），并帮助当地企业重新开业。

② 但是大多数情况下，国际私人捐款都要通过捐款人所在国的公共机构转移到目的国的某个公共机构，以用于受灾地区的重建，比如通过国际红十字会的捐款就是以这种形式进行的。

四、结 语

尽管当前在灾害风险融资领域有一种观点认为应更多地关注风险减轻，但是不论在风险减轻上花费多大，都不可能完全消除一个国家或社区面临的灾害风险。因此，一定程度的灾害风险将始终伴随我们。也就是说，从经济或社会的角度看，我们不得不把一定程度的灾害风险视为是“不得不接受的”。实际上，由于越来越高强度的人类活动，这样一种“残余”风险未来有可能会增加。因此，做好对社区或国家造成冲击的某种不测之灾（有时甚至是多重灾难）的应对，将成为一个日显重要的政策和实践议题。本章对怎样应对这些可能的不测之灾的筹资问题的相关文献进行了回顾。

灾害发生以后，为受灾社区提供救济、重建公共基础设施和住宅、恢复各项经济和社会活动的需求将变得十分迫切而巨大。为了支持这些救济、重建和复苏，就需要提供迅捷而充足的资金。无需多言，这意味着需要一种快速的资金筹措和拨付机制。在本章，我们对可能的资金来源、相关的筹资手段以及拨付的迅捷性等议题进行了讨论。

从总体上看，一些形式的事前融资将有助于确保灾后资金支付的迅捷性，政府的相关预储资金、指数保险和巨灾债券就是典型的例子。而赔偿保险则无法实现这一点。在某些情况下，一些形式的事后融资对于灾害发生后资金的快速拨付也是有利的。比如，公共预算资金的调整就可以做得相当迅速，并且被较快地拨付，不过这种快速的财政拨付并不总是有保证的，而通过增加税收来筹资则经常需要耗费时日。国际的资金有可能较快速地抵达受影响社区，但这也不能确保。

事前融资在总体上也许有助于促进灾后资金拨付的迅捷性，但是，其在资金规模上可能是有限的。我们很难去说服广大个人和企业用这种方法来为潜在的灾害筹资，同时也很难为公共部门沿着这个方向进行大规模筹资赢得政治支持。在相对贫困的发展中经济体中，情况更是如此。在这些经济体中，资金在总体上是非常短缺的，因而为灾害进行预先筹资的发展机会成本也非常高昂。即使对其他较富裕的经济体来说，如果相关的资金数额巨大，政治接受能力也是一个问题。而抵御巨灾所涉及的资金数额恰恰是非常巨大的。对事前融资的这种犹疑也许是因为我们对真实的灾害风险缺少了解，或者是源于我们更偏好确定的发展机会而不是抵御或许会发生或许不会发生的负面事件。事前融资的成本也是一个需要考虑的因素。如果成本要数倍于预期的损失，很难使政府和个体愿意普遍地接受并参与事前融资活动。

因此，即使在采用各种可能的事前融资手段之后，还需要事后融资来满足一个国家在灾害发生之后的巨大资金需求，尽管事后融资可能会严重打乱一个国家正常的发展部署、中断许多现有的发展计划和规划。在灾害发生后，考虑到其严重后果，事后筹资将是必须的而且在政治上是可接受的。

在当前有关灾害融资的统计中，许多用于救济、重建和恢复的事后融资似乎主要来自公共部门，实际上受灾地区的私营部门（居民和企业）通常也承担了很大比例的成本。一个功能良好的灾害风险融资体系的目标之一，应该是将这种负担从受灾害直接冲击的居民和企业转移到更广泛的国内甚至国际人群上。事前融资方式作为某种形式的灾害风险转移机制，有助于实现这一目的，但是，能够实现这种负担转移的方式不只限于事前融资。一些事后融资手段在负担转移上也有许多空间可以挖掘，当然，在此情况下政府需要先行一步。这或许可以解释为什么在一般情况下公共资金在事后融资中总是扮演一个十分重要的角色。在这方面，中国政府在四川地震之后所做的是相当出色的。

当然，一个国家在灾害风险融资上采取何种形式或机制，将取决于一系列因素。在现有文献中，经济发展水平的因素被经常强调（Michel-Kerjan 等，2011），但是其他因素也起作用。譬如，一个国家的人口和疆域面积大小可能会直接影响该国对灾后及时获得国际援助的需要。类似地，文化因素对人们认识和承受风险的程度也有显著的影响，因此也会影响一个国家对灾害风险融资机制的选择。

参考文献

[1] The Caribbean Catastrophe Risk Insurance Facility, 2010. A Guide to Understanding CCRIF: A Collection of Questions and Answers, Caribbean Catastrophe Risk Insurance Facility, Grand Cayman.

[2] Coaste, S., 1995. Altruism, the Samaritan’s Dilemma, and Government Transfer Policy. The American Economic Review. Vol. 85, No. 1, pp. 46~57.

[3] Cummins, J. D. and Mahul. O., 2009. Catastrophe Risk financing in Developing Countries: Principles for Public Intervention. The World Bank. Washington DC.

[4] Von Dahlen, S. and von Peter, G., 2012. Natural catastrophes and global reinsurance-exploring the linkages. BIS Quarterly Review, December 2012.

[5] Freeman, P. K., 2004. Allocation of post-disaster reconstruction financing to housing. Building Research & Information, 32 (5), pp. 427~437, Colorado.

[6] GlobalAgRisk, 2012. Technical Note 4: A Comparison of Indemnity and Index Insurance. GALESE. A. C, Lima, Peru.

[7] Ghesquiere, F. and Mahul, O., 2010. “Financial Protection of the State against Natural Disasters.” Policy Research Working Paper 5429, World Bank, Washington, DC.

[8] Ghesquier, F., Prashant, Reid, R, Kellett, J, KC, S., and Campbell, J., 2012. The Sendai Report: Managing Disaster Risks for a Resilient Future. The World Bank. Washington DC.

[9] Hillier, D. and Dempsey, B., 2012. A Dangerous Delay: The cost of late response to early warnings in the 2011 drought in the Horn of Africa. Joint Agency Briefing Paper. Oxfam GB, Oxford.

[10] Kunreuther, H., Ginsberg R., Miller, L., Sagi, P., Slovic, P., Borkan, B., and Katz, N., 1978. Disaster Insurance Protection: Public Policy Lessons, Wiley Intersciecne, New York.

[11] Linnerooth-Bayer, J. and Mechler, R., 2008. Insurance against Losses from Natural Disasters in Developing Countries. Background paper for United Nations World Economic and Social Survey.

[12] Mahul, O., Boudreau, L., Lane, M., Beckwith, R., and White, E., 2011. Innovations in Disaster Risk Financing for Developing Countries: Public and Private Contributions. The World Bank.

[13] Michel-Kerjan, E., Zelenko, I, Cardenas, V., and Turgel, D., 2011. Catastrophe Financing for Governments: Learning from the 2009 ~ 2012 Multicat Program in Mexico. OECD Working Papers on Finance, Insurance and Private Pensions, No. 9. OECD Publishing.

[14] Noy. I., 2009. The Macroeconomic Consequences of Disasters. Journal of Development Economics. Vol. 88, No. 2, pp. 221 ~ 231.

[15] Financial Tracking Service, UN Office for the Coordination of Humanitarian Affairs. Accessed.

[16] Phaup, M. and Kirschner, C., 2010. Budgeting for Disasters: Focusing on the Good Times. OECD Journal on Budgeting, Vol. 2010/1.

[17] Raschky and Schwindt, 2009.

[18] Rasmussen, T., 2004. Macroeconomic Implications of Natural Disasters in the Caribbean. Working Paper 04/224, International Monetary Fund.

[19] Skidmore, M. and Toya, H., 2002. Do Natural Disasters Promote Long-Run Growth? Economic Inquiry, 40, pp. 664 ~ 688.

[20] Sylvestre, N, Brutus, N, Gerve, C. M., Chery, F. G., Foucault, H., Jean-Jacques, R., Lindor, W., Maurepas, L., Luu, K., Mock, N, Fingley, C., Meffert, D., Edwards, J., Horjus, P., Pendley, S. C., Hornsby, M., Strother, S., and Papendieck, A., 2010. Haiti Humanitarian Assistance Evaluation: From a Resilience Perspective. Tulane University.

[21] Taylor, G., Stoddard, A., Harmer, A., Haver, K., Harvey, P. Barber, K., Schreter, L., and Wilhelm, C., 2012. The State of the Humanitarian System. Overseas Development Institute, London.

[22] Wang, X., Mahul, O., and Stutley, C., 2010. Weathering the Storm: Options for Disaster Risk Financing in Vietnam. The World Bank. Washington DC.

[23] Yang, D., 2008. Coping with Disaster: The Impact of Hurricanes on International Financial Flows, 1970 ~ 2002. The B. E. Journal of Economic Analysis & Policy, Vol. 8, Issue 1.

| 第三章 |

中国自然灾害救助体系研究

——现状、挑战与对策

◎**罗楚亮**(北京师范大学经济与工商管理学院)

◎**陈国强**(西北师范大学)

一、我国近年自然灾害与救助概述

（一）近年我国重大自然灾害概述

自然灾害是由自然事件或力量为主因造成的生命伤亡和人类社会财产损失的事件（黄崇福，2009）。人类在改造自然的同时也经受着自然给人类文明进步带来的苦难，自然灾害不仅会造成人员伤亡、财产损失和资源破坏等，还会引发严峻的社会效应。我国幅员辽阔，地质气象条件复杂，自古灾害频发，特别是在全球气候和地质条件多变的背景下，不论是自然灾害的种类、强度还是破坏程度，都有新的变化，具体如下。

1. 地震灾害频发

2008 以来 5 级以上地震 254 次，6 级以上地震 42 次（见表 3 - 1），其中破坏性大的有 2008 年汶川大地震、2010 年青海玉树地震和 2013 年四川芦山地震。

表 3 - 1　　2008 ~ 2013 年地震次数统计表

年份 地震级别及次数	2013	2012	2011	2010	2009	2008
5 级以上地震次数	45	21	26	29	36	97
6 级以上地震次数	6	4	3	4	5	20

资料来源：根据国家地震局网站数据整理得到。

2. 干旱、洪涝和暴雪等灾害连年发生

2008 年南方低温雨雪冰冻，2009 年华北东北等地冬春连旱、11 月 16 省市暴雪，2010 年西南冬春大旱、东北洪涝，2011 年西南夏秋连旱，2012 年东北暴雪、南方高温，2013 年 8 月东北地区洪涝风雹、南方地区高温干旱等灾害。

3. 极端气候条件频现

仅以2013年为例，入夏以来南方多省平均最高气温38.6摄氏度，比常年同期偏高2.4摄氏度，平均持续期10.2天，比常年同期多4.8天。连日高温让中暑患者明显增多并造成多人中暑身亡，与此同时，东北的嫩江、松花江流域发生了自1998年以来的最大洪水。

4. 自然灾害损失严重

自然灾害给我国经济发展造成严重冲击，给民众生命财产造成巨大损失（见表3－2），仅2008～2013年间我国因自然灾害遭受的直接经济损失多达32706.3亿元，全国受灾人口累计达24.9亿人次，死亡失踪103048人，紧急转移安置8514.5万人次，倒塌房屋1726.4万间。

表3－2　　2008～2013年自然灾害损失统计表

年　份	受灾人数（亿人次）	死亡失踪（人）	倒塌房屋（万间）	经济损失（亿元）
2008	4.7	88928	1097.7	11752.4
2009	4.8	1528	83.8	2523.7
2010	4.3	7844	273.3	5339.9
2011	4.3	1126	93.5	3096.4
2012	2.9	1338	90.6	4185.5
2013	3.9	2284	87.5	5808.4

资料来源：根据国家减灾中心网站数据整理得到。

值得注意的是，自然灾害对我国农业冲击尤其严重。2003～2012年间我国农作物播种面积平均每年为1.5683216亿公顷，农业受灾面积年平均4025.740万公顷，受灾面积占农作物播种面积比例26%；成灾面积年平均2044.410万公顷，成灾面积占农作物播种面积比例13%。其中，水灾受灾面积平均每年1021.280万公顷，占到总受灾面积的26%；旱灾受灾面积平均每年1885.560万公顷，占到受灾面积的46%；水灾成灾面积平均每年525.790万公顷，占到总受灾面积的26%，旱灾成灾面积平均每年1001.030万公顷，占到受灾面积的48%（见表3－3）。更为严峻的是，自然灾害的突发性、异常性日显突出，空间分布、损失程度和影响深度广度出现新变化，并且大灾往往会导致一系列次生灾害，这些都给灾害救助和灾后重建工作带来挑战。

毫无疑问，自然灾害发生后，如何迅速研判灾情、启动救灾应急预案、部署救灾工作、发布灾情信息、安置受灾群众生活、安排灾区重建是各级政府面临的首要问题，卓有成效的灾害救助不仅具有人道、经济和政治意义，也是社会进步的体现。

表 3-3　我国农业受灾与成灾面积统计表

年　份	农作物总播种面积（千公顷）	受灾面积占农作物播种面积比例	成灾面积占农作物播种面积比例	水灾受灾面积占受灾面积比例	旱灾受灾面积占受灾面积比例	水灾成灾面积占成灾面积比例	旱灾成灾面积占成灾面积比例
2012	163415.7	15%	7%	31%	37%	36%	31%
2011	162283.2	20%	8%	21%	50%	23%	53%
2010	160674.8	23%	12%	47%	35%	38%	48%
2009	158613.6	30%	13%	16%	62%	15%	62%
2008	156265.7	26%	14%	16%	30%	16%	31%
2007	153463.9	32%	16%	21%	60%	20%	65%
2006	152149.5	27%	16%	19%	50%	19%	54%
2005	155487.7	25%	13%	28%	41%	30%	42%
2004	153552.6	24%	11%	20%	46%	23%	52%
2003	152415.0	36%	21%	35%	46%	38%	45%
平均	156832.2	26%	13%	26%	46%	26%	48%
方差	4172.185	0.058496	0.042741	0.098157	0.102258	0.089576	0.115822

资料来源：根据 2013 年统计年鉴数据整理得到。

（二）我国自然灾害救助概述

我国的灾害救助工作在中央政府宏观调控能力、合法化能力、社会动员能力和财政能力保障下得以顺利展开。历年来，政府每年都在灾害救助上投入大量的人力、物力和财力帮助灾区人民渡过难关（如表 3-4 所示）。特别是当巨灾发生时，举国救灾体制的优越性得到充分发挥。2008 年 1 月南方 17 个省（市、区）同时遭受罕见的冰冻灾害，持续时间半个月以上，民政部灾情发布资料显示本次灾害共造成 38 人死亡、1.01 亿亩农作物受灾、14.9 万间房屋倒塌、直接经济损失达 1591.7 亿元的严重损失。灾害发生后，中央各部门、解放军和武警部队紧急行动参与救灾，截至 1 月 30 日，中央财政共下拨救灾专项资金 2.93 亿元[①]。灾害期间，中央、部委和省级发文 566 件，其中中央发文 6 件，43 个部委发文 227 件，26 个省（自治区、直辖市）发文 331 件[②]，以制度的形式保证了灾害救助的顺利进行。2008 年 5 月 12 日四川汶川发生 8.0 级地震，中央、部委和省级发文 2290 件，其中中央发文 28 件，59 个部委发文 666

① http：//news. xinhuanet. com/newscenter/2008-01/30/content_ 7528242. htm。

② 高建国：《应对巨灾的举国体制》，气象出版社 2010 年版，第 10 页。

件，31 个省（自治区、直辖市）发文 1596 件[①]，调集了大量人力、物力、财力进行灾害救援和灾区重建。

表 3－4　　　　我国自然灾害救助简表（2011～2013）

救助项目	2013	2012	2011
救灾预警与响应次数（次数）	49	49	42
下拨自然灾害生活补助（亿元）	101.67	115.6	86.4
下拨救灾帐篷（万顶）	19.5	7.66	7
下拨棉衣棉被（万床、件）	60.8	52.7	83
紧急转移安置（万人次）	1215	1109.6	939.4

更为重要的是，在灾害救助实践中，我国不仅及时完成了防灾、救灾和善后工作，还建立起一整套日趋完善的救灾体系。

二、我国自然灾害救助体系概述

我国政府历来视灾害救助工作是关系国计民生的大事，强调完善灾害救助体系在施政工作当中的地位和有效防灾减灾的意义，因此将防灾减灾体系建设作为社会管理和公共服务的重要组成部分纳入经济社会发展规划。在各级政府和广大群众不断努力下，特别是 2005 年《国家自然灾害救助应急预案》颁布以后，我国自然灾害救助体系建设进入快速发展时期。

国务院办公厅又于 2011 年 12 月 26 日下发《国务院办公厅关于印发国家综合防灾减灾规划（2011－2015）的通知》，进一步明确了我国防灾减灾工作基本原则和“十二五”期间的防灾减灾工作的目标规划。该通知中提出“政府主导，社会参与；以人为本，依靠科学；预防为主，综合减灾；统筹谋划，突出重点”八项原则，强调了我国自然灾害救助工作的参与主体、救助目的、工作方针和工作重点，为我国综合防灾减灾工作指明了方向。到目前为止，我国自然灾害救助体系初具规模，主要包括：自然灾害救助制度体系，自然灾害应急反应体系，自然灾害救援保障体系和灾后重建体系。

① 高建国：《应对巨灾的举国体制》，气象出版社 2010 年版，第 37 页。

（一）自然灾害救助制度体系

1. 自然灾害救助法律体系

自然灾害的多样性、突发性和难以预见性加大了救助工作的难度，这就需要有相应的法律规定对自然灾害救助的各个环节进行控制，使得政府、非政府组织和受灾群众的权利义务关系更加明确，保证救灾过程更加规范有效。

自1991年国务院颁布《中华人民共和国防汛条例》以来，我国陆续出台一系列法律法规为自然灾害救助提供法律依据，包括法律、条例和一些具体办法，其中有法律6部，行政法规14部和部分意见规定等（见表3－5），内容涉及自然灾害防治、监测、预警、应急响应、救助、重建、社会动员和救灾资金管理等方面。对于重大自然灾害，还颁布专项法律规定，比如针对2008年汶川地震和2010年青海玉树地震相关的法律规定。这些法律规定的颁布，初步奠定了我国自然灾害救助的法律基础，为建立现代自然灾害救助体系提供了强有力的法律保障，做到了有法可依。

表3－5　自然灾害相关法律规定汇总表

法律法规	发文字号
《中华人民共和国公益事业捐赠法》	主席令第19号
《中华人民共和国气象法》	主席令第23号
《中华人民共和国防沙治沙法》	主席令第55号
《中华人民共和国突发事件应对法》	主席令第69号
《中华人民共和国防震减灾法》	主席令第7号
《中华人民共和国防洪法》	主席令第88号
《防汛条例》	国务院令第86号
《破坏性地震应急条例》	国务院令第172号
《地震预报管理条例》	国务院令第255号
《蓄滞洪区运用补偿暂行办法》	国务院令第286号
《地震安全性评价管理条例》	国务院令第323号
《人工影响天气管理条例》	国务院令第348号
《地质灾害防治条例》	国务院令第394号
《地震监测管理条例》	国务院令第409号
《中华人民共和国国务院关于修改〈中华人民共和国防汛条例的决定〉》	国务院令第441号
《汶川地震灾后恢复重建条例》	国务院令第526号
《中华人民共和国抗旱条例》	国务院令第552号

续表

法律法规	发文字号
《气象灾害防御条例》	国务院令第 570 号
《自然灾害救助条例》	国务院令第 577 号
《军队参加抢险救灾条例》	国务院中央军委令第 436 号
《关于加强汶川地震抗震救灾捐赠款物管理使用的通知》	国办发（2008）39 号
《国务院办公厅关于印发国家综合防灾减灾规划（2011－2015 年）的通知》	国办发（2011）55 号
《汶川地震灾后恢复重建对口支援方案》	国办发（2008）53 号
《关于进一步做好地震灾区医疗卫生防疫工作的意见》	国办发（2008）54 号
《关于做好汶川地震灾后恢复重建工作的指导意见》	国发（2008）21 号
《国务院关于支持玉树地震灾后恢复重建政策措施的意见》	国发（2010）16 号
《关于规范特大自然灾害救济补助费分配管理的通知》	民发（2002）127 号
《关于汶川地震抗震救灾捐赠资金使用有关问题的意见》	民发（2008）150 号
《关于加强自然灾害救助应急预案体系建设的指导意见》	民发（2008）191 号
《自然灾害救助应急工作规程》	民发（2008）35 号
《救灾应急工作规程》	民发（2009）89 号
《关于贯彻落实〈自然灾害救助条例〉的通知》	民发（2010）121 号
《关于加快推进灾害社会工作服务的指导意见》	民发（2013）214 号
《救灾捐赠管理办法》	民政部令第 35 号
《青海玉树地震抗震救灾捐赠资金使用管理监督办法》	国指发明电（2010）2 号
《抗震救灾资金物资管理监督专项规定》	中纪发（2008）12 号

注：2005 年 7 月 15 日温家宝总理签发第 441 号国务院令，下发中华人民共和国国务院关于修改《中华人民共和国防汛条例》的决定，对防汛条例进行修订。

2. 自然灾害救助应急预案体系

2005 年 1 月 26 日，《国家突发公共事件总体应急预案》在国务院 79 次常务会议上通过，于 2006 年 1 月 8 日开始实施，该预案在制度层面上填补了我国在突发性公共事件应对上的空白。其规定突发性公共事件包括四大类：自然灾害、事故灾难、公共卫生事件和社会安全事件。按照事件性质、损害程度、波及范围和可控性等方面，将突发性公共事件的严重程度分为四级，依次为Ⅰ级（特别重大）、Ⅱ级（重大）、Ⅲ级（较大）和Ⅳ级（一般），分别用红色、橙色、黄色和蓝色表示。

到目前为止，我国已经建立了比较完善的突发公共事件应急预案体系（见图 3.1），在此框架下，产生一系列专项预案、部门应急预案和地方应急预案。值得注意的是，国家突发公共事件预案体系中涉及自然灾害的预案就有 5 个，分别是国家自然灾害救助应急预案、国家防汛

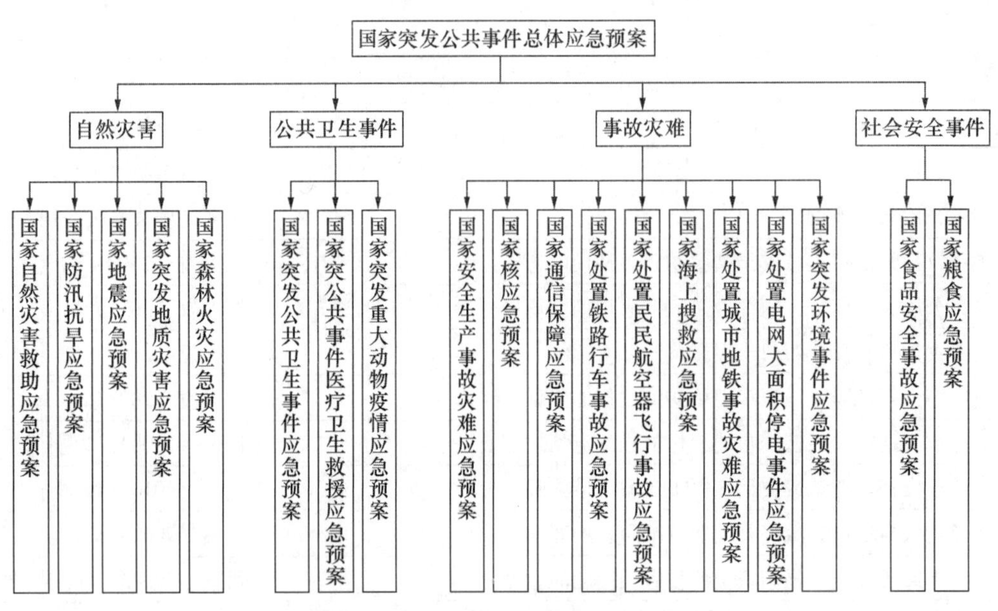

图 3.1 国家突发公共事件预案体系

抗旱应急预案、国家地震应急预案、国家突发地质灾害应急预案和国家森林火灾应急预案。其中，自然灾害救助应急预案居专项应急预案首位，可见突发性自然灾害救助工作的重要性。2011 年《自然灾害救助条例》的颁布，进一步突出了自然灾害救助应急预案的法律地位，并以法规的形式规定了自然灾害救助应急预案的制定依据、涵盖范围和主要内容。其中，条例第八条规定：县级以上地方人民政府及其有关部门应当根据有关法律、法规、规章，依据上级人民政府及其有关部门的应急预案以及本行政区域的自然灾害风险调查情况，制定相应的自然灾害救助应急预案。地方自然灾害救助应急预案应当包括救助应急组织指挥体系与职责，救助应急队伍，救助应急物资，预警预报与灾情信息的报告、处理，救助应急响应等级与相应措施，灾后应急救助与居民住房恢复重建措施等内容。截止 2011 年上半年，我国省市级应急预案制定工作全部结束，全国 99% 的县区、90% 的乡镇街道和 55% 的行政村和社区也制定了相应的自然灾害应急预案①。覆盖全国的应急预案体系基本形成。

3. 自然灾害救助组织指挥体系

根据灾害种类、特点和救助方式不同，国家设置了不同的应急组织指挥机构，主要有国家减灾委员会、国家防汛抗旱总指挥部、国务院抗震救灾指挥部和国家地质灾害抢险救灾指挥机构。在救灾工作实施过程中，一般采取中央指挥协调、各部门支持配合、省级具体实施的救灾模式。

① http：//www. china. com. cn/policy/txt/2011 - 11/02/content_ 23790283. htm。

（1）综合指挥系统

国家减灾委员会是我国自然灾害中央救助综合组织指挥系统，原名中国国际减灾委员会，2005年经国务院批准改为现名，由办公室、国家减灾专家委员会、民政部国家减灾中心、标准化技术委员会和成员单位组成（见图3.2）。具体工作由民政部承担，主要任务包括：国家减灾防灾制度制定，重大灾害救灾协调，领导地方减灾工作实施和减灾工作国际交流合作。目前，我国国家减灾委员会由国务委员、国务院党组成员担任主任，副主任由民政部部长、解放军副总参谋长和国务院秘书长担任，秘书长由民政部副部长担任，中宣部、外交部、财政部、交通部、水利部等30个部、委、办、局等部门的主要负责人担任委员。此外，还有协调员33名，联络员33名。下设的办公室设主任1名，常务副主任1名，副主任5名；国家减灾委员会专家委员会设主任1名，副主任5名，委员30名，汇聚中国科学院、中国工程院、北京师范大学等一大批科研院所在自然灾害救助方面的顶尖专家。

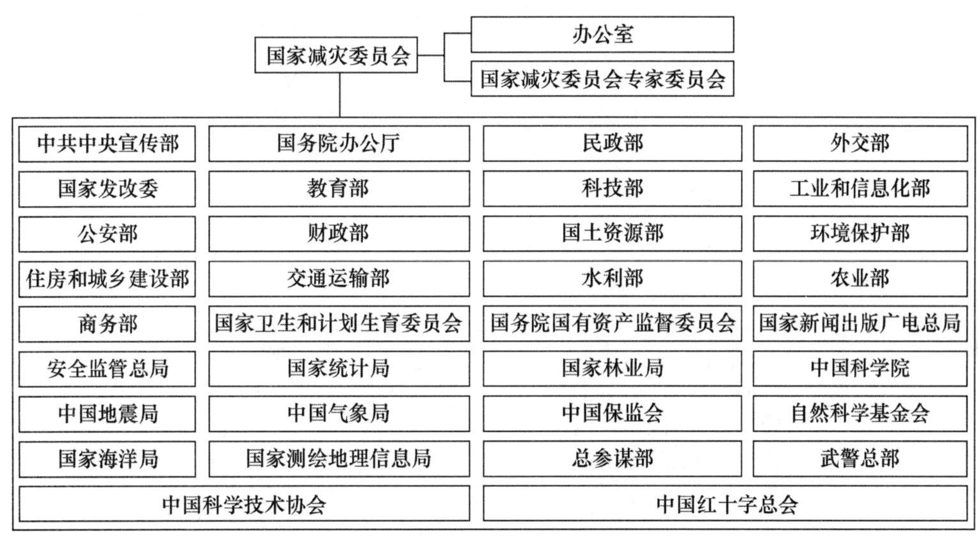

图3.2 国家减灾委员会构架图

民政部国家减灾中心，即卫星减灾应用中心成立于2009年4月，为国家减灾委员会下属单位，主要承担减灾救灾的数据信息管理、灾害及风险评估、产品服务、空间科技应用、科学技术与政策法规研究、技术装备和救灾物资研发、宣传教育、培训和国际交流合作等职能，中心设主任1名、副主任3名和总工程师1名，由数据中心、评估与应急部、卫星遥感部等15个内设机构组成。国家减灾中心利用国内外卫星系统建立起涵盖国家、区域和省级的自然灾害应急网络体系，已经成为我国自然灾害救助体系不可或缺的一环，极大地减少了自然灾害造成的损失。

全国减灾救灾专业标准化技术委员会由33名专家委员组成，其工作任务是在不涉及各专业部门已经开展工作的条件下，对全国减灾救灾和灾害救助工作进行标准化研究，为防灾减灾和灾害救助提供标准参考。

在国家减灾委员会领导、协调与指导下，我国初步建立了中央统筹、部门依托和地方负责的灾害救助联动机制。

（2）专项自然灾害指挥系统

国家防汛抗旱总指挥部：按照《国家防汛抗旱应急预案》和《中华人民共和国防洪法》规定，国务院设立国家防汛抗旱指挥部（以下简称国家防总）负责领导、组织全国的防汛抗旱工作。国家防总办公室设在水利部（见图3.3）。其主要任务包括防汛抗旱法律法规制定，流域防洪和跨区域调水方案制定，组织指挥实施抗洪抢险和抗旱减灾工作，统筹规划全国水利水电设施水量，处理灾害相关事宜等。

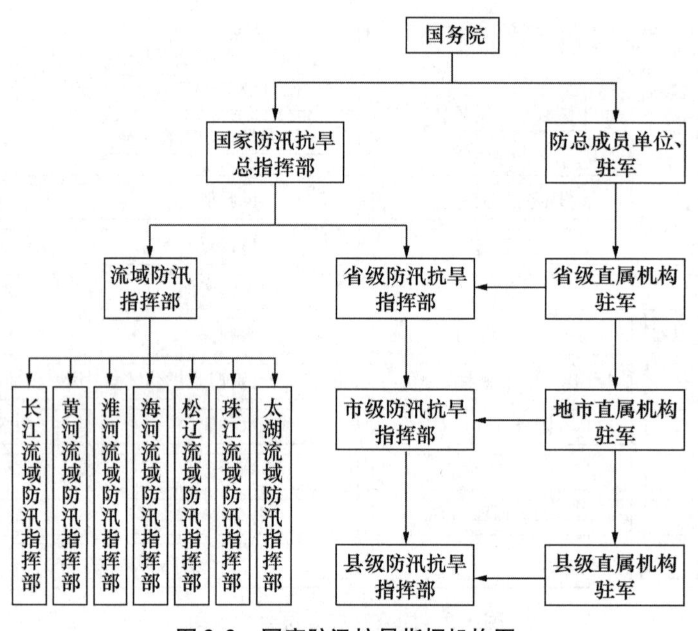

图3.3　国家防汛抗旱指挥机构图

地方上，县级以上人民政府，各大水系流域也要设立防汛抗旱指挥机构，负责本行政区和流域内的防汛抗旱工作。对于突发性灾害，有关单位可以根据需要成立临时抢险指挥机构，地方防汛抗旱指挥部由本级政府和有关部门、当地驻军、人民武装部负责人等组成，其办事机构设在同级水行政主管部门。长江、黄河、松花江、淮河、珠江、海河和太湖等流域设立防汛总指挥部，负责本流域范围内的防汛工作，流域防汛总指挥部由有关省、自治区、直辖市人民政府和该江河流域管理机构的负责人等组成，其办事机构设在流域管理机构。水利部门所属的各流域管理机构、水利工程管理单位、施工单位以及水文部门等，汛期成立相应的专业防汛抗灾组织，负责本流域、本单位的防汛抗灾工作；有防洪任务的重大水利水电工程、有防洪任务的大中型企业根据需要成立防汛指挥部。针对重大突发事件，可以组建临时指挥机构，具体负责应急处理工作。

国务院抗震救灾指挥部：按照《国家地震应急预案》规定，国务院抗震救灾指挥部是领导、指挥和协调全国抗震救灾工作的最高机构（见图 3.4）。国务院抗震救灾指挥部办公室设在国家地震局。县级以上人民政府设地方抗震救灾指挥机构，负责指挥、领导和协调本行政区域内的抗震救灾工作，地方有关部门和单位、当地解放军、武警部队和民兵组织等，按照职责分工，各负其责，密切配合，共同做好抗震救灾工作。必要时成立国务院抗震救灾总指挥部，负责统一领导、指挥和协调全国抗震救灾工作；在地震灾区成立现场指挥机构，在国务院抗震救灾指挥机构的领导下开展工作。

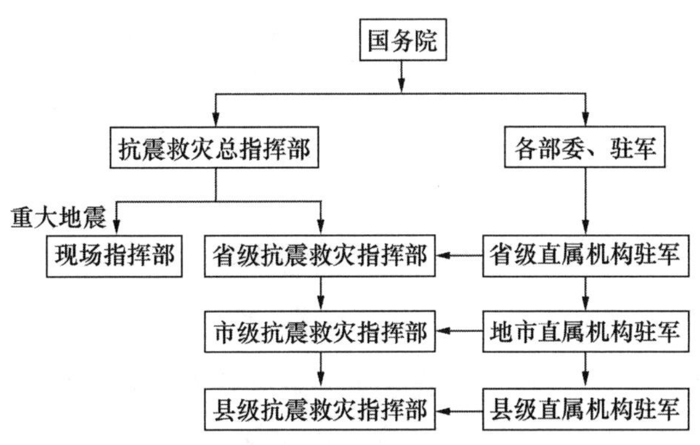

图 3.4　国家抗震救灾指挥机构图

突发性地质灾害应急防治机构：根据《国家突发地质灾害应急预案》规定，国务院国土资源行政主管部门负责全国地质灾害应急防治工作的组织、协调、指导和监督。当发生地质灾害或出现地质灾害险情时，灾区所在的省、市、县人民政府可以根据地质灾害抢险救灾需要成立相应级别的抢险救灾指挥机构，指挥协调救灾工作。如果灾害超出了灾区所在的省级政府处置能力需要由国家层面承担救助责任时，国务院可以根据相关部门建议成立临时性的地质灾害应急防治总指挥部，负责特大型地质灾害应急防治工作的指挥和部署。

（二）自然灾害应急反应体系

1. 灾情预警与评估体系

完善的灾情预警与评估体系是有效开展灾害防御与灾害救援的先决条件，我国已经建立了比较完善的自然灾害监测预警与评估体系，初步满足灾害监测预报全天候、全天时预警需求。

目前，气象监测、地震监测、水文监测等预报体系基本完善，建成比较健全的气象卫星监测系统、海洋卫星监测系统、环境与灾害监测预报小卫星星座系统、国家地震监测系统、国家水文监测系统等。建立基于遥感和地理信息系统技术的灾害监测、预警、评估以及灾害应急辅助决策系统，基本实现灾害信息部门共享和信息交流。图 3.5 为自然灾害监测系统构成图。

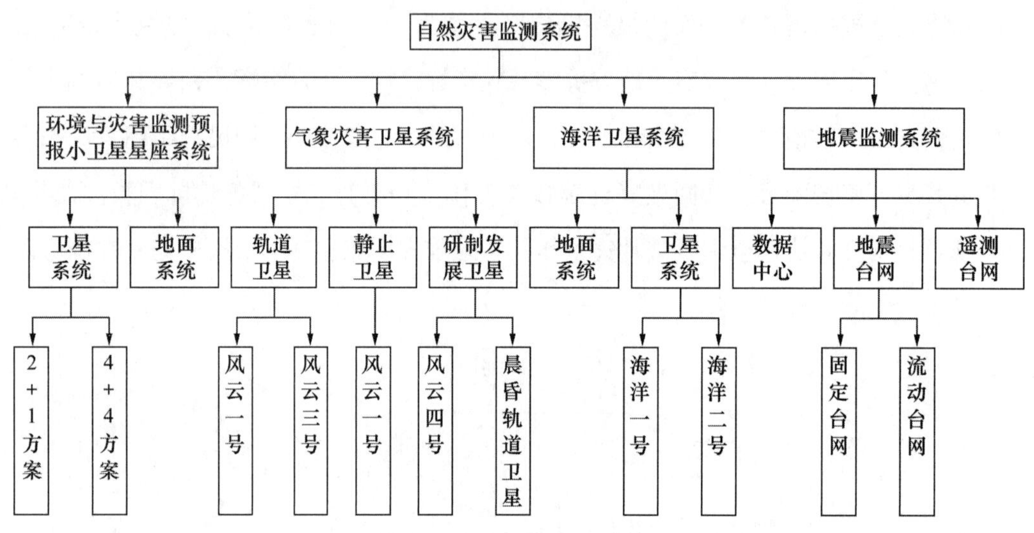

图 3.5　自然灾害监测系统

在预警信息发布方面，我国依托国家气象信息中心现有通信业务系统，通过改、扩建信息传输渠道，形成覆盖全国的权威、畅通、有效的突发公共事件预警信息综合发布平台（见图 3.6）。本系统实时接收国务院 25 个直属部委及各级应急指挥平台的预警信息，按照“分级分类、有效覆盖”的原则，在国家、省、地、县四级实时发布。系统一期完成后，公众能够在预警信息发出后 10 分钟之内接收到预警信息，覆盖率达到全国人口的 82%。

在灾害现场数据收集工作上，民政部于 1995 年颁布实施了《自然灾害情况统计制度》①，其中规定 4 种表格、57 个统计指标，2008 年和 2011 年民政部又重新进行修订。民政部还于 1997 年发布了《灾情统计、核定、报告暂行办法》②。这两个文件共同构成了我国自然灾害评估体系的制度依据。到 2009 年，国家自然灾害灾情管理系统启用，我国自然灾害评估进入信息化建设时期。

此外，2012 年 9 月 26 日民政部下发《民政部关于加强自然灾害救助评估工作的指导意见》，对自然灾害评估进行进一步规范。该意见根据灾害发生时间和救灾工作需要，将自然灾

① 详见民计函（1995）290 号。

② 详见民救发（1997）8 号。

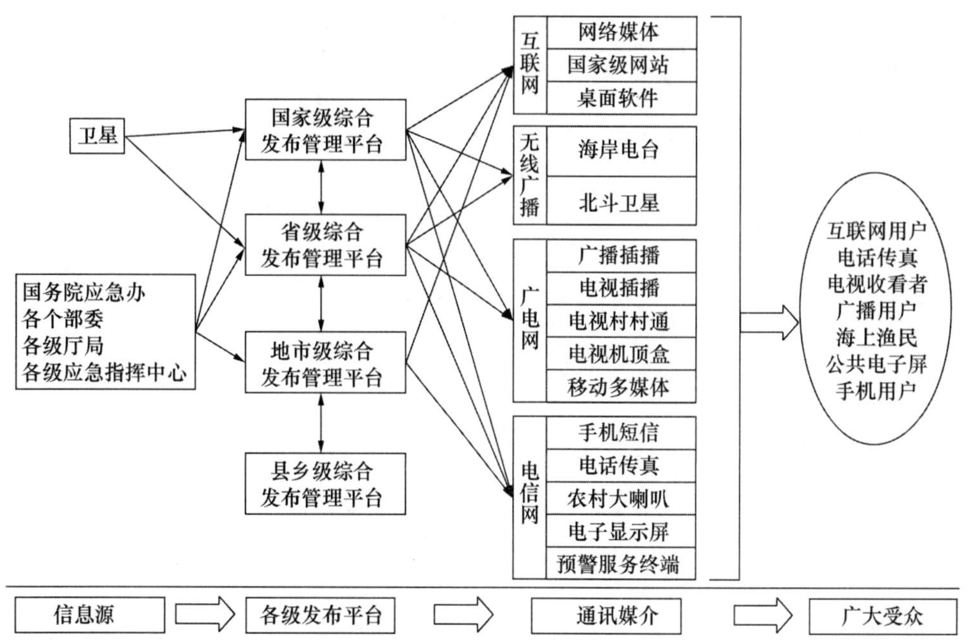

图 3.6　突发公共事件预警信息发布系统结构图

资料来源：国家气象局网站。

害评估工作分为四个阶段（见图 3.7），涉及灾前评估、救灾评估、灾后评估和综合损失评估等内容。

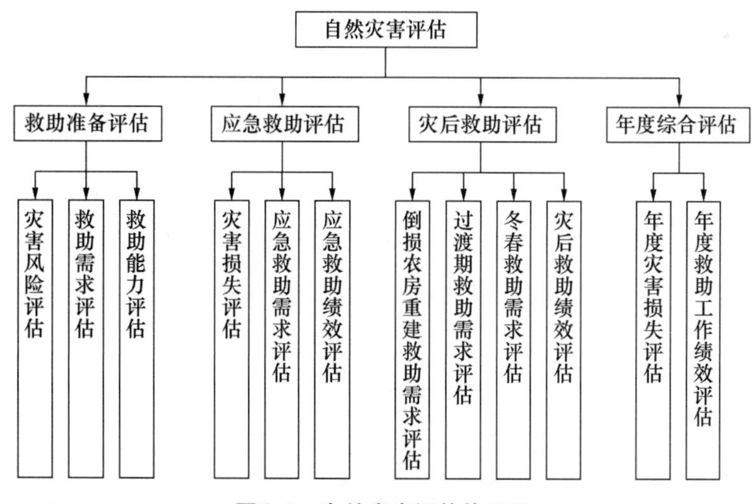

图 3.7　自然灾害评估体系图

鉴于灾害评估工作在整个救灾工作中的重要地位，该意见对各个阶段评估时间进行严格限定（见表 3－6）。一般来说，救助准备和年度综合评估为县级以上民政部门每年例行评估，对于具体自然灾害，视灾害等级不同，评估部门有所不同，当一次灾害过程达到重大以上等级的则由省级民政部门对其评估。

表3－6　自然灾害评估时间规定

阶段	评估内容	县级	市级	省级	民政部
救助准备	灾害风险需求与能力	每年4月10日前	每年4月20日前	每年4月30日前	每年5月20日前
应急救助	灾害损失	灾害过程结束15个工作日	灾害过程结束15个工作日	灾害过程结束15个工作日	接到省级评估报告后15个工作日
	应急救助需求	及时评估	及时评估	及时评估	—
	应急救助绩效	应急救助结束15个工作日	应急救助结束15个工作日	应急救助结束15个工作日	—
灾后救助	倒损农房重建救助需求	灾害过程结束15个工作日	灾害过程结束15个工作日	灾害过程结束15个工作日	—
	过渡期救助需求	救助后期开始10个工作日完成	救助后期开始10个工作日完成	救助后期开始10个工作日完成	—
	冬春救助需求	10月15日前	10月20日前	10月25日前	11月30日前
	灾后救助绩效	救助结束15个工作日	救助结束15个工作日	救助结束15个工作日	—
年度	损失与绩效	1月20日前	1月31日前	2月15日前	2月28日前

2. 灾害救助响应体系

（1）自然灾害救助响应

按照《国家自然灾害救助应急预案》的规定，我国根据自然灾害的危害程度设定四个响应级别。当灾害损失中的死亡人数、紧急安置或需要生活救助人数、倒塌和严重损坏房屋间数、干旱造成缺粮缺水需政府救助人数、干旱造成缺粮缺水需政府救助人数占农牧业人口比例等任一指标达到响应条件时，对应的响应级别将被启动（见表3－7）。

表3－7　自然灾害救助相应条件

灾害情况	Ⅰ级响应	Ⅱ级响应	Ⅲ级响应	Ⅳ级响应
死亡人数（人）	大于200万	100万～200万	50万～100万	30万～50万
紧急安置或需要生活救助人数（人）	大于100万	80万～100万	30万～80万	10万～30万
倒塌和严重损坏房屋（间）	大于20万	15万～20万	10万～15万	1万～10万
干旱造成缺粮缺水需政府救助人数（人）	大于400万	300万～400万	200万～300万	100万～200万
干旱造成缺粮缺水需政府救助人数占农牧业人口比例（%）	大于30%	25%～30%	20%～25%	15%～20%

资料来源：根据《国家自然灾害救助应急预案》整理。

灾害发生后，通过信息收集，国家减灾委办公室对灾害程度进行评估与分析，认定灾情对应的应急响应级别，迅速展开灾害救助工作，启动程序及工作任务（见图 3.8）。其中，Ⅰ级响应由国家减灾委主任统一组织领导；Ⅱ级响应由国家减灾委副主任（民政部部长）组织协调；Ⅲ级响应由国家减灾委秘书长组织协调；Ⅳ级响应由国家减灾委办公室组织协调。

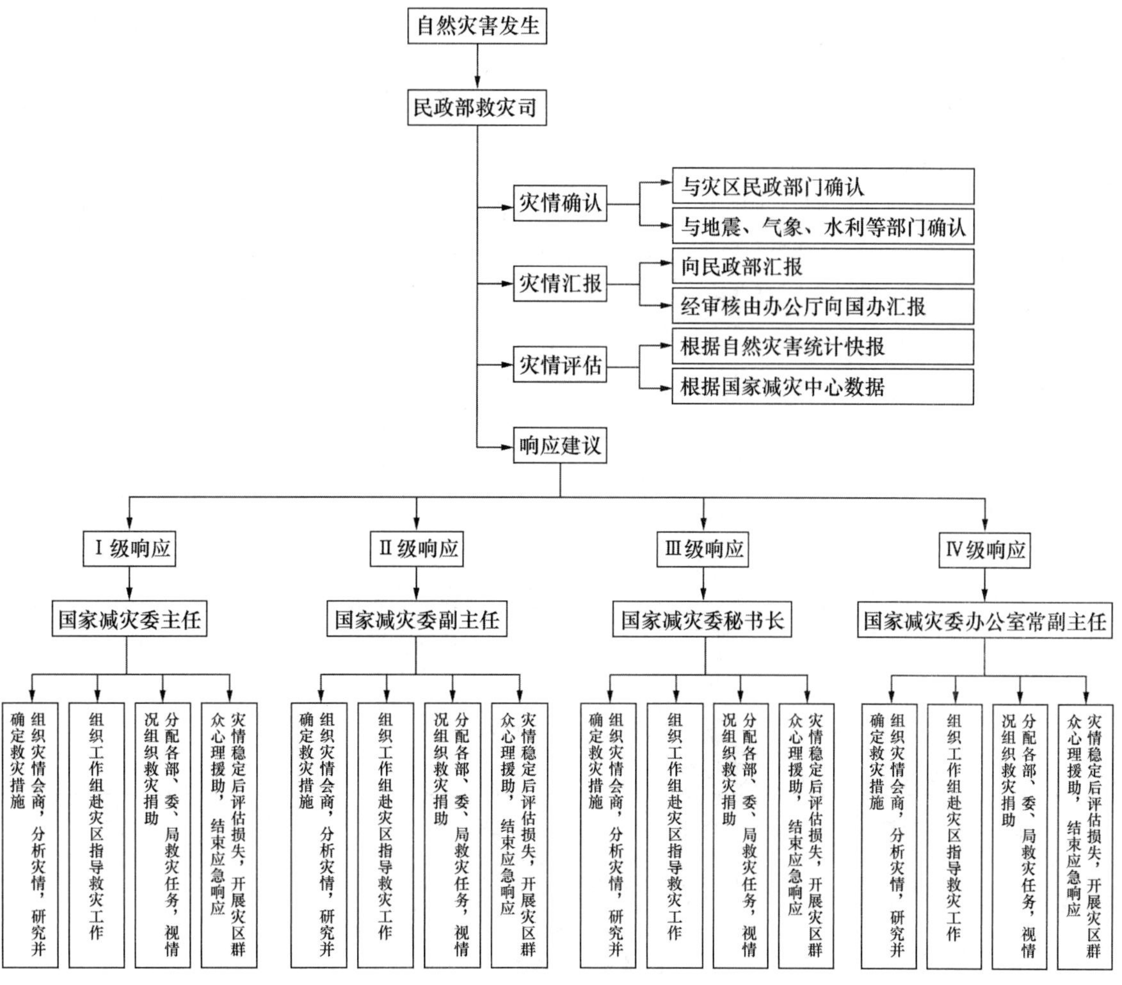

图 3.8 自然灾害应急响应过程图

（2）洪涝干旱灾害响应

根据《国家防汛抗旱应急预案》规定，按洪涝、旱灾的严重程度和范围，我国将防汛抗旱应急响应行动分为四级。进入汛期、旱期，各级防汛抗旱指挥机构应实行 24 小时值班制度，全程跟踪雨情、水情、工情、旱情、灾情，并根据不同情况启动相关应急程序。洪涝、干旱等灾害发生后，视灾害严重程度启动应急响应，凡符合表 3－8 中描述灾害情况之一者，对应响应级别即可启动。由相对应的地方人民政府和防汛抗旱指挥机构负责组织实施抗洪抢险、排涝、抗旱减灾和抗灾救灾等方面的工作。当洪水灾害和极度缺水得到有效控制时，事发地的防汛抗旱指挥机构可视汛情旱情，宣布结束紧急防汛期或紧急抗旱期。

表3－8　　　　水旱灾害应急响应条件

灾害情况	响应级别			
	Ⅰ级响应	Ⅱ级响应	Ⅲ级响应	Ⅳ级响应
1	一个流域发生大洪水	数省（区、市）同时发生洪涝灾害	一个流域发生大洪水	数省（区、市）同时发生一般洪水
2	大江大河干流一般河段及主要支流堤防发生决口	一省（区、市）发生较大洪水	大江大河干流一般河段及主要支流堤防发生决口	数省（区、市）同时发生轻度干旱
3	数省（区、市）多个市（地）发生严重洪涝灾害	大江大河干流堤防出现重大险情	数省（区、市）多个市（地）发生严重洪涝灾害	大江大河干流堤防出现险情
4	一般大中型水库发生垮坝	大中型水库出现严重险情或小型水库发生垮坝	一般大中型水库发生垮坝	大中型水库出现险情
5	数省（区、市）多个市（地）发生严重干旱或一省（区、市）发生特大干旱	数省（区、市）同时发生中度以上的干旱灾害	数省（区、市）多个市（地）发生严重干旱或一省（区、市）发生特大干旱	多座大型以上城市同时因旱影响正常供水
6	多个大城市发生严重干旱，或大中城市发生极度干旱	多座大型以上城市同时发生中度干旱	多个大城市发生严重干旱，或大中城市发生极度干旱	
7		一座大型城市发生严重干旱		

资料来源：根据《国家防汛抗旱应急预案》整理得到。

（3）地震灾害响应

根据《国家地震应急预案》规定，按照地震发生的危害程度将地震灾害分为特别重大、重大、较大、一般四级，分别对应Ⅰ级、Ⅱ级、Ⅲ级和Ⅳ级应急响应，当地震危害某一项条件达到相应响应级别触发线时，该级响应级别将被启动（见表3－9）。边疆地区、少数民族聚居地区和其他特殊地区，可根据需要适当提高响应级别。

特别重大地震发生时，启动Ⅰ级响应，国务院抗震救灾指挥部负责统一领导、指挥和协调，灾区所在省级抗震救灾指挥部负责应急救助工作。重大地震发生时，启动Ⅱ级响应，国务院抗震救灾指挥部根据实际情况进行组织协调，灾区所在省级抗震救灾指挥部负责实施灾区地

表 3－9　　地震灾害应急响应条件

灾害情况		响应级别			
		Ⅰ级响应	Ⅱ级响应	Ⅲ级响应	Ⅳ级响应
死亡人数（含失踪）		>300	50～300	10～50	<10
经济损失		大于震区上年度 GDP 的 1%	严重经济损失	较严重经济损失	一定的经济损失
地震级别	人口较稠密	>7	6～7	5～6	4～5
	人口稠密	>6	5～6	4～5	—

震应急救助工作。较大地震发生时，启动Ⅲ级响应，灾区所在省级抗震救灾指挥部负责指挥协调，灾区所在市级抗震救灾指挥部负责灾区地震应急救助工作。一般地震灾害发生时，启动Ⅳ级响应，灾区所在省、市级抗震救灾指挥部负责协调，灾区所在县级抗震救灾指挥部负责灾区地震应急救助工作。国家有关部门和单位根据灾区实际需要做好抗震救灾协助工作。

（4）突发性地质灾害响应

根据《国家突发地质灾害应急预案》规定，地质灾害按危害程度和规模大小分为特大型、大型、中型、小型地质灾害险情和地质灾害灾情四级，当险情或灾情达到一定的触发条件时，相对应的响应级别将被启动（见表 3－10）。

表 3－10　　突发性地质灾害应急响应条件

损失	Ⅰ级响应		Ⅱ级响应		Ⅲ级响应		Ⅳ级响应	
	险情潜在损失	灾情直接损失	险情潜在损失	灾情直接损失	险情潜在损失	灾情直接损失	险情潜在损失	灾情直接损失
经济（元）	>10000 万	>1000 万	5000 万～10000 万	500 万～1000 万	500 万～5000 万	100 万～500 万	<500 万	<100 万
人员（人）	>1000	>30	500～1000	10～30	100～500	3～10	<100	<3

注：险情对应经济损失为潜在损失，人员数量为受灾害威胁需搬迁转移人数；灾情对应经济损失为已经发生的损失，人员数量为死亡人数。

Ⅰ级响应启动后，灾区所在的县（市）、市（地、州）、省（区、市）人民政府立即启动相关的应急防治预案和应急指挥系统，部署本行政区域内的地质灾害应急防治与救灾工作。Ⅱ级响应启动后，灾区所在县（市）、市（地、州）、省（区、市）人民政府立即启动相关的应急预案和应急指挥系统。Ⅲ级响应启动后，灾区所在的县（市）、市（地、州）人民政府立即启动相关的应急预案和应急指挥系统。Ⅳ级响应启动后，灾区所在的县（市）人民政府立即启动相关的应急预案和应急指挥系统。

（三）自然灾害救援保障体系

1. 救援物资储备体系

根据《救灾物资储备库建设标准》附录定义，救灾储备物资是指各级民政部门储存和调用的，主要用于救助紧急转移安置人口，满足其基本生活需求的物资①，涵盖被服、安置设备、应急装置、救灾装备和日常生活用品等五类救灾物资。

我国救灾物资储备体系始建于20世纪90年代初（见表3-11），频繁的自然灾害让救灾储备建设成为必然。成熟的救灾物资储备体系对于防灾减灾有着无法替代的作用，特别是2008年四川汶川大地震发生以来，国家更加注重救灾物资储备体系建设。目前为止，我国设立了18个中央救灾物资储备库，基本形成了布局合理的中央、省、市、县、乡五级救灾物资储备网络，基本实现灾害发生后24小时内受灾群众得到初步救助。

表3-11　我国救灾物资储备体系发展历程

年　度	进　程
1994	民政部着手建立救灾物资储备体系
1996	民政部组织研究救灾帐篷，并开始采购
1997	辽宁、湖南等省设立省级救灾物资储备设施
1998	民政部、财政部下发《关于建立中央级救灾物资储备制度的通知》，在沈阳、天津、郑州、武汉、长沙、广州、成都、西安通过代储方式设立了8个中央级救灾物资储备库
2003	民政部重新确定了天津、辽宁、黑龙江、安徽、河南、湖北、湖南、广西、四川和陕西10个省市民政厅（局）为中央救灾储备物资代储单位
2010	增加北京、福建、云南、西藏、甘肃、青海和新疆7省市民政厅（局）作为中央救灾储备物资代储单位，总数达到17家（18个储备库点）

经过几年发展，我国的救灾储备硬件设施建设和人员配备进展迅速（见表3-12），救灾物资不论是在种类、数量上还是在质量上，都有很大飞跃。特别是在2008年、2010年、2011年和2013年自然灾害严重、救灾物资需求量大的年份，国家更加注重救灾储备物资投入。其中在2008年，建有10个中央级救灾物资储备库，储有救灾帐篷31.7万顶；全国所有省份建立省级救灾物资储备库点，75.3%的地市和56.5%的县建立本级储备点，全国救灾物资储备网络初步形成。到了2010年，民政部确认17个中央级救灾储备物资代储单位，协调落实中央救

① 包括帐篷、棉被、棉衣裤、睡袋、应急包、折叠床、移动厕所、救生衣、净水机、手电筒、蜡烛、方便食品、矿泉水、药品和部分救灾应急指挥所需物资以及少量简易的救灾工具等。

灾物资采购和管理费9.9亿元，增储一批救灾帐篷、棉衣、棉被、睡袋、折叠床等物资，新增150万余人次的临时住所保障和160万余人次的御寒保障能力。

2011年，民政部继续加快救灾物资储备体系建设，大力推进中央储备库建设，格尔木、乌鲁木齐储备库建设工程全面展开。全国建设省级救灾物资储备库35个，租用18个，仓储面积共计29.6万平方米，304个市和2212个县建立起救灾物资储备库点。各中央储备库将民政部组织采购的7.5万顶单帐篷、30万床棉被、5万件睡袋和5万张折叠床及时入库，进一步充实了中央救灾物资储备。

2013年，民政部加大中央救灾物资采购投入，中央储备新增3类储备品种，增加11万顶帐篷、40万件（床）棉衣被、10万个睡袋、5万套折叠桌凳、1000套简易厕所等物资。截至2013年底，中央和省级共储备45万余顶帐篷、280万余件（床）棉衣被、37万床毛巾被、40万余个睡袋、43万套折叠床、10万余套折叠桌凳等救灾物资，价值超过18亿元[①]。除此之外，国家物质储备依托设备、网络和人员配备等方面的优势也积极参与国家救灾物资储备建设。

表3－12　　　　救灾储备仓库情况

	2012	2011	2010	2009	2008
救灾储备仓库（个）	665	553	455	326	301
救灾储备仓库职工人数（万人）	0.2	0.2	0.1	0.1	0.1

资料来源：http：//data. stats. gov. cn/search/keywordlist2？keyword = %E6%95%91%E7%81%BE.

2. 救灾资金筹措与投放机制

按照《自然灾害生活救助资金管理暂行办法》第二条规定，自然灾害生活救助资金是指中央和地方财政安排的自然灾害生活补助资金，主要用于解决遭受自然灾害地区的农村居民无力克服的衣、食、住、医等临时困难，紧急转移安置和抢救受灾群众，抚慰因灾遇难人员家属，恢复重建倒损住房，以及采购、管理、储运救灾物资等项支出。

根据分级管理原则，县级以上财政部门根据常年灾情和财力编制自然灾害生活救助资金年度预算，并在执行中根据灾情程度进行调整。遭受自然灾害后，地方各级财政部门应会同民政部门根据灾情制定地方自然灾害生活补助资金分配方案，并根据资金分配方案及时拨付资金。必要时，地方各级财政、民政部门报经同级人民政府同意后，可按规定程序逐级向上申请补助资金。对遭受特大自然灾害的地区，省级财政、民政部门可向财政部、民政部申请中央自然灾

① 根据民政部各年发布灾害评估报告整理。

害生活补助资金（《自然灾害生活救助资金管理暂行办法》第四章）。当发生特大自然灾害时，生活救助资金由中央财政和地方财政按比例分担（见表3－13）。

表3－13　中央财政与地方财政就特大自然灾害地区所需生活救助资金分担比例

中央财政	地方财政	省（直辖市）	市
50%	50%	北京、天津、上海、江苏、浙江、广东	大连、青岛、宁波、厦门、深圳
60%	40%	辽宁、福建、山东	—
70%	30%	河北、山西、吉林、安徽、江西、河南、湖北、湖南、海南、广西、重庆、四川、贵州、云南、西藏、陕西、甘肃、青海、宁夏、新疆、内蒙古、黑龙江	—

近几年，特别是2008年、2010年、2011年和2013年等自然灾害严重的年份，中央政府下拨大批救灾资金，比如2008年全年安排各类抗灾救灾资金1500亿元，其中自然灾害生活救助资金509.6亿元。2010年中央财政累计安排防灾减灾和抗灾救灾资金1559.37亿元，其中重点安排用于汶川、玉树、舟曲三个特大灾害救灾资金1142.76亿元；安排自然灾害生活救助资金79批次113.44亿元。2011年，财政部、民政部全年安排中央自然灾害生活补助资金86.4亿元。2013年，我国先后发生了四川芦山强烈地震、甘肃岷县漳县地震、东北流域性严重洪涝、南方大范围持续高温干旱、华南沿海地区台风暴雨洪涝等多次重特大自然灾害，中央安排下拨救灾资金105.67亿元。

为了确保应急救灾工作的顺利开展，民政部和财政部还建立了救灾资金应急拨付机制，中央层面，规定中央救灾应急款在灾害发生后2～3个工作日内下拨；地方层面，规定中央下达救灾应急资金10日内由省级下拨县级，县级5日内落实到受灾群众手中。在救灾资金管理方面，北京等21个省份和新疆生产建设兵团出台本地自然灾害生活救助资金管理办法，省级以下各级自然灾害生活救助资金按比例分担机制基本建立。

民政部还设立中央财政汇缴专户，接收各类救灾捐赠资金，包括社会捐款、中央各有关部门、全国性公募基金会、各级民政部门、部分地方慈善总会等捐款。比如2013年接受捐赠1.2556636588亿元（含2012年结存6149.17元）、拨付1.2556亿元，2012年度共接收各类救灾捐赠资金0.1170614917亿元、拨付0.1170亿元，2011年接收各类救灾捐款0.1863062703亿元、拨付救灾捐赠资金0.1863亿元[①]，2010年接收各类救灾捐款30.4001116263亿元，下拨

① 详见民政部第308号、270号和239号公告。

玉树地震救灾捐款 27.9963069905 亿元、甘肃省救灾捐款 2.2627208952 亿元[①]。

（四）灾后重建与科技支撑

1. 灾后重建体系

灾后生产重建体系主要是指当灾区灾情稳定后所进行的对各类受损设施和生产进行恢复性建设以及配套性措施，具体包括重建资金安排、重建资金划拨、灾区税收和产业政策、金融政策、就业和社保等政策。灾后重建资金主要来源于中央和地方的财政拨款和少量捐赠，民政部在 2002 年下发《民政部关于规范特大自然灾害救济补助费分配管理有关问题的通知》[②]，就中央救灾资金分配管理问题进行详细规定，涉及资金来源、使用原则、资金用途、分配办法和拨付时间等内容。为了使受灾群众的生活得到基本保障，在冬春最困难时得到救助，民政部在 2004 年又下发《春荒、冬令灾民生活救助工作规程》和《灾区民房恢复重建管理工作规程》[③]，进一步细化灾后救助相关工作内容。对于严重自然灾害，中央还会出台专项措施，比如 2008 年汶川大地震发生以后中央安排 700 亿元恢复重建资金，先后颁布了《汶川地震灾后恢复重建条例》[④] 和《汶川地震灾后恢复重建总体规划》[⑤]，部署灾后重建工作，各个相关部门也制定一系列帮扶措施。截至 2008 年底，受汶川地震严重影响的四川、甘肃、陕西、重庆和云南五省（市）重建农房开工率 62%，竣工率 38%，修缮率 93%[⑥]。灾区群众在政府领导和部门参与下，迅速恢复生活生产秩序。2010 年 7 月 8 日国务院颁布《自然灾害救助条例》（国务院令第 577 号），对灾后救助工作做了进一步说明，涉及受灾地区当地政府职责和居民住房恢复重建补助发放程序等内容。

灾后心理重建对于灾民同样具有重要意义。自然灾害不仅仅给人民群众生命财产造成损失，还会给灾难幸存者带来心理创伤。当幸存者尤其是儿童、青少年和老年人等社会弱势群体在面对失去亲友、家园破坏和重建困难时，将承受持续的心理压力，因此有必要及时对灾区群众进行心理干预。以 2008 年汶川大地震为例，地震发生不久各地就派出心理救援队伍进驻灾区，对灾区群众进行心理辅导（见表 3 – 14）。

---

① http://www.mca.gov.cn/article/zwgk/mzyw/201101/20110100127480.shtml。

② 详见民发（2002）127 号。

③ 详见民函（2004）282 号。

④ 详见国务院令第 526 号。

⑤ 详见国发（2008）31 号。

⑥ 详见民政部《2008 年自然灾害应对工作评估分析报告》。

表 3－14　　2008 年汶川地震初期心理救援

时　间	工作内容
2008 年 5 月 20 日	卫生部派出 171 名精神科人员赶赴灾区
2008 年 5 月 21 日	沈阳军区紧急抽组成立抗震救灾心理应急干预小队赶赴灾区
2008 年 5 月 21 日	河北省卫生厅紧急组建了 3 支心理干预队赶赴灾区
2008 年 5 月 21 日	上海组织“灾区青少年社会工作、心理康复援助专家志愿团上海分团”赶赴灾区
2008 年 5 月 21 日	中国儿童基金会携手健康 863 网组成的灾后心理援助专家团赶赴灾区
2008 年 5 月 21 日	复旦大学心理专家赶赴四川灾区
2008 年 5 月 22 日	安徽省 270 名心理医生赶赴灾区
2008 年 5 月 23 日	广东省劳教局抗震救灾心理辅导队赶赴灾区

值得注意的是，我国心理救助机制还很不完善，进入灾区的心理救援队伍大多各自为政，缺乏统一的组织，也没有稳定的专业心理救援队伍，此外在准入制度和人员素质方面也有所欠缺。因此，如何培养一支高水平的心理救援队伍，建立健全的灾后心理干预机制是完善自然灾害救助体系的重要内容。

2. 防灾减灾科技推进、文化宣传和人才培养

我国在防灾减灾科技建设方面做了很多工作。环境与灾害监测预报小卫星星座和风云系列气象卫星等监测系统的完善，标志着我国卫星减灾应用业务系统初步建立，基本实现了全球范围内全天候、多灾种的动态监测。特别是对台风、暴雨、沙尘暴、大雾、草原和森林火灾等自然灾害具有非常强的监测能力，实现了对灾害发展变化趋势进行快速预测与评估，为紧急救援、灾后救助和重建工作提供科学依据；还可以与地面监测手段相结合，提高环境和灾害信息的观测、采集、传送和处理能力，为提高减灾和环境保护能力提供有力保障。

建成覆盖全国的地震监测台网。台站布局采用均匀分布的原则，台站间距在 500 千米左右，国家测震台网由 48 个国家数字地震台站和一个国家测震台网中心组成。国家测震台网中心由测震中心[①]和分中心组成[②]，主要负责全国地震监测、地震中短期预测和地震速报；国务院抗震救灾指挥部应急响应和指挥决策技术系统的建设和运行；全国各级地震台网的业务指导和管理；各类地震监测数据的汇集、处理与服务；地震信息网络和通讯服务以及地震科技情报研究与地震科技期刊管理等[③]。

---

① 办公地点设在国家防震减灾大楼。

② 办公地点设在中国地震局地球物理研究所。

③ http：//www. cenc. ac. cn/publish/cenc/905/index. html。

在水文信息收集系统建设上，我国已建成大型水库634座，雨量站306座，监测点遍布全国各大水系，组成强大水文信息监测网，全国水文信息能及时汇总到相关防灾减灾指挥机构。

此外，国务院在《国家重大科技基础设施建设中长期规划（2012－2030年）》中提到，到2030年我国将完成地球系统与环境科学领域的精密重力测量研究设施的建立，届时我国在地球质量变化基础数据获取、海洋与气候变化动力学研究、水资源分布和地质灾害规律等研究将更加深入。特别是将地球系统数值模拟系统建设列入“十二五”期间优先安排16项重大科技基础设施建设项目之一，该设施建成后，我国地球系统模拟的整体能力和重大自然灾害预测预警、气候变化预估的研究水平将有质的飞跃，重大灾害预警和环境变化检测精度将大大提高。

在人才方面，依托各大院校和研究机构的学术平台，我国已经培养了一大批防灾减灾领域的专门人才，服务在防灾减灾工作的各个岗位。不仅如此，我国还建立了覆盖省、市、县、乡、村五级的灾害信息员队伍和完善的灾害信息报告制度，保证了灾情报送工作的及时性、完整性和规范性。2013年度我国灾害信息员人数已经达到53万人，编制完成培训教材和操作手册，培训灾害信息员、师资人员5000多名。

我国的防灾减灾科普工作进展顺利。目前，已建成97个防震减灾科普教育基地和96个国家级气象科普基地。2013年，全国科普基地累计接待参观人数160万人次，全国科普活动参与公众达240万人次，参加校园气象科普活动达26.7万人次。各地积极开展科普大篷车、科技夏令营、科普进课堂等活动，广泛、深入、有效地向社会公众宣传防灾减灾科学思想，倡导防灾减灾科学方法，传播防灾减灾科普知识，提升科学应对自然灾害的能力。汶川大地震发生以后，国务院将每年5月12日定为“防灾减灾日”，以此警醒后人，增强民众防灾减灾意识。

三、我国自然灾害救助体系评价

（一）自然灾害救助体系的国际比较

与发达国家相比，我国自然灾害救助体系在救灾组织机构、响应机制和灾后救助上有很大不同，优势体现在灾害救援过程中的社会动员能力上，劣势则表现在救援效率与灾害风险分散能力上。

1. 中美日救灾组织领导机构比较

我国救灾领导机构的特点：①统一指挥、部门参与。我国救灾最高领导机构是国务院，国务院办公厅下设的应急管理办公室具体负责灾害救助工作。从全局出发，统一部署各部、委、局和地方政府进行灾害管理，充分发挥“举国体制”实施灾害救助。②分灾管理、各司其职。在国务院统一领导下，我国成立多个灾害应急指挥机构，分别负责灾害处理工作。比如，国家减灾委员会负责综合减灾工作，办公室设在民政部；国家防汛抗旱总指挥部主要针对防汛和抗旱工作，办公室设在水利部；抗震救灾指挥部则负责地震灾害救助，办公室设在国家地震局；国土资源部相关部门负责突发性地质灾害等。

日本救灾组织领导机构的特点：①基层防灾减灾工作受重视。日本法律规定灾害发现者有报告义务，市町村级行政长官具有信息收集与呈报、防灾信号发布、灾害警报传达、动用经营性通讯设备、避难指示、警戒区设定等多项权利与义务，灾害管理的机动权力非常大。②国家—都道府县—市町三级管理。根据灾害损害程度实施三级管理制度，各个种类、级别灾害都能得到综合处理，地方政府首长有一定的灾害处置权力。

美国救灾领导机构的特点：①属地管理。虽然联邦政府设有联邦应急管理局领导组织全国灾害救助工作，但并不直接参与灾害救助工作。当灾害损害程度超出灾区应对能力时，联邦政府接到援助请求，认为灾害程度达到救助标准时予以援助。②体系单一，程序规范。各州具有独立的行政权，设有应急运行中心全权负责辖区突发自然灾害救助。在应急运行中心协调指挥下，各个部门根据规范程序实施救灾工作。

在救灾组织领导上，我国强调中央领导，地方政府在灾害救助上的灵活性与决断性较差；美国注重属地管理，所有救灾活动都在灾区政府领导下实施；日本强调微观自救，重视基层政府组织的作用。

2. 中美日灾害救助响应机制比较

我国救助响应机制的特点：①灾情上报迅速，响应及时。我国已经建立起灾情上报快速、损失评估及时、应急响应迅速的灾害应急体系。②国家动员能力强，群众自救能力差。我国具有极强的社会动员能力，能在极短的时间内集中大量人力、物力、财力应对大灾大难，在大的自然灾害救助上具有非常明显的优势。但是，我国历来对民众防灾减灾教育不够深入，日常演习缺乏，造成群众对灾害的防御意识不足，自救能力非常差，导致救灾设施与房屋达不到防灾要求，遇到灾难无所适从，在灾害发生初期就造成大量人员与财产损失。③救灾法律法规缺乏预见性。在救灾过程中往往伴随大量中央、地方政府下发的各种规定、通知对灾害救助工作加以约束，没有进一步明确参与各方的权利义务关系。④ 军队参与、保障充分。解放军和武警部队广泛参与是我国灾害救助得以实施的根本保障，也是我国灾害救助工作的特色。军队投入大量人力物力对灾区实施救援，在历次灾害救助中发挥重要的作用。国务院和中央军委专门下发文件就军队参加抢险救灾工作予以规范（《军队参加抢险救灾条例》，国务院中央军委令第436号）。

日本救助响应机制的特点：①应急体系完善，居民防灾自救意识强。日本实施三级应急体制管理，决策效率非常高，能够迅速对灾情做出反应。加之救灾法规详尽细致、防灾自救意识深入人心，救灾效率能够得到充分保证，能够做到灾害初期快速反应、救灾过程有条不紊、灾后重建有据可依。②大灾应对效率较差。当灾害达到一定级别，首相在召集内阁大臣召开会议前必须征询中央防灾会议的意见，会造成一定的效率损失。

美国救助响应机制的特点：①垂直管理，反应迅速。美国每个州具有独立的行政权，灾害发生后州政府能独立迅速组织救灾，能在最短的时间内将灾害影响加以控制；当发生严重灾害时才启动地区互助机制或向联邦政府求援，避免了官僚体制的反应迟钝。②救灾科技发达，人员训练有素。美国政府高度重视救灾工作专业化、现代化建设，加强科研机构与政府部门协作，培养大批专业人才。配备精良的救灾装备，涉及运输设备、搜寻和营救设备、通讯、医疗和后勤等各个方面，将科技优势发挥得淋漓尽致。

3. 中美日灾后重建机制比较

根据国际灾害救助经验，灾后重建资金主要源于政府财政、金融市场和社会捐赠，但是各国在不同来源资金的比例差距很大。发达国家自然灾害风险分散机制更为完善，在很大程度上缓解了政府财政压力。日本阪神大地震中的16.3万亿日元的重建复兴事业费中，来自中央政府的资金仅仅占到50%，其余大部分来自保险和金融市场融资。2005年美国卡特里娜飓风共造成1350亿美元损失，保险损失高达450亿美元，占总损失的33%。而我国救灾资金绝大部分来自政府，2008年汶川地震的8451亿元直接经济损失保险赔付率仅仅为0.2%（魏华林等，2012）。

（二）完善我国自然灾害救助体系的对策

通过与美日等发达国家救灾体系比较，我们发现各国救灾体系由于经济结构、政治体制和历史文化等原因差异很大，我国的自然灾害救助体系则具有鲜明的中国特色。

首先，在举国救灾体制下政府对灾害救助具有无限责任，国家可以通过行政命令在短时间内动员巨大的救灾力量进行全方位救灾，政府的各部、委、办、局均参与到灾害救助工作中。

其次，根据不同灾害分别成立相应的救灾组织领导机构，实施条块分割的政府救灾组织管理。再次，救灾领导机制具有灵活性。当灾害发生后，一般由主要领导牵头成立救灾领导小组指挥灾害救助工作，各相关部门予以配合，国家可以随时下发相关规定、通知和意见及时处理灾害救助中的突发事件。最后，救灾与灾害重建相对独立。救灾工作通常侧重于救灾过程中的物质保障和技术保障，并不涉及灾害发生后的损失厘定和赔付等问题，而灾后重建工作则由灾区政府在中央政府支持下逐步实施。

不难看出，我国自然灾害救助体系为政府主导下的全民救灾体系。实践证明，我国自然灾害救助体系在历次灾害救助中发挥了决定性作用，当然也暴露出一些问题，我国救灾水平还有待于进一步提高。具体体现在如下几方面。①救灾重于防灾，政府的无限责任导致民众对政府有天然的依赖性，最终造成民众的防灾意识普遍不足。②政府救灾的主体性致使政府在救灾过程中扮演多重角色，集救灾、重建与监督于一体。③救灾法律体系不健全，现有涉及灾害救助法律体系在灾害救助时涉及的个人、组织、机构权利义务关系并不清晰，往往灾害发生后需要制定大量的临时规定。④市场机制缺失，政府财政压力大，自然灾害风险分散机制单一，风险不能通过市场机制进行分散，灾害救助总体水平偏低。⑤救灾资金发放缺乏客观标准，总量上取决于预算规模，结构上取决于“谁更惨”，最终降低救灾资金使用效率。⑥灾害评估体系不健全，损失评估是政府部门在灾情信息汇总的基础上进行的，缺乏专业机构参与，损失程度确定的专业性、科学性和客观性有待提高。

从制度视角看，我国灾害救助法律法规体系有待完善。我国相关法律没有从宏观上明确中央与地方的具体责任，也没有从微观方面规定个体的权利义务关系，这对灾害救助工作顺利展开非常不利，往往靠紧急制定大量临时性的规定或行政命令予以弥补。

从经济视角看，我国自然灾害风险分散渠道十分闭塞，政府承担绝大部分风险。不包括抚恤支出、农业补贴支出、社会保障补助支出以及政策性补贴支出这些财政支出，仅民政部在2008～2013年间平均每季度救灾支出多达77亿元人民币①，灾害救助工作占用政府很大一部分资源。不仅如此，政府的无限责任压缩保险市场在灾害救助上的空间，缺乏保险参与的灾害救助行为又增加了政府压力。这样恶性循环的结果就是政府财政压力增大、自然灾害保险市场消失、灾民利益受损。在国际上，巨灾保险赔款一般占到灾害损失的30%～40%，但我国还不

① 根据民政部网站提供数据计算得到。

到1%[①]。如何将政府职能与保险市场职能充分结合，建立健全的自然灾害保险市场成为我国自然灾害救助体系建设的重要内容，也是分散自然灾害风险、减轻政府财政负担的重要途径。鉴于以上考虑，笔者认为应主要从以下三方面来完善我国灾害救助体系。

1. 完善自然灾害救助法律体系

为了灾害救助工作能够有效进行，首先，要以现有法律体系为基础制定符合我国实际的自然灾害救助基本法和相关配套法律，以法律的形式明确各级政府与居民的权利义务关系、规定救灾程序及救灾主体、确定灾后重建扶助措施。其次，将应急预案体系以法律的形式加以重申，各级政府成立专门的自然灾害应对机构保证应急预案能够得到有效执行。再次，加强金融保险行业立法，促进自然灾害保险业务开展，利用金融市场将自然灾害风险分散。

2. 推进制度建设转变政府职能

举国体制和政府的无限责任在自然灾害救助中发挥了巨大作用，但这以强大的行政能力为前提。当制度缺失时，救灾过程中政府要靠行政命令安排协调相关部门参与灾害救助，计划、组织、协调和监控作用被放大，各参与单位根据命令来完成职责工作，没有形成联动机制，导致地方政府、各部、委、局自主能动性差，这在本质上弱化了政府的社会职能。灾后重建中第一责任人的角色也在弱化着政府的经济职能，政府应该积极支持、引导市场机制参与灾害救助，无限责任不仅造成过大的财政负担，也会给市场传递错误信号，导致自然灾害保险市场消失。实际上，政府有限的救灾安排远不能满足一些严重的自然灾害损失，只有将市场引入，才能使受灾群众得到最大限度的补偿。因此，将政府部分职能转变为制度约束和市场配置对灾害救助体系建设具有非常重要的意义。

3. 加强自然灾害保险体系建设

将市场机制引入自然灾害救助体系中具有十分重要的意义，一方面能够减轻政府财政压力，提高救灾效率；另一方面通过保险公司对自然风险进行科学定价，市场向人们传递价格信号，提高人们的风险意识。此外，市场参与在赔偿条件、赔偿金额、社会影响和提高自然灾害救助目标瞄准程度等方面也具有优势。在市场机制引入方式上，由于自然灾害保险具有公共产品的属性，根据国际经验，其业务开展有三种模式，即政府直接成立保险公司承保、政府与商业保险公司合作承保和商业保险公司承保并由政府补贴。一般气候保险业务可由商业保险公司开展，鉴于商业保险对于巨灾风险化解能力有限，国家会成立国家再保险公司分担商业保险风

---

① 项俊波，第十二届全国人大二次会议答记者问，2014 年 3 月 11 日上午。

险，同时利用巨灾保险准备金、国内外再保险公司和资本市场等渠道将国家再保险公司面临的风险进行化解。这样，自然风险通过市场机制分散，分别由投保人、商业保险公司、投资人和政府承担，大大减轻了政府财政压力。在政府与市场之间的责任划分上，政府侧重防灾、救灾等内容，包括基础设施建设、减灾科技研发、灾害预警信息发布、灾民基本生活保障、非物质创伤救助等；财产性损失包括灾民个人损失和生产性损失，则由市场机制来弥补。

与日、美等发达国家相比，我国的自然灾害保险行业才刚刚起步，距其发挥应有作用还相去甚远。我们应该在借鉴吸收国外经验基础上，结合我国自然灾害特点和金融市场发展程度，探索一条适合我国国情的自然灾害保险机制。在充分考虑法律保障、政府责任、资金来源、技术准备、市场深度等因素积极推进传统保险业务的同时，更应该关注自然灾害保险领域发展动向，积极引进保险理念与保险产品，促进我国自然灾害保险业快速发展。

虽然保险可以转移民众面临的部分自然灾害风险，但对于保险市场不发达、收入较低的国家和地区会存在因保险机构不足导致的保险被强制执行、信息不对称、交易成本高和空间协变量风险高等问题，这令传统保险业务的效果大打折扣①。此外，地区气候的不确定性不会给气候指数保险定价带来困难，因此指数保险能够加强低收入国家投保人适应气候变化的能力②。目前我国自然灾害保险市场潜力巨大，气候因素是影响粮食生产的关键因素之一，1988～2006年间粮食生产每年都会受到旱涝灾害的影响（彭克强，2008），但传统自然灾害保险覆盖范围狭窄，也存在成本、理赔和道德风险等方面的弊端。

相比传统保险，指数保险具有如下优势。①指数保险以灾害指数为赔付依据，而非个别投保人实际损失，这避免了传统保险中的道德风险和逆向选择问题。②指数保险运营成本更低。由于指数保险避免了道德风险和逆向选择问题，就不需要对单个投保人进行监督，保险服务程序化、标准化，理赔过程简单透明。③指数保险合约再保险潜力大，指数保险合约技术含量高，二级市场发达可以将风险进一步分散给投资者。④理赔迅速。借助先进的数据收集手段和信息网络，保险公司可以第一时间根据灾害指数进行理赔，而不需要经过漫长的核损程序。基于以上优点，将指数保险机制嵌入我国自然灾害救助体系具有重要意义。

① Barry J. Barnett and Olivier MahulSource, Weather Index Insurance for Agriculture and Rural Areas in Lower-Income Countries, American Journal of Agricultural Economics, Vol. 89, No. 5, Proceedings Issue (Dec., 2007), pp. 1241～1247.

② Benjamin Collier, Jerry Skees and Barry Barnett, Weather Index Insurance and Climate Change: Opportunities and Challenges in Lower Income Countries, he Geneva Papers, 2009, 34, (401～424).

四、指数保险嵌入我国自然灾害救助体系相关问题探讨

（一）指数保险在国内应用研究与实践

1. 我国学者关于指数保险的学术研究

将指数保险嵌入我国自然灾害救助体系正在成为社会热点问题，已经引起社会各界广泛关注。以“指数保险”为检索词在CNKI中进行全文检索，选取2000～2013年间期刊论文和报纸报道数量进行分析（检索结果见图3.11）。

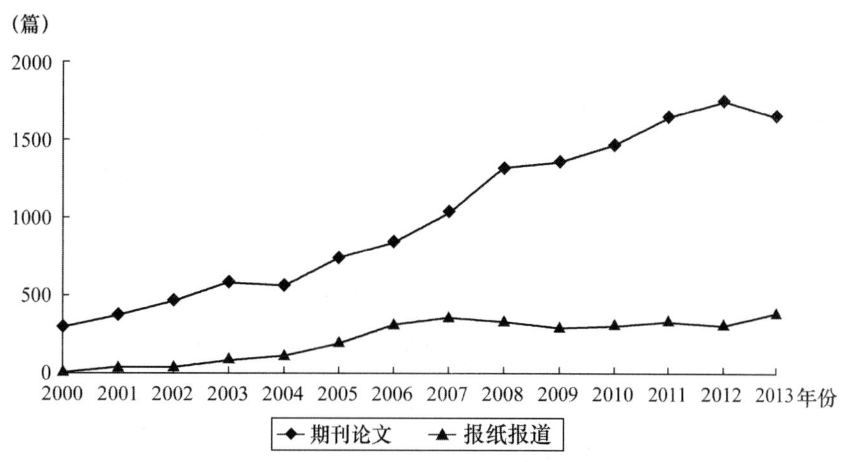

图3.11 CNKI中指数保险文献数量变化图

期刊论文数量代表学术界关注程度，报纸报道数量代表公众关注程度。从图3.11中发现，学术界对指数保险的研究一直处于增长状态，2000年见刊论文为321篇，到2013年为1673篇，其中2006～2008年和2010～2012年①这两个时期研究进展最快；报纸对指数保险的报道从2006年以后一直没有较大变化，维持在稳定水平，表明学术界对指数保险的关注度远高于公众关注度，我国自然灾害指数保险市场潜力很大②，但目前影响有限。

① 自2007年12月27日农业部与世界粮食计划署、国际农发基金共同设立“农村脆弱地区天气指数农业保险国际合作”项目后，条件较好地区陆续开展试点项目。

② 孔荣和袁亚林（2010）发现，82.67%的农户愿意购买天气保险，地区、年龄、家庭总耕地面积、农业收入占家庭总收入的比重、是否遭遇旱灾、有无债务等因素对农户天气保险产品购买意愿有显著影响。

国内学者对指数保险的研究主要集中在指数保险理论研究、指数保险在我国的发展趋势研究和气象指数保险合同设计与应用研究等方面。

于宁宁等（2009）通过对国内外文献梳理发现，国外研究主要集中在天气指数保险与传统农业保险比较和指数保险应用条件研究，国内研究则更多借鉴已有研究成果，介绍发展中国家的经验做法和对我国引入指数保险可行性进行探讨；朱俊生（2009）除了从传统保险市场失灵的角度综述国外研究成果外，更关注已有文献对农业保险对环境与投入的经济效应的研究；黄英君等（2012）从微观、中观和宏观三个层面对市场行为演进、政府职责变迁与农业巨灾保险机制设计的关联性进行了归纳和梳理，结合当前的时代背景对其路径选择进行了分析，进一步探讨了其路径优化；叶涛等（2012）在广泛综述国内外研究进展的基础上，探讨了产量统计模型中存在的主要问题，并就该模型未来发展的趋势进行了讨论；巴曙松（2013）发现农业风险固有特点，认为针对不同类型风险需要不同的风险管理手段，价格风险和巨灾风险需要利用与资本市场对接和政府基金支持等更多的创新管理手段；黄英君等（2013）以Web of Sciences收录的自然灾害风险管理文献作为数据样本进行分析，绘制自然风险管理的科学知识图谱，研究认为资本市场应该成为自然灾害风险分散的主体，风险证券化是当今自然灾害风险管理研究的热点和实践探索的重点领域。

张惠茹（2008）、朱俊生等（2009）、王韧（2010）等人的研究都表明，我国农业保险机制虽然取得了长足的发展，但是还存在各种问题，比如保险公司存在风险相关性、信息不对称、客户信任度低、损失与赔付率高等问题，运营过程中保险产品设计、承保、核保和理赔等环节也存在风险；张祖荣（2011）也从广东省政策性农业保险试点项目中发现现有制度存在巨灾风险无法有效分散、政策支持体系不健全和有效需求不足等问题。传统农业气候保险的失败为气候指数保险引入提供了契机，气候指数保险可以作为农业保险的补充形式发挥分散自然灾害风险的作用（魏华林和吴韧强，2010）。发展中国家经验和我国上海与安徽试点实践同样表明气候指数保险很可能成为我国农业保险发展新阶段的重要内容（陈盛伟，2010）。

毛裕定等（2007）将极低气温冻害指数化，确定了轻度、中度和重度冻害划分依据，设计出以柑橘冻害气象指数作为冻害保险赔付依据的保险模式；娄伟平等（2009a，2009b）将风险评估技术引入低温冻害指数测算，确定冻害气象指数与柑橘减产率之间的关系，设计出柑橘严重冻害保险气象理赔指数；娄伟平等（2010a）发现导致巨灾结果的气象风险尾部分布特征，以此设计出柑橘气象指数保险合同，估算浙江省西部各县纯保险费率和气象灾害赔付金额。也有研究注意到水稻产量损失与气候条件之间的关系，采用GIS技术确定各种地形下的水稻减产率，建立起单季稻暴雨灾害减产模型，结合区域产量指数保险和气象指数保险的优点计算出水稻暴雨灾害保险理赔指数（娄伟平等，2010b；吴利红等，2010；乔淑等，2010）；将气象灾害风险评估技术和指数保险理论结合起来，设计出温室黄瓜气象灾害保险决策支持系统，拓展了气象指数保险应用范围，对于气象灾害预防与农业气象风险分散具有重要意义；娄伟平等（2011）又将气候指数保险应用到茶叶生产领域，研究最低气温与茶叶经济损失之间的关系，利用多种风险分析模型拟合气温分布，估算出茶叶损失风险概率，设计了精细化到乡镇一级的茶叶霜冻气象指数保险。

以上学术成果在一定程度上反应了指数保险在我国发展的历程，在传统自然灾害保险市场不完善且固有缺点无法克服的背景下，我们不得不学习新的保险理念，引进新的保险模式，开发新的保险产品，对我国自然灾害风险进行控制与分散。虽然我国学者在指数保险研究方面做了大量工作，但大部分研究都属于探索性的定性研究。

2. 我国指数保险发展历程与试点

我国指数保险业务起步较晚，最早的试点工作是在上海展开的。2007 年 1 月开始，上海安信农业保险股份有限公司首次利用指数保险产品对上海南汇、金山和崇明等地区的西瓜进行承保，总风险保额达到 1500 万元，指数保险在我国迈出了第一步。7 月 16 日，“中国政府与联合国世界粮食计划署合作战略研讨会”在北京召开，农业部、外交部在听取了联合国世界粮食计划署在天气指数保险方面的工作后与之探讨中国指数保险项目试点设想相关问题。12 月 4 日下午，农业部牛盾副部长会见了国际农发基金努旺泽副总裁一行，双方在农业气象指数保险等新领域开展合作方面达成共识。12 月 27 日，农业部与世界粮食计划署、国际农发基金就天气指数农业保险方面的技术合作经过多轮磋商达成一致，决定由三方共同出资设立“农村脆弱地区天气指数农业保险国际合作”项目。这对我国指数保险业务发展具有非常重要的意义。

在世界粮食计划署和国际农发基金的顶尖指数保险专家的帮助下，中方专家逐步掌握指数保险理论与应用技术，在此基础上，成功研制出水稻旱灾和涝灾指数保险产品并在安徽省长丰县展开试点工作，首批 482 个农户参与保险项目，参保面积为 1270.78 亩，按保险合同规定，5 月 15 日至 8 月 31 日期间，降雨量低于 230 毫米，每少降 1 毫米，赔偿 1.2 元，每亩最高赔偿 150 元；9 月 1 日至 10 月 15 日期间，降雨量低于 15 毫米，每少降 1 毫米，赔偿 6.7 元，每亩最高赔偿 200 元；7 月 30 日至 8 月 15 日期间，累计温差高于 8℃，每高 1℃赔偿 20 元，每亩最高赔偿 200 元；每亩保费 1 元。2008 年 4 月 18 日，农业部国际合作司、世界粮食计划署和国际农发基金三方签署《农村脆弱地区天气指数农业保险国际合作项目》谅解备忘录，对该项目进行评价、总结与交流。

借此契机，各地陆续开展一批指数保险项目，2008 年 10 月，国内首个花菜价格指数保险在崇明的花菜基地开始试点，降低了农业生产经营风险。2009 年 6 月 30 日，国内最大的天然橡胶生产商海南海胶集团向中国人保财险购买气象指数保险，总保额达 46 亿元人民币，涉及 300 万亩、6000 多万株橡胶树，根据合同保险，公司将协助企业建立风险管理长效机制。2011 年海胶集团进行续保。2010 年 5 月 7 日，保监会下达《关于进一步做好 2010 年农业保险工作的通知》[①]，重点强调了保险行业的创新渠道，指出开展天气指数保险业务是理赔方式创新的重要举措，具有明显的政策倾向性。2012 年 7 月，江苏南京将水文指数保险引入水产养殖业，在充分调研与分析的基础上，通过建立“养殖水位”与“养殖产量”之间的指数模型，开发出内塘螃蟹水文指数保险产品，武家嘴生态农业发展有限公司成为首个受益者。2013 年 2 月起成都出台了蔬菜价格指数保险方案；5 月 26 日北京市签下国内生猪价格指数保险第一单；6 月中旬张家港市推出夏季保淡绿叶菜价格指数保险；8 月上旬大连市獐子岛集团股份有限公司与中国人民财产保险股份有限公司签下国内风力指数水产养殖保险第一单；13 日彭州市签下四川首单生猪价格指数保险[②]。

在国际组织支持与国家政策引导下，我国指数保险业务发展出现可喜势头，但无论是在保险种类、市场深度还是技术储备上，跟国外相比都有较大差距。没有形成规模、没有标准化，就不能进入资本市场进行风险分散，缺乏硬件设施、缺乏人才储备，就不能对保险产品进行科学研发，没有健全组织领导、没有完善的运行机制，就不可能持续发展。这些都是制约我国指数保险业务开展的障碍所在。

（二）我国自然灾害指数保险发展前景设想

1. 自然灾害指数体系建设设想

自然灾害指数体系作为指数保险进行灾害管理、保险赔付的依据，必须具备客观性、科学性、及时性和前瞻性，同时还要最大限度地满足各种用户需求。这就要求自然灾害指数体系建设应该以规范性为依据、以独立性为原则、以权威性为目标、以持续性为保障。因此，政府首先出台相关的法律规定，规定诸如指导思想、编制主体、指数分类、编制方法、发布规则和后

① 详见保监发〔2010〕42 号。

② 根据近几年相关新闻整理得到。

期维护等相关内容，为自然灾害指数相关事宜提供制度保障。其次成立国家自然灾害指数研究中心，具体负责指数编制、数据维护、模型研发和指数发布等事宜。

（1）编制依据

国务院出台相关法律规定在宏观上对指数编制工作进行约束与指导，国家减灾委员会的标准化委员会负责制定自然灾害指数编制微观标准，在制度上保证发布的自然灾害指数具有严肃性与权威性。

（2）编制主体

依托国家减灾委员会的专家委员会、国家地震局、国家气象局、民政部、水利部等部门资源优势成立中国自然灾害指数研究中心，挂靠国家减灾中心，具体负责自然灾害指数编制工作。

中国自然灾害指数研究中心致力于对防灾减灾工作的专业研究、自然灾害数据收集与整理、自然灾害评估、自然灾害指数编制、数据维护与信息发布、为小规模指数编制提供技术支持和指导、国际交流等工作。下设办公室、研究协调室、地表过程研究室、气象灾害研究室、水文灾害研究室、气候灾害研究室和政策与新闻发布中心等机构（见图 3. 12）。其中，办公室负责行政事务；研究协调室负责分灾种研究室之间沟通、联络与协作工作；政策与新闻发布中心负责灾害评估报告和指数发布；数据中心负责数据收集与分析、数据库建立与维护和指数编制；其他各部门负责具体灾害研究，在数据中心支持下进行指数研制工作。此外，根据我国自然灾害分布特点，向地方派出相对应的分支机构。

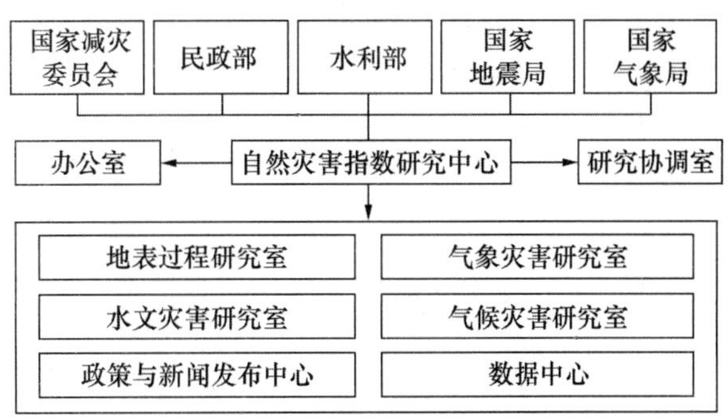

图 3. 12　自然灾害指数研究中心结构设想图

（3）指数发布

政策与新闻发布中心具体负责指数发布，发布渠道以网络平台发布为主，以广播电视、报刊杂志发布为辅，根据需要召开新闻发布会，定期发布灾害评估报告和专项灾害评估报告，发布内容包括全国灾害指数、地区灾害指数和专项灾害指数等。

（4）数据维护

根据相关部门提供的数据和下属机构提供的信息建立全国自然灾害数据库，工作内容包括数据库应用开发与优化、数据处理与更新、数据挖掘与建模等，结合先进的模型体系与计算技术对自然灾害风险、损失和社会效应进行模拟评估，保证自然灾害指数编制的科学性与客观性。

（5）发展方向

中国自然灾害指数研究中心以服务灾害救助、服务科学研究、服务决策支持为宗旨，充分利用资源优势和科技优势，以科学、客观和专业的服务为广大用户提供服务，为防灾减灾人才培养和学术交流提供平台，通过国际交流促进中国自然灾害防御、风险管理水平与国际接轨。

2. 自然灾害指数保险运行机制设想

（1）组织形式

政府配置和市场配置是资源配置的两种形式，二者各具优缺点。如果仅由政府对自然灾害指数保险市场进行资源配置，会存在信息不完全、效率低下、灾害保障不足、官僚腐败和挤出效应等问题；如果由市场对自然灾害指数保险市场进行资源配置，又会存在信息不对称、公共物品等极易导致市场消失的问题。因此，我国自然灾害指数保险市场建设必须走政府干预与市场调节相结合的道路。我国目前气候灾害保险供给模式主要有浙江省的“政策性农业保险共保体”① 模式、江苏模式、北京模式和上海模式，其共同点都是政府支持下的商业性保险公司参与承保模式，虽然在实际运行中发挥一定的风险分散作用，但在险种、承保规模、风险分散能力上还有一定的局限性。根据我国目前保险行业发展水平和金融市场深化程度，结合自然灾害指数保险涉及灾害种类多、承保范围大、覆盖地域广和公益性等特点，我国自然灾害指数保险必须由国家主导成立股份制自然灾害指数保险公司进行运作，公司由股东大会、董事会、监事会、高级管理层、直属部门和地方分公司组成，直属部门具体负责产品研发、保单设计、理赔定损、政策研究、法律事务等事务。

（2）政府责任

我国自然灾害指数保险公司要经历政府主导、政府与市场相结合、市场主导三个阶段。相比银行、证券、期货、信托等行业，保险市场发展不充分，自然灾害保险业务更是刚刚起步。因此，自然灾害指数保险公司在成立初期必须由政府主导，根据发展进程完成从政府主导到市

① 包括人保财险、太平洋财险、中华联合、天安保险、平安财险、永安保险等10家保险公司浙江分公司。

场主导之间的过渡。从长远来看，政府与市场必须划清在灾害救助上的责任界限，否则最终会损害灾民的利益。政府在很长一段时间内要对自然灾害指数保险公司进行补贴与干预，责任包括政策扶持、财政补贴、参与保费确定、建立自然灾害风险基金、自然灾害普法与宣传等，同时规范市场准入制度，积极引导其他商业保险公司参与竞争，逐步培养市场环境，适时放松干预，承担起自然灾害救助最后贷款人的责任。

（3）指数保险的参与方式

根据参保对象不同，指数保险的参与模式可分为巨灾指数保险、农业气象指数保险和传统保险附加指数保险。巨灾指数保险由中国自然灾害指数保险公司直接推出，主要针对大型自然灾害的救助，被保险人为地方政府和大型企业，目的为减轻地方政府在灾害救助中的财政压力和经济损失。巨灾指数保险对民众个体意义不大。农业气象指数保险则针对区域性农业生产而设计，其目的对农业生产进行保障，被保险人为农户、农场及其他与农业生产相关主体。传统保险附加的指数保险被保险人为民众个体，比如财产保险可以附加地震指数保险，根据灾害指数对受灾个体进行赔付。其中，巨灾指数保险业务一般由中国自然灾害指数保险公司开展，农业气象指数保险和传统保险附加的指数保险业务可由符合指数保险准入条件的其他商业指数保险公司共同开展。

（4）财政补贴与监管

政府的财政补贴与监管对于自然灾害指数保险市场秩序具有同等的重要性。财政补贴是以扶助为目的的转移支付，从保险公司的角度来说意味着收益的增加，从民众角度看意味着支出减少，这对于稳定保费、优化灾害保险资源配置、提高灾害保险供给和需求水平有重要作用，对促进自然灾害保险业务开展、防止保险市场具有重要意义。监管则是优化自然灾害指数保险市场结构和建立市场秩序的客观需要，一方面可以保护自由竞争，防止垄断，另一方面有利于规范定价，保护被保险人利益。在充分发挥市场“看不见的手”的作用前提下，也需要发挥政府监管部门“看得见的手”在调控方面的作用。只有在政府的支持与监管下，自然灾害指数保险市场才能在我国不断成长、完善，充分发挥风险分散的作用，最终减轻政府救灾负担，保障灾民利益。

参考文献

[1] 范一大等. 近50年来中国沙尘暴变化趋势分析. 自然灾害学报，2005（3）
[2] 范一大等. 汶川地震应急监测评估方法研究. 遥感学报，2008（6）

[3] 高建国，聂高众与贾燕．关于地震恢复正常生活秩序时间的讨论．2007 中国可持续发展论坛暨中国可持续发展学术年会．2007

[4] 高建国，聂高众与刘惠敏．论绿色减灾．2005 中国可持续发展论坛—中国可持续发展研究会 2005 年学术年会．2005

[5] 高建国．对灾区恢复重建中强化科学技术支撑的建议．2009 中国可持续发展论坛暨中国可持续发展研究会学术年会．2009

[6] 高建国．巨灾的管理机制仍应为“条、块管理，以条为主”．2009 中国可持续发展论坛暨中国可持续发展研究会学术年会．2009

[7] 高建国．我国救灾应急机制建设存在的问题和政策建议．2010 中国可持续发展论坛暨中国可持续发展研究会学术年会．2010

[8] 高建国．中国灾害链研究．2007 中美灾害防御研讨会．2007

[9] 高建国．重大灾害链的演变过程、预测方法及对策．新观点新学说学术沙龙系列活动之十六．2008

[10] 高建国等．国家救灾物资储备体系的历史和现状．国际地震动态，2005（4）

[11] 高建国与聂高众．中国地震灾害经济损失的整体化．中国地震学会第七次学术大会．1998

[12] 高建国．应对巨灾的举国体制．气象出版社，2010

[13] 高庆华．张业成与苏桂武．自然灾害风险初议．地球学报，1999（1）

[14] 郭剑平．从汶川地震看我国自然灾害救助体系的健全．河海大学学报（哲学社会科学版），2009（1）

[15] 郭小东等．建立现代城市的安全保障与重大灾害应急响应体系的原则和对策．2004 城市规划年会．2004

[16] 华颖．中国政府自然灾害救助局限性的分析—基于汶川地震救助实践的反思．社会保障研究，2010（2）

[17] 黄崇福，自然灾害基本定义的探讨．自然灾害学报，2009（5）

[18] 黄帝荣．论我国灾害救助制度的缺陷及其完善．湖南科技大学学报（社会科学版），2010（2）

[19] 姜立新等．我国地震应急指挥技术体系初探．自然灾害学报，2003（2）

[20] 蒋积伟．改革开放以来自然灾害救助史研究综述．北京党史，2013（2）

[21] 李保俊等．中国自然灾害备灾能力评价与地域划分．自然灾害学报，2005，14（6）

[22] 李保俊等．中国自然灾害应急管理研究进展与对策．自然灾害学报，2004（3）

[23] 李海文．美国联邦应急管理署集成救灾体系对我国灾害防救工作的启迪．安全、健康和环境，2003，3（11）

[24] 李学举．中国的自然灾害与灾害管理．中国行政管理，2004（8）

[25] 李志强，聂高众与李亦纲．基于 B/S 结构的自然灾害信息管理系统研究．第四届全国青年地质工作者学术讨论会．1999

[26] 廖永丰等．灾害救助评估理论方法研究与展望．灾害学，2011，26（3）

[27] 马妍婷．灾害救助中的国家责任，2011

[28] 马玉玲，袁艺与程姚英．2005 ~ 2010 年中国自然灾害救助应急响应的区域分异特征．地理研究，2013（1）

[29] 马宗晋，高庆华．中国自然灾害综合研究 60 年的进展．中国人口．资源与环境，2010（5）

[30] 聂高众等．地震应急救助需求的模型化处理——来自地震震例的经验分析．资源科学，2001，23（1）

[31] 聂高众等．中国未来 10 ~ 15 年地震灾害的风险评估．自然灾害学报，2002（1）

[32] 彭克强．旱涝灾害视野下中国粮食安全战略研究．中国软科学，2008（12）

[33] 祁毓．我国自然灾害救助财政投入现状、问题及对策．地方财政研究，2008（1）

[34] 苏桂武，高庆华．自然灾害风险的分析要素．地学前缘，2003（S1）

[35] 苏桂武，高庆华．自然灾害风险的行为主体特性与时间尺度问题．自然灾害学报，2003（1）

[36] 孙祁祥等．中国巨灾风险管理：再保险的角色．财贸经济，2004（9）

[37] 孙玉娟，徐晶晶与田甜．灾害救助体制的国际经验及启示．中国经贸导刊，2011（24）

[38] 庹国柱，朱俊生．对我国政策性农业保险制度几个重要问题的探讨．第二届“北大 CCISSR（赛瑟）论坛”．2005

[39] 庹国柱，朱俊生．对相互制保险公司的制度分析——基于对阳光农业相互保险公司的调研．第五届“北大赛瑟（CCIS-SR）论坛”．2008

[40] 王振耀，田小红．中国自然灾害应急救助管理的基本体系．经济社会体制比较，2006（5）

[41] 魏华林，张胜．巨灾保险经营模式中政府干预市场的“困局”及突破途径．保险研究，2012（1）

[42] 邢慧茹与陶建平．美国农业自然灾害救助体系评价——兼析中国农业自然灾害救助体系．农村经济，2009（8）

[43] 熊贵彬．美国灾害救助体制探析．湖北社会科学，2010（1）
[44] 熊贵彬与柴定红，中美灾害救助体制比较——以汶川地震和卡特里娜飓风为例．华东理工大学学报（社会科学版），2009，24（1）
[45] 许飞琼．地震灾害与地震保险．中国国情国力，2008（7）
[46] 许飞琼．巨灾、巨灾保险与中国模式．统计研究，2012（6）
[47] 许飞琼．论我国的农业灾害损失与农业政策保险．中国软科学，2002（9）
[48] 许飞琼．灾害损失评估及其系统结构．灾害学，1998（3）
[49] 许飞琼．灾害统计指标体系及其框架设计．灾害学，1996（1）
[50] 许飞琼．中国的灾害损失与保险业的发展．江西财经大学学报，2008（5）
[51] 许飞琼．中国新型灾害损失补偿制度的合理取向——从政府包办救灾走向以保险为主体的多维救灾机制．华中师范大学学报（人文社会科学版），2011（4）
[52] 游志斌．当代国际救灾体系比较研究．北京：国家行政学院出版社，2011
[53] 于冬青，胡秀杰．灾害心理救助队伍建设的思考．东北师大学报（哲学社会科学版），2011（4）
[54] 袁艺．《民政部关于加强自然灾害救助评估工作的指导意见》系列解读之五．中国减灾，2013（6）
[55] 张宝军，胡俊锋与吴建安．自然灾害救助服务标准体系初探．灾害学，2013（2）
[56] 张春林．创新灾害救助模式全面推行农村住房政策性保险．中国减灾，2013（8）
[57] 张业成等．20 世纪中国自然灾害对社会经济影响的时代变化与阶段差异．灾害学，2008（2）
[58] 张玉环．美国农业保险项目与灾害救助项目关系变化．农村经济，2010（3）
[59] 张云英，谢倩．重大灾害救助中社会工作者的作用．湖南农业大学学报（社会科学版），2008（4）
[60] 浙江省民政厅减灾课题组，陆立德与徐旭初．略论灾害救助中的政府行为．灾害学，1993（4）
[61] 浙江省民政厅减灾课题组．论灾害救助实力．自然灾害学报，1993（4）
[62] 朱俊生，赵乐与初萌．区域产量保险的适用性及其合同设计初探——以北京市农业保险为例．2012 中国保险与风险管理国际年会．2012
[63] Anne Goes and Jerry R. Skies，Financing Natural Disaster Risk Using Charity Contributions and Ex Ante Index Insurance，Paper prepared for presentation at the American Agricultural Economics Association Annual Meeting，Montreal，Canada，July 27 ~ 30，2003.
[64] Barnett，B. J. and O. Mahal，Weather Index Insurance for Agriculture and Rural Areas in Lower-Income Countries. American Journal of Agricultural Economics，2007. 89（5）：p. 1241 ~ 1247.
[65] Benjamin Collier，Jerry Skees and Barry Barnett，Weather Index Insurance and Climate Change：Opportunities and Challenges in Lower Income Countries，he Geneva Papers，2009，34，（401 ~ 424）.
[66] Barry J. Barnett and Olivier Mahal，Weather Index Insurance for Agriculture and Rural Areas in Lower-Income Countries，American Journal of Agricultural Economics，Vol. 89，No. 5，Dec.，2007，pp. 1241 ~ 1247.
[67] BARRY J. BARNETT，CHRISTOPHER B. BARRETT and JERRY R. SKEES，Poverty Traps and Index-Based Risk Transfer Products. World Development，Vol. 36，No. 10，2008，pp. 1766 ~ 1785.
[68] Donni，O. and F. Fecher，Efficiency and Productivity of the Insurance Industry in the OECD Countries. The Geneva Papers on Risk and Insurance. Issues and Practice，1997. 22（85）：p. 523 ~ 535.
[69] Durbin，D.，Managing Natural Catastrophe Risks：The Structure and Dynamics of Reinsurance. The Geneva Papers on Risk and Insurance. Issues and Practice，2001. 26（2）：p. 297 ~ 309.
[70] Elabed，G.，et al. Managing basis risk with multiscale index insurance. Agricultural Economics，2013. 44（4 ~ 5）.
[71] GANDERTON，P. T.，et al. Buying Insurance for Disaster-Type Risks：Experimental Evidence. Journal of Risk and Uncertainty，2000. 20（3）：p. 271 ~ 289.
[72] H. Holly Wang，Steven D. Hanson，Robert J. Myers and J. Roy Black，The Effects of Crop Yield Insurance Designs on Farmer Participation and Welfare，American Journal of Agricultural Economics，Vol. 80，No. 4（Nov.，1998），pp. 806 ~ 820
[73] HANS P. BINSWANGER-MKHIZE，Is There Too Much Hype about Index-based Agricultural Insurance? Journal of Development

Studies, Vol. 48, No. 2, February 2012, 187 ~ 200.

[74] Hill, R. V., J. Hoddinott and N. Kumar. Adoption of weather-index insurance: Learning from willingness to pay among a panel of households in rural Ethiopia. Agricultural Economics, 2013. 44 (4 ~ 5).

[75] JERRY R. SKEES, BARRY J. BARNETT, AND ANNE G. MURPHY, CREATING INSURANCE MARKETS FOR NATURAL DISASTER RISK IN LOWER INCOME COUNTRIES: THE POTENTIAL ROLE FOR SECURITIZATION, Paper prepared for presentation at the 101st EAAE Seminar "Management of Climate Risks in Agriculture," Berlin, Germany, July 5 ~ 6, 2007.

[76] Lin, Y. and M. F. Grace, Household Life Cycle Protection: Life Insurance Holdings, Financial Vulnerability, and Portfolio Implications. The Journal of Risk and Insurance, 2007. 74 (1): p. 141 ~ 173.

[77] Mario Miranda and Dmitry V. Vedenov. Innovations in Agricultural and Natural Disaster Insurance, American Journal of Agricultural Economics, Vol. 83, No. 3 (Aug., 2001), pp. 650 ~ 655.

[78] McIntosh, C., A. Sarris and F. Papadopoulos, Productivity, credit, risk, and the demand for weather index insurance in smallholder agriculture in Ethiopia. Agricultural Economics, 2013. 44 (4 ~ 5).

[79] Mobarak, A. M. and M. R. Rosen Zweig, Informal Risk Sharing, Index Insurance, and Risk Taking in Developing Countries. The American Economic Review, 2013. 103 (3): p. 375 ~ 380.

[80] Nadolnyak, et al., Information Value of Climate Forecasts for Rainfall Index Insurance for Pasture, Rangeland, and Forage in the Southeast United States. Journal of Agricultural and Applied Economics, 2013. 45 (1).

[81] Ragoubi, N., L. Belkacem and A. B. Mimoun, RAINFALL-INDEX INSURANCE AND TECHNOLOGY ADOPTION: EVIDENCE FROM FIELD EXPERIMENT IN TUNISIA. J. Int. Dev., 2013. 25 (5).

[82] Robert G. Chambers, Insurability and Moral Hazard in Agricultural Insurance Markets, American Journal of Agricultural Economics, Vol. 71, No. 3, Aug., 1989, pp. 604 ~ 616.

[83] Sáez, L., The Political Economy of Financial Services Reform in India: Explaining Variations in Political Opposition and Barriers to Entry. The Journal of Asian Studies, 2009. 68 (4): p. 1137 ~ 1162.

[84] Sarris, A. Weather index insurance for agricultural development: introduction and overview. Agricultural Economics, 2013. 44 (4 ~ 5).

[85] Shiva S. Makki and Agapi Somwaru, Farmers' Participation in Crop Insurance Markets: Creating the Right Incentives, American Journal of Agricultural Economics, Vol. 83, No. 3 (Aug., 2001), pp. 662 ~ 667.

[86] Sommarat Chantarat, Christopher B. Barrett, Andrew G. Mude and Calum G. Turvey. Using Weather Index Insurance to Improve Drought Response for Famine Prevention, American Journal of Agricultural Economics, Vol. 89, No. 5, Proceedings Issue (Dec., 2007), pp. 1262 ~ 1268.

| 第四章 |

指数保险在中国自然灾害救助中的应用前景

◎**孙祁祥**(北京大学经济学院)

◎**刘新立**(北京大学经济学院)

自然灾害即由自然现象产生的事件，如地震、火山、干旱、台风等。自然灾害是人类社会发展不能回避的一个现实问题，几乎每年都给人类社会构成巨大威胁，人民生命财产造受了极大损失。无论是在我国还是在全世界，自然灾害已经成为严重阻碍经济和社会发展的重要因素。作为世界上为数不多的自然灾害损失最为严重的国家之一，我国70%以上的城市、半数以上人口、75%的工农业产值，分布在气象、地震、地质和海洋等灾害严重的地区，灾害对社会经济发展的制约影响非常严重。据民政部统计，近20年来，我国因遭受各类自然灾害每年平均死亡约4300人，倒塌民房约300万间，因灾直接经济损失占国内生产总值的2.48%，平均每年约有1/5的国内生产总值增长率因自然灾害损失而抵消。以2008年为例，当年全国自然灾害频发，有雨雪冰冻灾害、四川大地震、南方雨灾等等，尤其是四川汶川地震，死亡和失踪人数达8.8万多人，直接经济损失达8451亿元。2013年，各类自然灾害共造成全国38818.7万人次受灾，1851人死亡，433人失踪，1215万人次紧急转移安置，直接经济损失5808.4亿元[①]。

虽然自然灾害不可避免，但人们可以积极开展灾害风险管理，通过对各类灾害的预防、预测和紧急救援，并积极开展灾害风险转移和共担，达到减少灾害风险主体损失的目的。但是，由于我国正处于市场经济转轨时期，特殊的国情使得我国的自然灾害损失救助工作基本上仍靠国家财政支出和民间捐助进行。长期以来，我国政府是自然灾害损失的第一承担者或主要承担者，但政府财政救灾的幅度是有限的。例如，2008年，自然灾害造成的经济损失急剧增加为11752亿元，政府财政救灾专项转移支付为603.31亿元；2009年自然灾害造成的直接经济损失2523.7亿元，各级投入救灾资金为140.4亿元。自然灾害对我国经济造成的损失越来越严重，随着经济进一步发展，人口与社会财富的不断集中，这一趋势还将进一步加剧。与此同时，政府财政救助也会呈现出逐年增加的趋势。从历年数据来看，政府财政救助的金额一般在直接经济损失的2%左右，2008年和2009年这一比例有所提升，但也仅占到5%左右。由此看

① “中国2013年自然灾害致1851人死亡，近4亿人次受灾”，中国新闻网，2014年1月4日。

出，单纯依靠政府救助来应对日益加剧的巨灾风险，收效甚微，我国民众因灾致贫、因灾返贫的现象仍十分普遍。

十八届三中全会决议提出了市场在配置资源中起决定性作用，对于自然灾害风险，从世界范围来看，虽然许多发达国家的政府都是风险的最后承担者，在其承担风险损失之前，还有若干道防火墙，如商业保险公司、再保险、证券市场、国际再保险市场等，这些都是重要的市场化风险管理手段。而在我国，保险公司在巨灾后的赔付往往是杯水车薪，如2008年1月，我国中南部地区遭遇了50年一遇的雨雪冰冻灾害，给农业生产、人民生活、农村经济造成严重影响和损失，因灾造成的农业经济损失超过1000亿元，农业受灾范围广、强度大、时间长、品种多、损失重为历史所罕见。灾害发生后，尽管中国保险业积极主动地进行保险赔付，可是农业灾害保险赔付的金额仍不足损失总额的1%，与国际上36%的平均水平还是相距甚远。保险赔付的现实情况再次显现出我国自然灾害保险体系十分脆弱，巨灾保险体制严重缺位，保险市场的保障功能依然十分有限。

面对突如其来的自然灾难，保险公司可以充分发挥商业保险在灾后分散风险和经济补偿中的独特作用，确保国民经济持续、快速、健康发展。但是，由于自然灾害的风险十分巨大，往往是保险人难以单独承受的，所以防范自然灾难风险的基本险种寥寥无几，有关自然灾害风险防范的保险体系也十分脆弱。加上人民投保的积极性普遍不高，因此自然灾害保险在中国一直没有很好的发展。

为了推进自然灾害保险的发展，指数保险逐渐进入人们的视线，并被运用于许多成功案例之中。比如加勒比巨灾风险保险基金（Caribbean Catastrophic Risk Insurance Facility，CCRIF）就是其中运作比较成功的机构之一，该基金在2010年初对海地地震进行了巨额理赔。CCRIF的指数化保单以灾难模型为基础，运用灾害指数来衡量各成员国的受害情况，进而做出理赔决定，计算出理赔金额支付给成员国。如飓风的严重程度可以用风速来度量，而地震的严重程度则用地面加速度来度量等。除了巨灾领域之外，指数保险在农业保险领域表现也尤为突出。农业指数保险指保险的赔偿不是基于被保险人的实际损失，而是基于预先设定的外在参数是否达到触发水平，降雨量和气温等气象指数通常被作为触发参数。比如把一个或几个气候条件（如气温、降水、风速等）对农作物的损害程度指数化，每个指数都有对应的农作物产量和损益，保险合同以这种指数为基础，当指数达到一定水平并对农产品造成一定影响时，投保人就可以获得相应标准的赔偿。

指数保险有许多优点，如规避道德风险、避免逆向选择、降低运营成本、理赔迅速、具有对再保险和保险证券化的吸引力，此外农业指数保险合同的结构化设计可以细化农作物从种植期到收获期不同阶段的风险。因此，指数保险在自然灾害救助中具有很大的应用潜力和广阔的发展前景。

一、中国自然灾害的风险

我国人口众多，地质、地理条件复杂，气候条件异常多变，生态环境基础脆弱，各种自然灾害频频发生，损失极大，是世界上受害最严重的少数国家之一。我国最常发生的灾害有洪涝、干旱、地震、台风和滑坡泥石流等5种，所造成的损失占损失总量的80%～90%。1949年以来，中国平均每年因自然灾害造成的直接经济损失数亿元人民币，农作物受害面积年均超过4000万公顷，受灾人口年均超过2亿[①]。

据统计，中国因各类自然灾害的死亡人口中，地震造成的损失最大，死亡人数占总数的54%，其次是洪涝、干旱等气候灾害，死亡人数占总数的40%。从灾种的角度来说，我国是一个受暴雨雪、大风、干旱等气象灾害影响严重的国家，每年因气象灾害致使的经济损失高达2000亿～3000亿元人民币，占GDP的1%～3%[②]。

一方面，中国国土面积大，自然条件复杂，发生自然灾害的频率较大；另一方面，随着经济发展与社会财富的增加，灾害所带来的人口及经济损失也越来越大，加剧了损失的幅度。中国所面临的自然灾害风险不容乐观。

下文将针对我国六种主要的自然灾害，结合自然属性和经济属性分析其风险大小。其中，自然属性包括自然灾害的成灾特点、区域分布、发生概率及强度；经济属性，即灾害对发生地造成的经济损失。

（一）地震灾害风险

1. 成灾特点

中国的地震活动，在大陆地区具有频度高、强度大、震源浅和分布范围广的特点，突出表

① “我国每年因自然灾害造成直接经济损失逾千亿”，新华网，2006年8月6日。

② 《中国保险报》，2010年3月31日。

现为时、空分布的不均匀性。由于地震的突发性、连锁性等特点，地震造成的灾害后果往往十分严重和广泛①。从致灾因子的空间分布来看，我国历史地震震中的空间分布和构造带与活动区的分布高度重合，这也是由地震灾害系统的特征所决定的。

我国全国共有8个地震区和24个地震带，包括东部的东北地震区、华北地震区和华南地震区，大陆西部的青藏地震区和新疆地震区，以及台湾地震区、南海地震区和东海地震区。

2. 时空分布

（1）频度

中国地震活动的事件分布是不均匀的，呈现出活跃期与平静期相间的特点。地震频度迅速增加，明朝之前地震记录非常少，明清时期每年记录1～2次地震，从20世纪20年代开始，地震记录猛然增多，特别是新中国成立以后年平均地震达到近80次（见表4－1）。影响地震活动空间与时间变化的原因主要是：人类活动范围在逐步扩大，使得地震的影响范围随之增大；随着对地震理解的加深、观测仪器的改进和观测网站的增多，技术手段逐渐完善，记录到的地震次数也随之增加。

表4－1　　中国地震次数分时代统计

时　段	地震次数	时段长度/a	年平均地震次数	占总地震次数比例/%
公元前～618年	52	2840	0.02	0.83
619～960	33	315	0.10	0.53
961～1279	38	319	0.12	0.61
1230～1368	41	131	0.31	0.65
1369～1644	418	276	1.51	6.67
1645～1911	570	267	2.13	9.09
1912～1949	1174	38	30.89	18.72
1950～2000	3944	51	77.33	62.90

资料来源：王静爱等著，《中国自然灾害时空格局》，北京师范大学出版社2006年版。

（2）强度

我国地震灾情严重。根据中国地震强烈度区划图的统计结果，我国大陆6度和6度以上的地区面积为785.5万km^2，占国土面积的79%，7度和7度以上的地区面积共为397万km^2，

① 李善邦：《中国地震》，中国地震出版社1981年版。

占国土面积的41%，包括23个省会城市和2/3的百万人口以上的大城市[①]。大量城市和许多重大工业设施、矿区、水利工程位于受地震严重危害的地区。

地震活动高烈度区（大于等于9度）多分布在西部。全国大于等于9度的区域共有34个，其中24个分布在青藏高原及周边地区，6个在新疆，华北和台湾各有2个；低烈度区主要分布在华南、内蒙古北部及东部、新疆最北部、塔里木盆地和鄂尔多斯地块内部。从烈度分布的差异来看，大体反映了中国地震活动"西高东低"的特点[②]。

3. 经济损失影响范围及规模

与地震活动地区分布的基本特征相反，我国地震灾情的基本特征是东重西轻。从死亡人数和经济损失来看，河北（影响区包括北京、天津两市）、云南两省是1949年以来地震灾情最严重的省份，辽宁、四川两省次之。但就经济损失看，河北、云南和辽宁三省仍分列第一、第二、第三位，而地震活动水平不高的江苏、山东跃居第四、第五位。

从期望值的角度来看，中国的地震风险如图4.1～图4.3所示。

（二）洪涝灾害风险

1. 成灾特点

中国大部地区属季风气候，冬夏季风的交替活动及其不稳定性导致中国大部分地区降水季节分布不均，年际间也有很大差异。每年冬季前后，北风不断，控制北方且侵袭南方，带来的是晴冷和干燥；夏季前后，南风不断，笼罩南国又时常推进北方，带来的是湿润和降雨。所以中国大部分地方一年的降水集中在夏季前后的几个月，从春末至深秋，中国自南向北顺次经受多雨天气的考验。因此可以说，中国全局性的风调雨顺天气是几乎不存在的，每年或多或少，或南或北都有程度不同的洪涝或水旱灾害。

中国地形的特点是西部多高山高原，东部多丘陵平原，西高东低呈梯级分布，大的水系多发源于西部高原，众多呈树枝状分布的支流汇入几条大江大河，向东流入大海。一旦发生大范围降雨，上中游雨水通过支流迅速汇集到干流，压向下游，而下游多为经济发达、人口密集的平原，河流坡降较小，水流较缓，排泄不畅，易造成水灾。如1991年淮河太湖流域水灾、1994年珠江流域水灾和1998年长江流域水灾等。

---

① 中国地震局，《国家防震减灾规划（2006－2020）》，国务院办公厅下发（国办发［2006］96号），2006。

② 中国地震烈度区划图编委会："中国地震烈度区划图（1990）及其说明"，载于《中国地震》，1992年第4期。

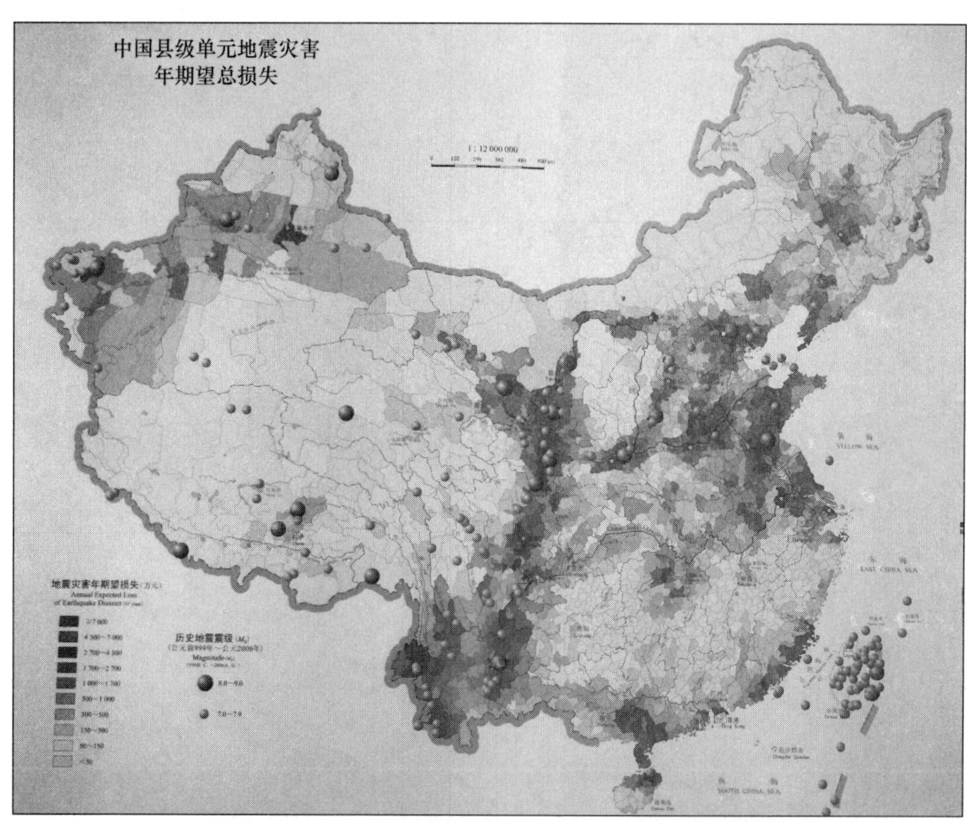

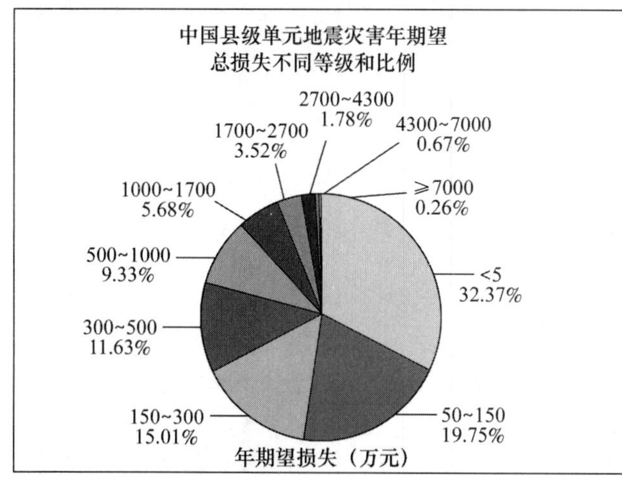

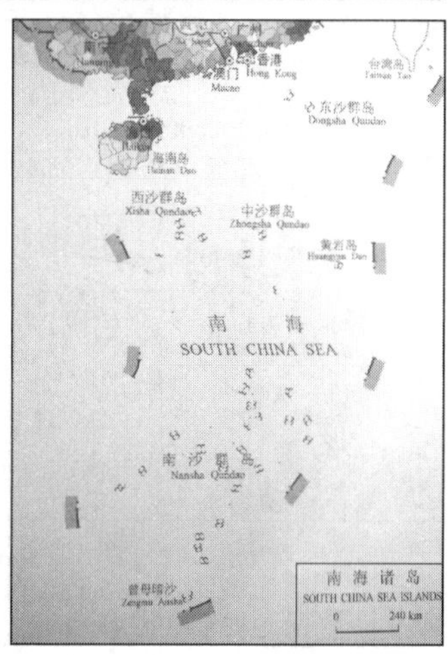

图 4.1　中国县级单元地震灾害年期望总损失

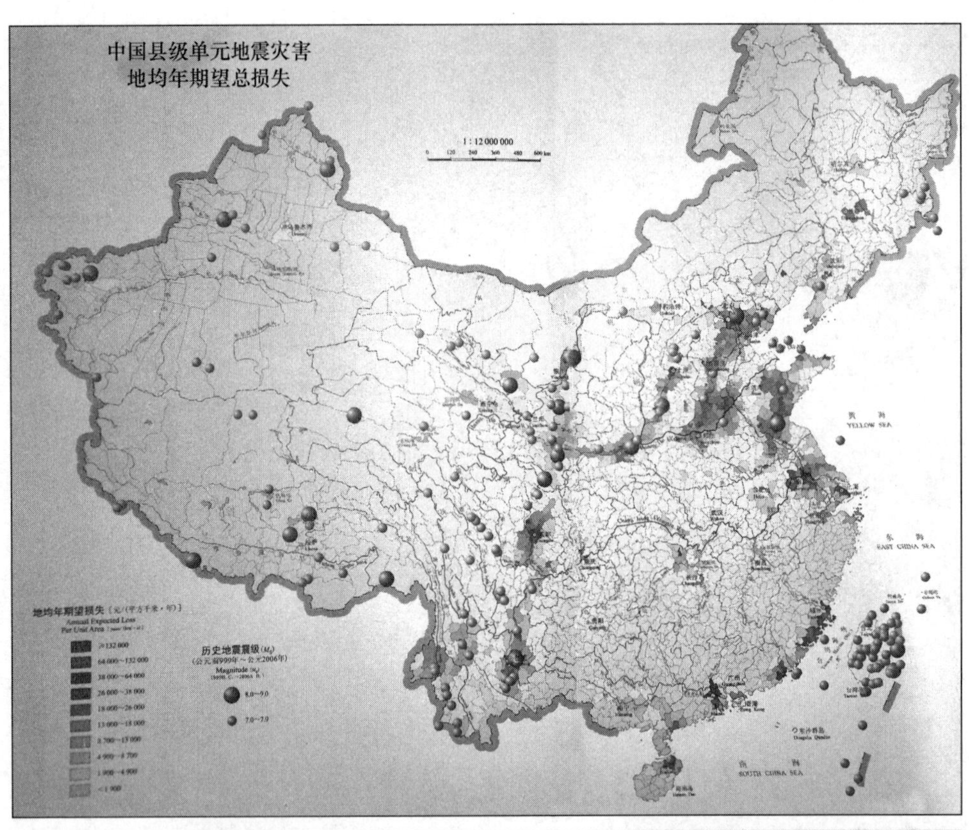

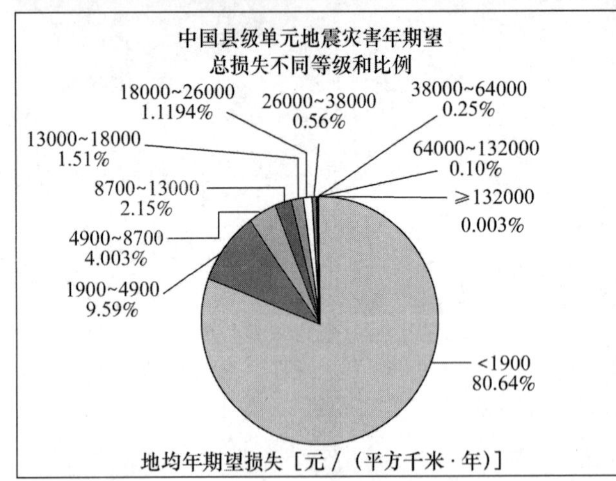

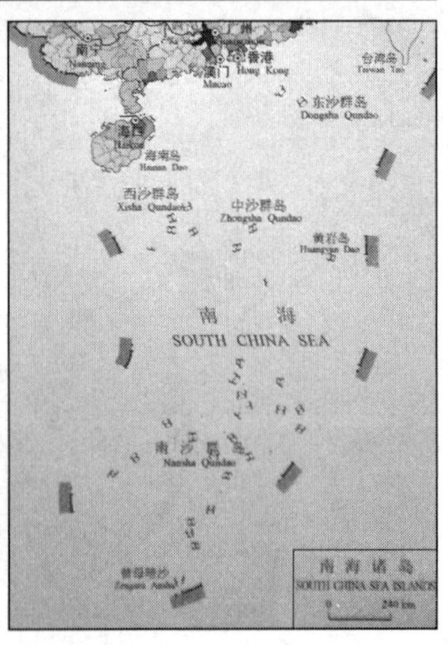

图 4.2　中国县级单元地震灾害地均年期望总损失

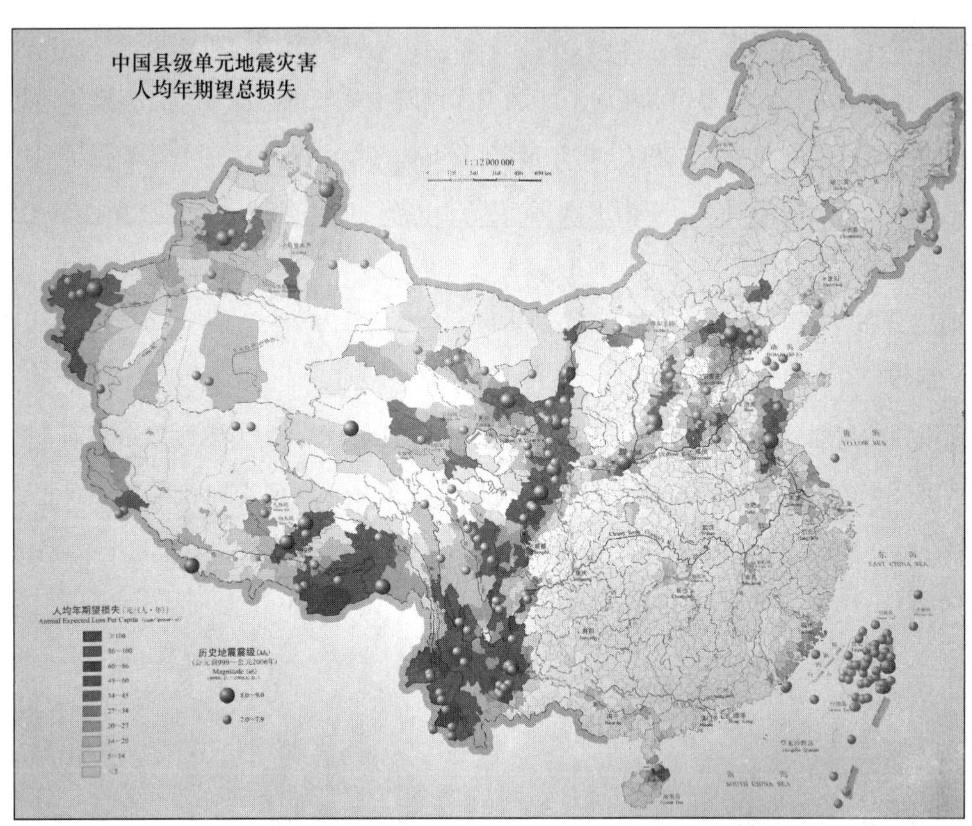

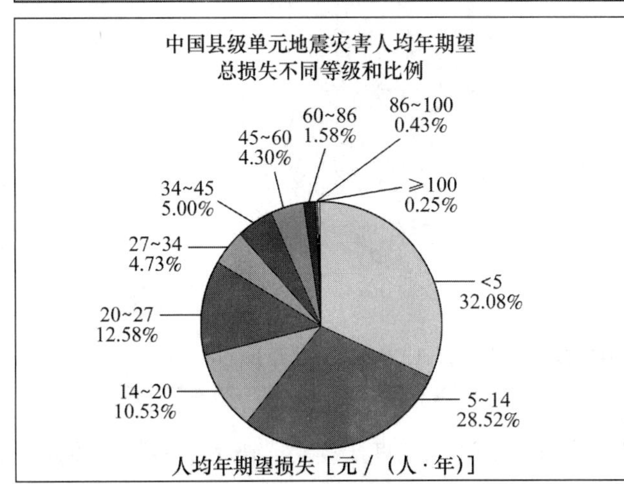

图 4.3　中国县级单元地震灾害人均年期望总损失

资料来源：史培军主编，《中国自然灾害风险地图集》，科学出版社 2011 年版。

中国绝大多数的人口和GDP集中分布在东部季风区。其中以海河南系、淮河流域、四川盆地、两湖盆地、长江中下游以及珠江三角洲等地区分布最为密集。这些地区具备了洪水灾害发生的全部条件。第一，存在诱发洪水的因素，都位于东部季风区，年降水量大，地势低，坡度小，河网密集，汛期容易下渗、漫堤、溃堤。第二，人口和财产分布密集，易受洪水灾害破坏。第三，区域防灾减灾能力相对滞后，防洪工程设防水平较低，配套非工程措施不足。

中国的洪水风险分布与人口和GDP分布密切相关，高风险地区主要分布在辽河中下游地区、京津唐地区、淮河流域、山东南部地区、长江中游、四川盆地、广东广西南部沿海地区、海南省及台湾省的西部地区。

2. 时空分布

（1）频度

水灾格局的东西分异性十分明显，水灾风险较高的县分布在胡焕庸线以东，而且二级阶梯以东为水灾严重区。1978～2000年中国水灾格局呈现东北－西南走向、东南－西北更替的四个梯度区分异：胡焕庸线以东较重，半干旱地带次重，北疆严重，寒、旱区轻的格局（见图4.4、图4.5）。

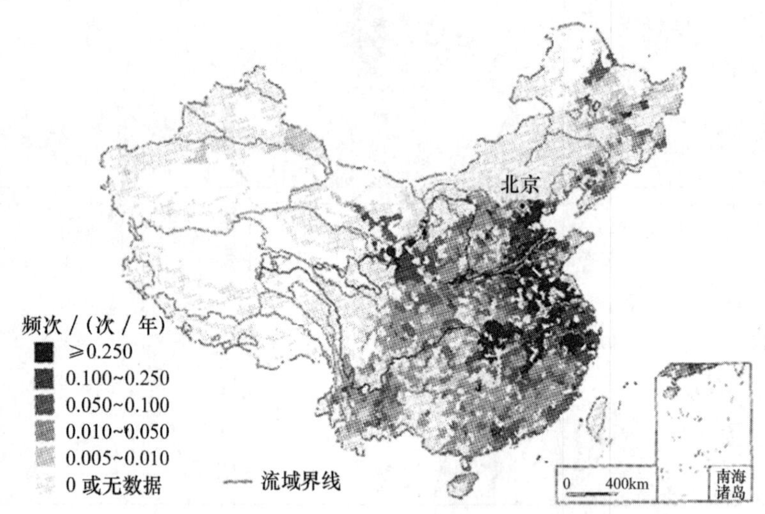

图4.4　中国县级年均水灾次（1949～1965年）

资料来源：王静爱等著，《中国自然灾害时空格局》，北京师范大学出版社2006年版。

华北平原重灾中心的消失与黄河、淮河的防洪筑堤直接相关，极大地减轻了洪水泛滥。中国水灾格局的变化主要受土地利用变化的制约，一方面平原地区人类活动向低湿地进入，特别是东北低湿地的开垦和长江中下游的围湖造田建垸；另一方面大力开垦丘陵和砍伐林地，造成生态环境恶化、水土流失，尤其是大兴安岭－青藏高原东椽一线的水源地的植被破坏，直接加

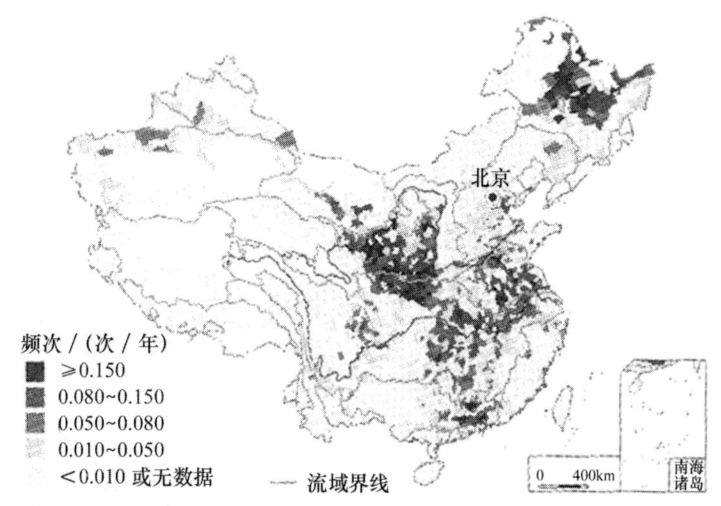

图 4.5 中国县级年均水灾次（1978～2000 年）

资料来源：王静爱等著，《中国自然灾害时空格局》，北京师范大学出版社 2006 年版。

剧了山洪强度及其影响范围。中国东部地区是水灾高发区，可占到53.2%，这说明水灾的区域分布表现与东部平原人口密集区是重合的，这既符合中国东部地势较低、季风活动频繁的自然条件，又与东部经济发达、人口密集区的承灾体特征有密切关系，所以东部平原的人口密集区是防治水灾最为重要的区域。

（2）强度

持续时间是以县为统计单元的洪涝灾害过程的天数，每年的持续时间即是本年度内各个受灾县受灾天数的总和（县・天），一定程度上刻画了洪涝灾害的历时时间，反映了灾情的强度。我们规定，平均持续时间 = 总持续时间/发生灾害的次数。1736～1998 年洪涝灾害总持续时间最长的地区主要在长江流域和黄河流域，而黄河流域洪涝灾害总的持续天数比长江流域还长。其中，渭河、汾河和黄河三角洲是黄河流域的重灾区；洞庭湖地区、鄱阳湖地区、太湖地区是长江流域的重灾区。中国洪涝灾害总的持续时间分布图和中国的降水量图有一定关系，灾害持续时间较长的区域基本上分布在中国东南部，这与中国东南部降水多的特点吻合。但是位于东南部的浙闽台地区，降水虽然多，但洪涝灾害持续时间却比江水相对较少的黄河流域短，这可能与下垫面有一定的关系，因为浙闽台地区多低山丘陵以及植被状况比黄河流域要好。

3. 经济损失影响范围及规模

洪水是导致经济损失，尤其是农业经济损失最为严重的一种自然灾害。人口和资源向城市高度集中，致使洪灾造成的损失不断攀升。21 世纪以来，洪水更是给国民经济和人民生命财产安全造成了严重影响，如图 4.6～图 4.8 所示。

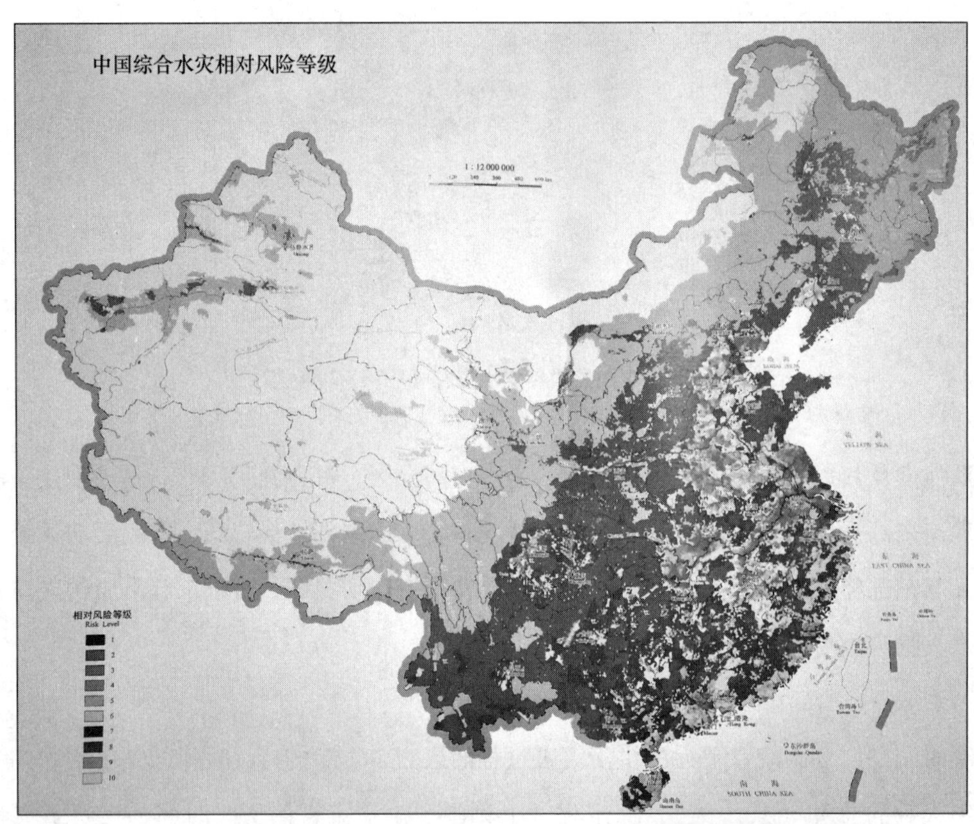

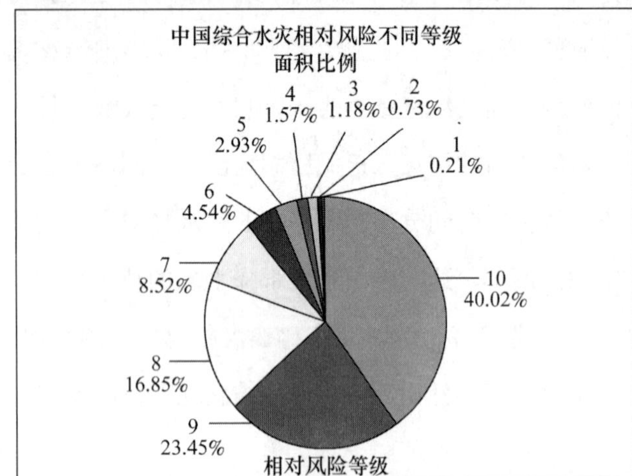

图 4.6　中国综合水灾相对风险等级

资料来源：史培军主编，《中国自然灾害风险地图集》，科学出版社 2011 年版。

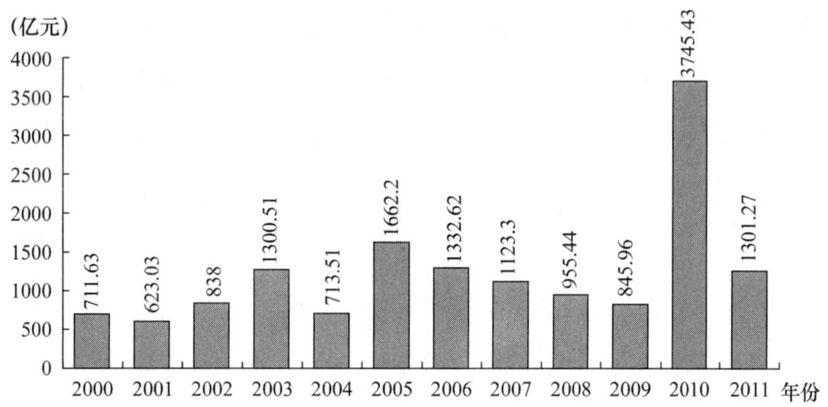

图 4.7　2000～2011 年全国洪涝灾害直接经济损失情况

资料来源：水利部 2011 年水旱灾害公报。

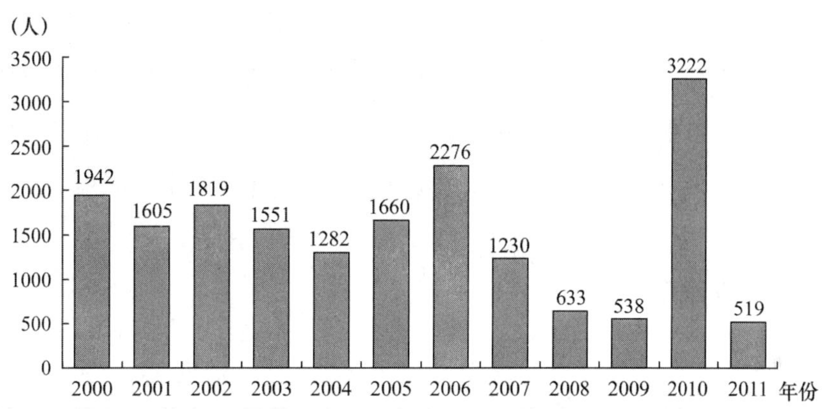

图 4.8　2000～2011 年全国洪涝灾害死亡人口情况

资料来源：水利部 2011 年水旱灾害公报。

4. 城市洪水风险

随着城镇化进程，人口和财富的集中，城市洪水危险性和承灾体的脆弱性呈现上升趋势，城市面临越来越大的洪水风险。由于城市防洪标准相对较高，常遇河道洪水泛滥成灾的几率减小，但城市暴雨引发的内涝更为频繁，而内涝发生的区域、水深与持续时间会因排水系统的建设、运营情况而发生显著的改变。此外，在暴雨洪水过程中，除因受淹等水灾致灾因子导致的直接损失外，因次生、衍生灾害等致灾因子而遭受间接损失所占的比重，已越来越大。城市洪水孕灾环境的改变加剧了洪水危险性。一是大型城市会形成热岛效应，进而产生雨岛效应，使城市更容易成为区域的暴雨中心，高强度暴雨可能更为频繁的发生。二是城市内不透水面积增加、水体面积减少、地面沉降等下垫面的改变，使得径流形成规律发生变化，即同量级暴雨的产流系数增大，雨水更快向低洼地汇集。三是城市中的排水系统将雨水快速排入河道，导致河道水位涨速加快，涨幅抬高，洪峰流量倍增，峰现时间提前。这不仅加大河道防洪压力，而且导致城市排水受阻，甚至倒灌，造成更严重的城市内涝。四是城市向周边农村扩展，以往城外的行洪河道演变为城市的内河，且难以采用扩宽河道的措施来增强行洪能力。

在城市规模不断扩大的过程中，不仅人口、资产密度增高，而且城市经济类型多元化及其面对洪水的脆弱性也日趋显现。城市洪水承灾体的脆弱性主要表现为：一是我国城镇人口占总人口的比例从 1980 年的不足 20% 上升到目前的超过了 50%，特别灾害严重的沿江沿海城市的扩张尤为迅猛。二是掌握国民经济命脉的中枢管理机能向大城市高度集中，其高速运转及城市正常秩序的维护对供水、供电、供气、通信、交通等生命线工程系统及计算机网络系统的依赖程度日益增大，而其安全保障的难度也越来越大，一旦因水灾受损，其影响范围远远超出受淹范围，间接损失可能大大超出直接损失。三是城市空间立体化开发，不仅地下商店街、车库、仓库及地铁系统在暴雨洪水袭击下易遭灭顶之灾，而且高层建筑由于生命线系统的瘫痪，损失亦在所难免。四是在城市中，不仅包括建筑物、家电等有形资产，还包含信息、电子资料等无形资产，这些无形资产一旦遭受损失，就会因无法恢复而带来不可估算的损失。

（三）干旱灾害风险

1. 成灾特点

旱灾是一个长期的过程，持续时间可能长达数月乃至数年，波及的范围远大于其他各类呈点线状散布的灾害，比如地震、洪水等。故其虽不构成对人类生命的直接威胁，但对农作物造成的破坏远比其他灾害来得更加严重和彻底①。

中国地处亚洲季风气候区，降水不仅具有明显的季节性和地域性，而且年际变化很大，由此引起的干旱具有明显的季节性和地域性②。全国各地皆以冬春旱或春旱发生的机会最多，持续时间最长；1990～2003 年中国旱灾格局呈现出西部旱灾少、东部旱灾多、中部旱灾重、北方重于南方的空间分异格局。

2. 时空分布

按照旱灾灾频的计算结果，1978～2000 年中国县域旱灾格局总体仍呈现东西分异。重灾区在北方变化不大，高值区仍在黑龙江西部、内蒙古中部、河北北部和宁夏，其中华北平原有

---

① http：//www. gmw. cn/content/2010－05/03/content_ 1107275. htm。

② “干旱的成因与危害”，http：//news. qq. com/a/20090204/000549. htm。

所减少；在南方重灾区变化较大，其中中部5省区整体旱灾频率减小，贵州则明显增大。

全国发生旱灾的范围整体扩大，1949～1965年间发生旱灾的县数占全国总县数的83%，如今这个比例约为94%。灾频超过0.08的县域有693个，约占全国总县数的34%，较1949～1965年增加12个百分点；但是，全国灾频超过0.2的高值县有64个，约占全国总县数的2.8%，较1949～1965年减少一半。

旱灾区域向西扩散，重旱灾区域向东北和西南推进，这主要体现了人类活动，特别是旱地开垦的扩展方向。

1978～2000年，中国县域年均旱灾次百分比如图4.9所示。

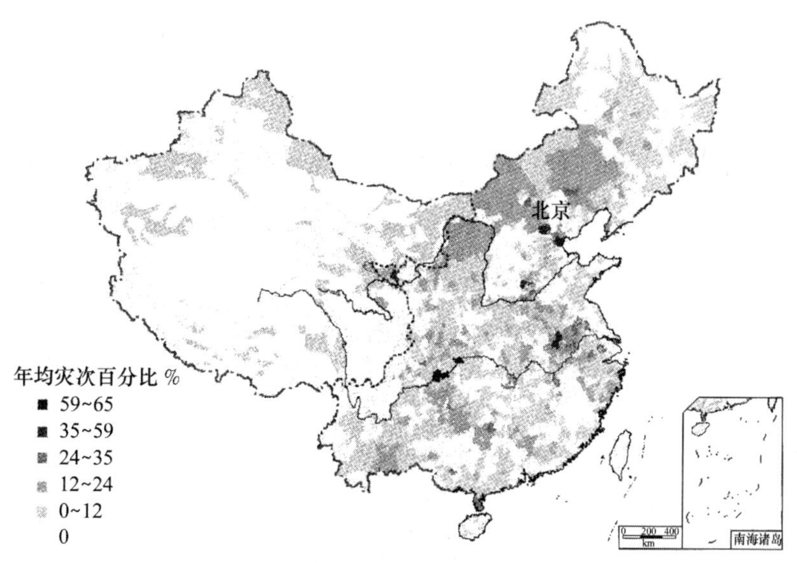

图4.9　中国县级年均旱灾次（1978～2000年）

资料来源：王静爱等著，《中国自然灾害时空格局》，北京师范大学出版社2006年版。

3. 经济损失影响范围及规模

近年来，我国出现"南冻北旱"的特点，主要有三方面的原因：一是入侵我国的冷空气在北方活动频繁；二是输送至北方的水汽异常偏弱；三是输送至南方的水汽源源不断。但南方也会出现一些极端干旱的灾害事件，如2010年持续多月的高温少雨，导致云南、广西、贵州、四川、重庆5省区市遭遇了旱灾。滇中、滇东及滇西东部的大部地区为100年以上一遇；贵州秋冬连旱总体为80年一遇严重干旱，省中部以西以南地区旱情达百年一遇。据统计，我国耕地受旱面积1.14亿亩，其中作物受旱面积8796万亩（重旱2798万亩、干枯1381万亩），待播耕地缺水缺墒2612万亩。其中，西南5省份耕地受旱面积9654万亩，占85%。此次旱灾使得广西、重庆、四川、贵州、云南5省（区）受灾人口6130.6万人，直接经济损失达236.6亿元。

（四）台风灾害风险

1. 成灾特点

中国是世界上少数几个遭受台风影响最严重的国家之一，不仅南起两广、北至辽宁的漫长沿海地带时常受到台风袭击，而且大多数内陆省份也可以直接或者间接受到台风的影响。影响中国的热带气旋多源自西北太平洋，当台风移近或登录我国时，常常带来重大的损失。

2. 时空分布

（1）台风登陆地区

从热带风暴（或台风）登陆的地区上看，几乎遍及中国沿海地区，但主要集中在浙江省以南沿海一带。据粗略统计，在华南（广东、广西、福建、海南、台湾）沿海登陆的台风约占登陆总数的89%。其中，又以登陆广东的最多，占登陆总数的近1/3。

从时间上看，5～6月份仅登陆华南诸省区沿海；7～8月份登陆地点南起两广、海南，北至辽宁的广大沿海地区；9～10月份登陆地点在长江口以南沿海一带；11月份范围继续缩小，仅广东、海南、台湾3省沿海有热带风暴（或台风）登陆；12月份，只广东偶有登陆。

（2）热带气旋频数

在中国，热带气旋频数从东南向西北方向逐渐减少，频数较多的地区集中在海南、台湾两省，大陆上受其影响严重的地区在广东、广西、福建沿海，向内陆进入长江中游地区、黄河中游地区。另外，东北的大部分地区也受热带气旋的一定影响①。

（3）热带气旋强度和累计降雨量

热带气旋发生频率高的地区，产生强风速的可能性也更高。此外，10年一遇的风速高值如30m/s等值线在中国南海附近分布比较密；而20年一遇风速高值在此区域的分布相对较少，同时可以看到30m/s等值线已经出现在中国广东、浙江沿海地区；50年一遇热带气旋风速分布图重，海岸线附近的50年一遇大风风速大约为40m/s，其中中国海南、台湾两省的风速值较高。在中国大陆，风速为30m/s的等值线深入广东、浙江、福建、上海、江苏等省，路上范围最大，说明这些省份受热带气旋的影响最为严重。

中国台风最大风速年遇型分布如图4.10、图4.11所示。

① 王静爱等著：《中国自然灾害时空格局》，北京师范大学出版社2006年版。

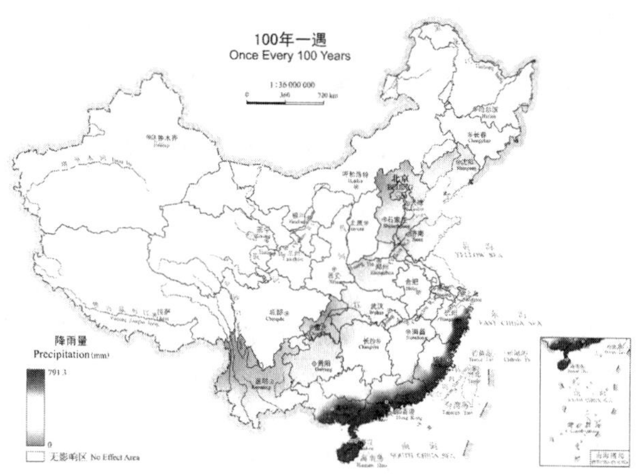

图 4.10　中国台风累积降雨量年遇型分布（100 年一遇）

资料来源：史培军主编，《中国自然灾害风险地图集》，科学出版社 2011 年版。

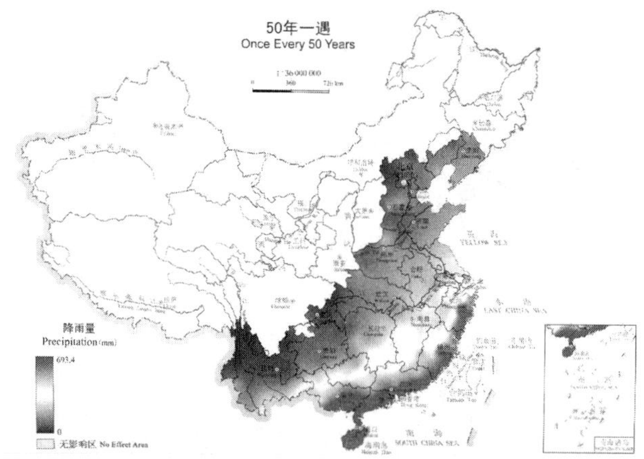

图 4.11　中国台风累积降雨量年遇型分布（50 年一遇）

资料来源：史培军主编，《中国自然灾害风险地图集》，科学出版社 2011 年版。

3. 经济损失影响范围及规模

我国台风灾害危险性较大的地区集中在珠江三角洲和长江三角洲地区。这两个地区台风频率高，社会经济发达，是造成台风灾害危险性高的主要因素。即使由于社会经济水平的提高，防灾能力有一定的增强，但由于社会财富高度集中，台风灾害危险性水平还是比较高。除了这两个区域，山东、江苏等地的台风灾害危险性也较高，其次就是环渤海地区。

（五）低温冻害

1. 成灾特点

低温冻害也是一种重要灾害，包括低温阴雨、霜冻害、冻害、积雪、冻雨、结冰等，一般是指气温从0℃以上骤降到0℃以下，或冬季或早春一段时间低于多年平均值，造成植物伤亡和经济损失，影响交通，造成电讯中断。有研究表明，70%以上的寒害是由中弱冷空气多次补充累积造成的①，因此持续性极端低温天气对农作物的影响更严重。

2. 时空分布

（1）时间分布

在对极端低温进行度量时，通常采用冷夜这一指标，即日最低气温低于样本区间的冬季（12月至次年2月）最低温度的第10%百分位值时，则称该日为冷夜。将连续持续的冷夜天数分为4个等级：①Ⅰ级，冷夜连续持续的时间为1～2天（含2天）；②Ⅱ级，冷夜连续持续的时间为3～4天（含4天）；③Ⅲ级，冷夜连续持续的时间为5～6天（含6天）；④Ⅳ级，冷夜连续持续的时间为7天以上（含7天）（见图4.12）。

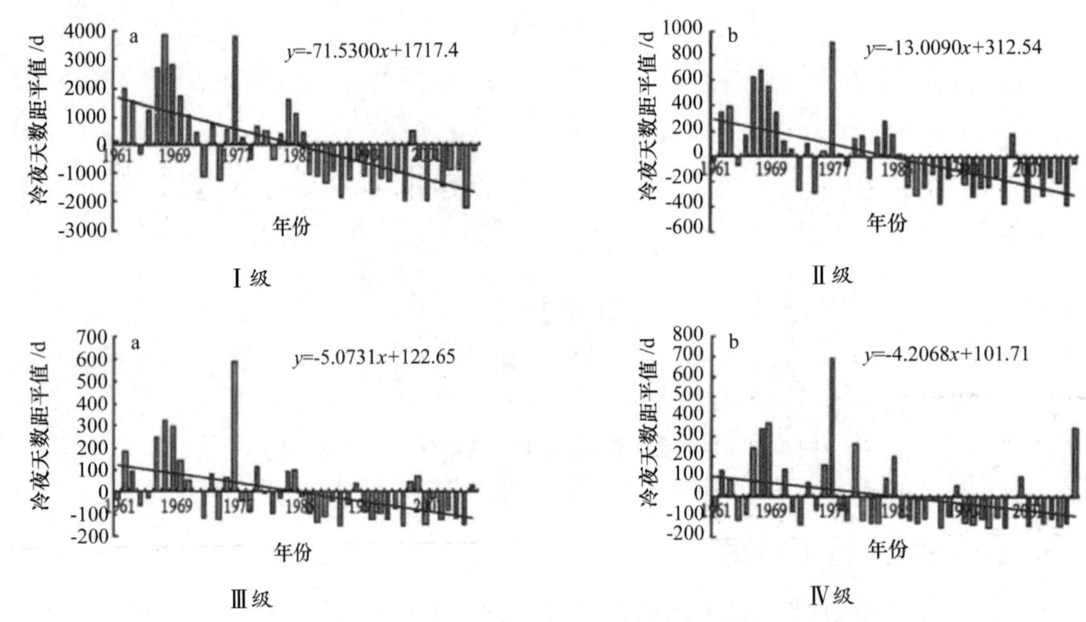

图4.12　我国4个等级寒冷度距平时间序列

资料来源：罗忠红等，“我国冬季持续极端低温分布特征”，载于《安徽农业科学》，2011年24期。

根据罗忠红等（2011）对中国1961～2008年冬季低温样本的测算，4个等级寒冷度的距平时间序列均为下降趋势，且从1986年开始，基本为持续下降的趋势。1968年发生持续7天以上的冷夜数最多，1967年发生的持续6天以下的冷夜数最多；1976年为极寒年（受全球气候极寒的影响），我国有13个省市发生了罕见的强寒潮低温冰雪天气；广州出现了有气象观测

① 中国气象局 QX/T 80—2007. 香蕉、荔枝寒害等级 2007。

纪录以来连续21天日平均气温低于10℃的冬季气候；武汉的最低温度以-18.1℃创历史最低，纪录一直保持至今。

虽然从20世纪80年代中期开始出现持续极端低温事件的频次减少，但1992年、2000年、2007年出现持续7天以上的事件是偏多的，尤其是2008年、2011年在中国南方出现的多次大范围低温雨雪冰冻天气，造成贵州、重庆、湖北、湖南、江西、浙江、广西等地甘蔗、马铃薯、喜温蔬菜、香蕉、柑橘、木瓜等受冻，持续的低温凝冻导致贵州省160万人受灾，直接经济损失7000万元。这说明在全球回暖的大背景下，不能忽略仍会出现长时间的持续极端低温事件。

（2）空间分布

根据冬季3个月发生冷夜的最低温度累积距平值（罗忠红等，2011），总体来说，1月累积距平值最大，2月其次，12月最小；最大值区12月和1月位于东北和内蒙北部，2月位于新疆北部，最小值区3个月均位于青藏高原；东北地区的南部整个冬季均有大值区，1月强度最强，在长春、延吉等地形成一个极大值中心；贵州、广西、湖南等地的累积距平值12月和2月大于周边地区，即这3个省份12月和2月受极端低温事件的影响程度大于周边地区，说明这些区域在12月和2月较南方其他地区更易发生极端低温事件；四川盆地、云南和中部地区秦岭一带累积距平值冬季3个月均为低值区，即这些地区受极端低温事件的影响程度低。

总体而言，1月积寒最强，2月其次，12月最小；12月和1月东北和内蒙北部积寒最大；贵州、广西、湖南等地12月和2月较南方其他地区更易发生寒害；四川盆地大部、云南和中部地区秦岭一带则发生寒冷害的概率较我国其他地区小。

就季节而言，春季低温主要危害江南以及华南地区；夏季低温主要发生在东北；秋季低温主要危害南方地区；冬季冻害主要影响南方地区；霜冻灾害在全国大部分地区均有发生，但以东北和内蒙古、华北地区较为严重。

3. 经济损失影响范围及规模

据统计，1980~2000年，中国平均每年因低温冷冻灾害造成的受灾农作物和草场面积达312万公顷，占农牧业受灾面积的8%左右。严重冻害年如1968年、1975年、1982年因冻害死苗毁种面积达20%以上。我国遭受的低温冷冻灾害损失在年际变化比较大，但总体上看，20世纪90年代以后，低温冷冻灾害处于整体增强的态势①。较近的如2008年的低温冷冻和雪灾，全年低温冷冻和雪灾共造成了直接经济损失1595亿元，因灾死亡162人。

---

① 辛吉武，许向春："我国的主要气象灾害及防御对策"，载于《灾害学》，2007年第22卷第9期，第85~89页。

表 4-2　　2010～2012 年低温冻害和雪灾受灾面积　　单位：千公顷

爱灾面积	2010	2011	2012
低温冻害和雪灾受灾面积	4120.7	4447.1	1617.8
占当年农作物受灾总面积	11.01%	13.70%	6.48%
低温冻害和雪灾绝收面积	240.7	211.1	142.9
占当年农作物绝收总面积	4.95%	7.30%	7.82%

资料来源：国家统计局年度数据。

（六）风暴潮

1. 成灾特点

中国几乎一年四季均有风暴潮灾发生，并遍及整个中国沿海，其影响时间之长、地域之广、危害之严重均为西北太平洋沿岸国家之首。影响中国的风暴潮可分为两类：一类是由热带气旋（台风、飓风）引起的风暴潮；另一类是由温带气象和冷空气活动产生的温带气旋风暴潮。前者的出现频率明显高于后者。热带气旋（台风、飓风）诱发的风暴潮由于常伴着强风和暴雨，所造成的灾害不仅范围广，造成的生命财产损失亦十分巨大。几年来，死于潮灾的人数已明显减少，但随着濒海城乡工农业的发展和沿海基础设施的增加，承载体的日趋庞大，每次风暴潮的直接和间接损失却正在增加。

2. 时空分布

（1）时间分布

进入 20 世纪 90 年代后，台风风暴潮灾害越发严重，截至 1999 年，特大风暴潮次数达到 7 起。据不完全统计，1949～2004 年共发生台风风暴潮灾 150 余次，较大以上者有 65 次，温带风暴潮灾 60 余次，较大以上的有 7 次，并呈现波动增长的趋势（见图 4.13）。

中国台风风暴潮的年内变化非常明显，以 7～10 月为盛季，其中 8～9 月最多，约占盛季的 40%，同时登陆的热带风暴也多集中在 7～9 月。台风风暴潮灾的多发季节与其是相对应的，上述的 150 次台风风暴潮灾中有 46 次出现在 8 月，占总数的 33.3%，其次为 9 月 40 次（见图 4.44）。从统计中可以看出，台风风暴潮灾的多发期在 8 月、9 月，所以在当月的大潮期间要加强监测预报。

（2）空间分布

台风风暴潮的成灾地区遍布我国大陆沿海，但多集中在大江及大河的入海口、海湾沿岸

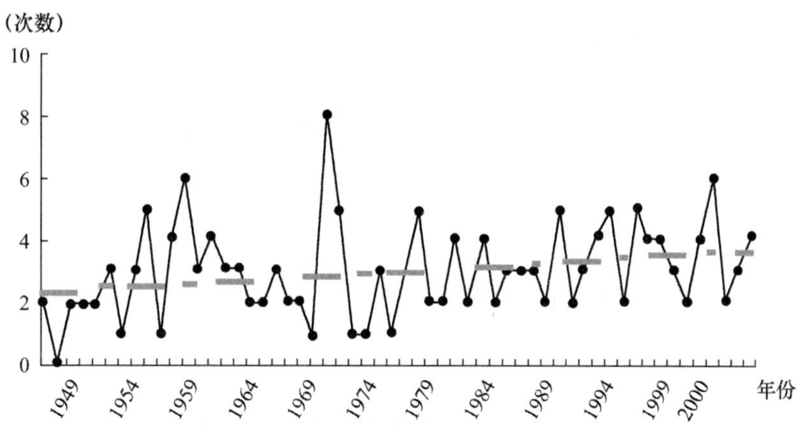

图 4.13　中国历代台风风暴潮灾个数（1994～2004 年）

资料来源：王静爱等著：《中国自然灾害时空格局》，北京师范大学出版社 2006 年版。

和一些沿海低洼地区。其中，渤黄海沿岸主要以温带风暴潮灾为主，偶有台风风暴潮灾发生，东南沿海则主要是台风风暴潮灾。可粗略地划分出风暴潮灾的多发区为以下 5 个岸段：①渤海湾至莱州湾沿岸（以温带风暴潮灾为主）；②江苏南部沿海到浙江北部（主要是长江口、杭州湾）；③浙江温州到福建闽江口；④广东省汕头到珠江口；⑤雷州半岛东岸到海南省东北部。

3. 经济损失影响范围及规模

风暴潮曾经造成巨大的经济损失，如 1997 年的风暴潮灾害更为严重，经济损失达 308 亿元，约占当年全国自然灾害经济总损失的 10% 以上。

中国风暴潮灾害损失如图 4. 14 所示。

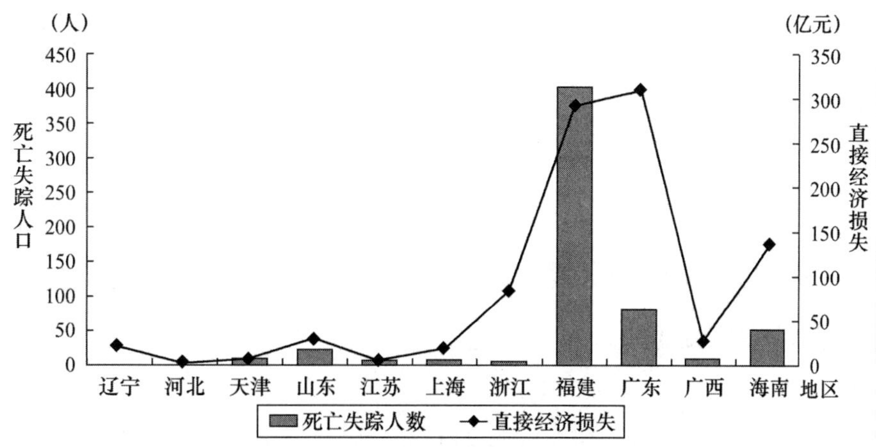

图 4.14　中国风暴潮灾害损失（2005～2009 年）

资料来源：史培军主编，《中国自然灾害风险地图集》，科学出版社 2011 年版。

二、指数保险的原理与应用

（一）指数保险的指数设计原则

指数产品的优点、缺点均围绕其区别于传统产品的核心——指数决定一切这一特点。指数产品能否发挥其优势、克服其缺点，关键在于能否在条件允许的情况下进行成功的保险指数设计。一个成功的保险指数应具备如下重要特征。

1. 灵敏性

在一个保险标的与灾害过程相对均质的区域内，保险指数必须能够准确地反映损失的大小，可以作为实际损失的一个良好的代理变量。灵敏性是从保险指数本身控制基差风险、维护产品吸引力的关键保障。成功的产品设计，一方面要避免单向性基差，而使基差均值为零。换言之，在平均意义上指数赔付应与实际损失相等，基差均值为零。只有这样，才能保障保险人与投保人之间不存在单向的净盈余或亏损。另一方面，要降低基差的不确定性，使基差风险最小，使单次指数赔付额度与实际损失之间的差异较小。

2. 稳健性

保险指数的取值应只受灾害事件本身影响，而不受人为因素影响，特别是投保人的行为。因此，保险指数尽可能由描述致灾因子强度的若干个物理指数构成。

3. 可测性

保险指数本身必须是一个对事实/事件进行客观描述的变量，必须可通过科学的方式进行测度。

4. 公正性

保险指数必须能够通过投保人与保险人之外的第三方来发布。第三方必须具有足够的公信力，发布的数据必须是权威的。

5. 时效性

保险指数必须能够在灾害事件发生后快速测量、发布，以保证保险理赔能够及时发放到投保人手中，从而发挥保险的实际效益。

6. 透明性

保险指数的测量方法、发布方式以及基于保险指数计算保险赔款的方法，都应向全社会公开并接受监督。此种情况下，可保证投保人与保险人均享受同等的获取指数信息的权力，避免信息不对称问题。

7. 友好性

指数及对应的赔付方案须通俗易懂，便于计算。

（二）指数保险的赔付方案设计流程

1. 事件与触发

指数保险的事件是指造成保险标的发生损失并引起保险赔付的事项。天气指数保险的事件是指造成保险标的损失并引起保险赔付的恶劣天气，例如降水不足导致的干旱是引发干旱指数保险赔付的事件。

指数保险的触发是指预先设定的指数的实际值满足保险赔付的条件，保险公司将对被保险人进行赔付。触发值（threshold）是保险合同规定的评判赔付发生与否的临界值。如果保险补偿的是由异常高指标（例如暴雨）的天气造成的损失，则在当期指数高于触发值时发生赔付。如果保险补偿的是由异常低指标（例如低温冻害）的天气造成的损失，则在当期指数低于触发值时发生赔付。

2. 免赔与赔付终止

免赔是指保险人根据保险约定做出赔付时要求被保险人自己承担的损失。免赔通常有四种形式：绝对免赔额、相对免赔额、总计免赔额、消失免赔额。绝对免赔额是指某一固定金额的损失由被保险人自己承担。相对免赔额是指保险负责赔偿的损失的某一比例由被保险人承担。总计免赔额是指保险期间所有赔偿责任加总超过总计免赔额的部分由保险赔付。消失免赔是指免赔额随损失的增加而降低。农业保险一般对实际损失超过一定限度的损失给予赔付，本质上是一种绝对免赔额。指数保险的赔付不依据保险标的的实际损失，而是根据指数的实际值与触发值的差异进行赔付，因而没有严格意义上的免赔，但指数保险的赔付触发通常意味着损失达到一定程度，因此指数保险在本质上具有绝对免赔额。

赔付终止是指当事件发生的程度（通常以指数衡量）超过了规定的最高限额时，保险只赔付最高限额所对应的赔付额度，超出的部分保险不予以赔付。赔付终止是保险公司用以避免巨灾导致超额赔付的方法。农业指数保险通常有赔付终止约定。例如，马拉维玉米指数保险设置最高赔付额为2000万美元。

3. 赔付方案的原理与设计原则

（1）赔付方案的原理

指数保险的赔付不是基于被保险人的实际损失，而是基于预先设定的与实际损失高度相关的指数，赔付额一般采取两种形式，一种是固定金额，另一种是变额赔付。赔付额通常是关于指数实际值与触发值差异的一个函数，此种情形下可以设置指数的极限值或赔付终止来限制保险的赔付范围。具体地说，如果保险对出现异常高的天气指标（例如过度降水、超高温）时的损失进行赔付，那么当天气指数的实际值高于其触发值时被保险人可以得到赔付，此时指数的极限值高于触发值，被保险人获得的赔付随着指数的实际值接近其极限值而增加，指数实际值超过极限值时，赔付将保持极限值所对应的赔付，不再增加。相反，如果指数保险是对出现异常低的天气指标（例如干旱、超低温）时的损失进行赔付，那么当天气指数的实际值低于其触发值时被保险人可以得到赔付，此时指数的极限值低于触发值。指数保险的赔付原理如图4.15所示。

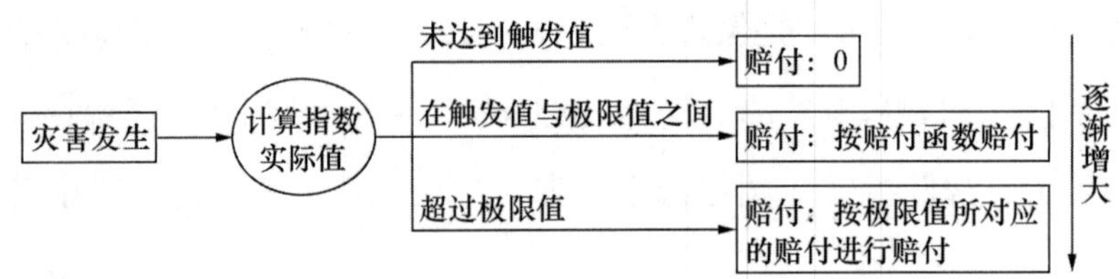

图4.15 指数保险的赔付原理

（2）赔付方案的设计原则

第一，尽可能降低基差风险。由于指数保险的赔付基于指数而不是基于被保险人的实际损失，因而可能出现被保险人得到的赔付与其实际损失有差异的情形，这就是所谓的“基差风险”。要想降低基差风险，必须找到指数与损失之间的很好的对应关系，使得保险赔付尽可能地逼近保险标的的实际损失。因此，在赔付方案设计时，要以特定地区特定农作物的历史产量与受灾减产历史资料为依据，分析实际损失与根据历年气象数据计算的指数之间的关系，确定能使实际损失与指数匹配度最高的赔付方案。例如，变额赔付基于指数实际值与触发值之间的差异，或者在指数的不同取值区间内有不同的赔付值或函数，这种非线性的关系可以更恰当地描述损失随指数的变化，因而相对于固定金额赔付可以更大程度上降低基差风险。非线性赔付方案考虑到边际损失的变化，在某些情况下可以比线性赔付更靠近实际损失，降低基差风险。

除此之外，农作物的不同生长阶段中的损失与指数的关系可能不同，因而采用在农作物不同生长阶段给予不同的赔付标准[①]，相比于在不同生长阶段采用相同赔付标准更能降低基差风险。

第二，根据实际变化进行调整。在建立指数保险赔付方案后，还需建立赔付方案的调整机制。赔付方案的调整考虑的因素包括农作物抗风险能力的变化、生态环境的变化、通货膨胀和市场因素。首先，随着科学技术的发展，农作物的抗风险能力会有所变化。例如，抗干旱的农作物品种成功研发和普及，可以有效降低在相同风险下的实际损失，此时如果依然按照原赔付标准进行赔付，可能会造成被保险人通过保险获益。其次，生态环境的变化会改变农作物的实际损失。例如，某地区土地沙化加剧，造成该地区大风频繁，使得作物的损失加剧，此时应该调整指数的触发值和极限值以弥补加剧的实际损失。此外，通货膨胀直接增加农户的生产成本，根据通胀率调整的保险赔付可以更充分地弥补农户的实际损失。

（三）指数保险产品的挑战

1. 基差风险

基差风险是指数保险产品的最大挑战。在指数保险中，基差是指由保险指数所确定的保险赔付与保险标的实际受到的损失之间的差别。基差风险则指这种差异存在的不确定性。指数保险能够有效转移风险，并对投保人产生吸引力的前提是由保险指数确定的保险赔付与标的本身实际受到的损失之间尽可能接近，或能够保持一定的相对关系（如保险免赔设定形成的差异）。一旦二者之间的差异无规律可循，则构成基差风险。基差风险有可能使实际受损的投保人得不到任何赔付或得到不足额赔付，也有可能使未实际受损的投保人反而得到赔付甚至是超额赔付。有效控制基差风险是指数保险产品设计过程中最重要的一项工作。

基差风险形成的原因主要是保险区域内部标的之间的异质性。在传统保险中，保险赔付直接与个体的实际损失情况挂钩，个体标的的损失情况不同，保险赔付自然不同。在指数保险产品中，一个区域内标的的保险赔付仅与同一个保险指数挂钩。除非这个区域内的个体标的完全相同，否则基差就会出现。

基差风险与核损理赔成本是指数保险产品特点中相互对立的两个方面。查勘定损的空间尺度与时间尺度越小，越接近于个体水平，则基差风险越能够得到控制，但核损理赔成本会自然

① 印度的干旱保险在赔付方案设计上，将植物生长周期划分为播种、开花、收割三个阶段，在不同阶段给予不同的赔付方案。

上升；反之，空间尺度越大，个体差异越淡化，则指数保险产品的前述优势越能够发挥，但基差风险就可能越大。在保险标的相对均质的区域，基差风险相对较小且易于控制；在保险标的相对异质的区域，基差风险则有可能很大。基差风险使得指数保险产品的适用性大打折扣，甚至变得不适用。

2. 准确的精算模型

由于指数产品的承保、核损、理赔等一切环节都依赖于指数本身，因此成功的指数设计是指数产品生命力的核心。在保险定价的过程中，对保险指数的不确定性进行全面而系统地分析，准确地评估保险指数的波动特征以及与之密切挂钩的保险损失的波动特征，是精算的核心任务。

3. 巨灾损失

由于一个区域内所有的保险赔付均依赖于同一个指数，因此，与指数变化挂钩的保险损失的波动幅度将会很大，而在同一保险区域内（即使用相同指数的区域）所有的投保人损失完全相关，风险只能在不同的保险区域之间分散。若指数设计不当，指数产品较传统产品的尾部更厚，更可能面临巨灾风险。

4. 教育

由于与传统的基于实际损失开展核损理赔的保险业务存在显著的差别，在业务实际开展过程中，指数保险的运作方式需要进行充分的宣传教育与项目试点才能够使被保险人和投保人所接受，尤其是对于基差风险的认识。在发展中国家，农业保险的投保人往往存在风险与保险意识较低、对保险的认知程度较差等问题，在指数保险的试点与推行过程中将需要花更大的力气开展相关的教育工作。

三、指数保险在中国发展的适用性及主要制约因素

（一）中国自然灾害的救助现状与问题

1. 综合防灾减灾体系

我国高度重视防灾减灾工作，把综合防灾减灾工作作为国民经济和社会发展的重要保障和国家公共安全体系建设的核心内容。

1994 年 3 月，我国颁布《中国 21 世纪议程》，从国家层面明确减灾与生态环境保护的关系，把提高对自然灾害的管理水平、加强防灾减灾体系建设以及减少人为因素诱发和加重自然灾害作为议程的重要内容。

1998 年 4 月，我国颁布《中华人民共和国减灾规划（1998 - 2010 年）》，第一次以专项规划的形式提出了国家减灾的指导方针、发展目标、主要任务和具体措施。

2006 年 10 月，中国政府颁布《国家“十一五”科学技术发展规划》，把建立国家公共安全应急技术体系、提升国家应对公共安全灾害事故与突发公共事件能力作为未来发展的重点任务之一。

2007 年 8 月，中国政府颁布《国家综合减灾“十一五”规划》，明确要求地方政府将减灾纳入当地经济社会发展规划。

2012 年《国家综合防灾减灾规划“十二五”规划》（征求意见稿）指出，要统筹考虑各类自然灾害和灾后过程各个阶段，综合运用各类资源和多种手段，始终坚持防灾减灾与经济社会发展相协调、坚持防灾减灾与应对气候变化相适应、坚持防灾减灾与城乡区域建设相结合，发挥各级政府在防灾减灾工作中的主导作用，努力依靠健全法制、依靠科技创新、依靠全社会力量，着力提高全民防灾减灾意识，全民加强各级综合防灾减灾能力建设，切实改善民生和维护人民群众生命财产安全，有力保障经济社会全面协调可持续发展。

我国实行“政府统一领导、部门分工负责、灾害分级管理、属地管理为主”的减灾救灾领导体制。在国务院统一领导下，中央层面设立国家减灾委员会、国家防汛抗旱总指挥部、国务院抗震救灾指挥部、国家森林防火指挥部和全面抗灾救灾综合协调办公室等机构，负责减灾救灾的协调和组织工作。各级地方政府成立职能相近的减灾救灾协调机构。在减灾救灾过程中，注重发挥中国人民解放军、武警部队、民兵组织和公安民警的主力军和突击队作用，注重发挥人民团体、社会组织及志愿者的作用。

在长期的减灾救灾实践中，我国建立了符合国情、具有中国特色的减灾救灾工作机制。中央政府构建了灾害应急响应机制、灾害信息发布机制、救灾应急物资储备机制、灾情预警会商和信息共享机制、重大灾害抢险救灾联动协调机制和灾害应急社会动员机制。各级地方政府建立相应的减灾工作机制。

2. 面临的问题

（1）总体规划有待调整

长期以来，我国救灾补偿体系的总体规划更多的是采用传统的“举国体制”模式，即发挥政治优势，动员全国力量，发扬“一方有难，八方支援”的互助精神，以政府为主导，以民政为平台，以财政为支撑，以“对口支援”为特点。但是，从现代社会管理的角度看，这种模式将面临越来越大的挑战。第一，社会公平层面，它不能很好地体现更大范围和更深层次的社会公平，也不符合转移支付的基本诉求。第二，公共财政层面，它不利于公产品和私产品的区别管理，也不利于稳定财政预算。灾害损失及其年际变化都很大，依靠财政投入的损失补偿方式，会给国家和地方带来很大的压力，导致国家和地方财政的不稳定，也会给当地的经济发展造成不利影响。第三，行政管理效率层面，增加了行政管理的不确定性，以行政救济为主的损失补偿方式对救灾资源的利用效率都比较低。资金使用的监督成本高，存在补偿金违规使用的风险。第四，在与其他防灾减灾手段互动方面，难以控制地震灾害高风险区的过度开发，导致地震灾害损失增加。第五，不利于风险意识的普及。目前，这种以政府为主导的救灾以及灾后重建体制容易产生依赖思想，导致“风险主体意识缺位”。为此，在我国的防震减灾总体规划中，应当赋予“举国体制”以新的内涵，即应当在防震减灾的工作中更多地引入市场和社会力量，将救灾能力更多地蕴藏在民间，将重建能力更多地蕴藏于市场，并逐步地取代对财政的依赖。要通过地震保险，建立一种长效机制，逐步积累全社会的专项基金，以实现这一目标①。

（2）政策法规有待加强

防灾减灾相关政策法规是有效减轻灾害影响、保障灾害救助的重要措施。虽然我国建立了多种法律法规并制定了相关政策，但仍然难以满足我国自然灾害风险管理的要求，相关政策法规有待加强。

以地震为例。首先，在地震的防灾减灾方面，法律缺乏具体规定，难以执行。1998 年我国颁布实施了《中华人民共和国防震减灾法》，为防震减灾工作提供了法律依据。但是，这部法律对灾害救助的资金来源和使用管理等缺乏具体规定，难以为地震灾害救助资金的筹措和使用提供充分的法律保障。此外，我国尚未形成如《地震保险法》等地震灾害风险管理的专项立法。地震相关法律的实施细则和部门规章有待完善，而且现行的地震相关法律仅限于国家层面。各地方政府没有结合本地区所面临的特殊情况，制定与国家层面地震管理法律相衔接的地方性专项法律法规。

其次，配套制度有待建立。为配合地震灾害风险管理法律法规的实施，相关创新的配套制

① 王和，王平著：《中国地震保险研究》，中国金融出版社 2013 年版。

度也应出台。如财税支持政策、地震保险保费补贴、资本市场的金融创新制度、地震彩票的相关管理制度等。

再次，技术标准有待制定。为指导全国性地震灾害防御工作的有序发展，提高各行业抗震能力，保证人民群众的生命财产安全，地震灾害防御标准体系有待制定和完善。如房屋抗震建筑标准、中国地震烈度表、中国地震参数区划图、工程场地地震安全性评价技术规范等，以及分行业的抗震规划、设计、施工、验收、鉴定等多种专业标准。

（3）救灾补偿体系有待完善

首先，补偿额度相对较低。

民政救灾的损失补偿程度相对低，且具有较大的不确定性和非自主性，给社会经济的健康和稳定造成较大压力。从1990～2010年的民政统计数据来看，我国每年拨付的自然灾害救灾专款（包括旱灾、洪灾、地震等各类自然灾害类型）平均在60.1亿元左右，占年均自然灾害损失2518.3亿元（其中地震年均损失428.4亿元）的2.39%，救灾补偿与自然灾害损失之间的缺口很大。据统计，我国民政部门所有救灾补偿，仅占地震灾害社会总损失的14%。

其次，市场化手段不足。

中国国民风险和保险意识不足。中国公众往往依赖灾后国家救灾补偿，自身防灾减灾的主观能动性不足，通过保险风险转移的意识有待提高。中国鼓励市场化风险分散手段的相关政策法规有待完善。通过完善相关法律制度，强制保险、政策优惠和超额损失再保险，以及建立地震保险基金等方式，鼓励保险企业逐步开展地震灾害等巨灾保险业务，引导保险公司采用市场化运作和再保险风险转移手段，借助资本市场分散巨灾风险，协助政府开展风险管理，逐步建立起政府、保险公司和投保人共担风险的巨灾风险保障机制。相应的灾害管理部门应为巨灾保险索赔提供业务服务，例如，地震部门为地震保险索赔提供服务，特别是为紧急救援阶段实施保险赔偿提供技术支撑。

再次，中国巨灾保险供给能力不足。

以地震保险为例，中国地震保险经营历史短、规模小、经验少，缺乏专业人才，技术力量薄弱，供给能力明显不足。一方面，保险业经营巨灾风险的基础技术还不完善，地震灾害损失数据还需要进一步研究和整理，地震保险的费率精算能力需要加强。另一方面，保险经营服务水平与地震灾害风险管理的要求相比还有一定差距，尤其是在防灾减损、减灾抗灾方面的管理和服务还很薄弱。

（二）指数保险在中国的适用性及优先应用领域

1. 指数保险在中国的适用性分析

相对于传统保险，指数保险具有分层管理风险的优势，又能有效地避免逆向选择和道德风险，降低交易成本。以下从几个角度分析指数保险在中国的适用性。

（1）需求

作为一种新的金融创新产品，如何让消费者接受指数保险很关键。Patt et al.(2009)①的研究表明，影响消费者需求的不仅与家庭财富、保费、风险厌恶水平等有关，而且与对天气指数保险的了解和信任有关。尤其是具体到农业保险时，Giné and Yang（2009）② 在马拉维的研究表明保险是否具有吸引力与农户对其正确理解有关。

在中国的需求分析方面，孔荣和袁亚林（2011）③ 以陕甘地区农户为样本，对西部农户天气指数保险购买意愿进行了实证研究，结果表明82.7%的农户愿意购买，说明中国天气指数保险拥有巨大的潜在发现空间；另外，地区、年龄、家庭总耕地面积、农业收入占家庭总收入的比重、是否曾因购买农用机械借钱、是否遭遇旱灾、有无债务、是否愿意采用新技术和是否对新型贷款产品有兴趣等因素对农户天气保险产品购买意愿有显著影响。

不同的研究结果显示，指数保险在中国的需求可能由于认知程度、经济水平、政府补贴政策的不同而存在地区差异，因此具体的需求状况还需要做进一步的深入研究。但可以肯定的是，加大指数保险的宣传力度和试验示范及服务力度，使消费者认识到指数保险的显著意义，将十分有利于指数保险的推广。

（2）有利的政策条件

为了促进农业保险进一步健康发展，国务院制定的《农业保险条例》自 2013 年 3 月 1 日起开始施行。该条例出台后，中国发展农业指数保险的政策环境呈现出比较有利的局面。条例第一章第三条规定：“国家支持发展多种形式的农业保险，健全政策性农业保险制度。农业保险实行政府引导、市场运作、自主自愿和协同推进的原则。省、自治区、直辖市人民政府可以确定适合本地区实际的农业保险经营模式。”在政策性农业保险的框架下，保险公司可以根据

① Patt, A. G., Peterson, N., Carter, M., Velez, M., Hess, U., Suarez, P., Making index insurance attractive to farmers.

② Giné, X., and Yang, D., Insurance, Credit, and Technology Adoption: Field Experimental Evidence from Malawi.

③ 孔荣，袁亚林：“西部农户天气保险购买意愿影响因素的实证研究——基于陕西地区农户的调查”，载于《财贸经济》，2010 年第 10 期。

地区自然条件及主要生产特征研发出适应性强的指数保险条约及价格，以满足各地区对农业指数保险的需求。

同时，基于指数保险的优势，政府部门可以充分利用国家实施的价格补贴政策，有意识、有目的地引导农户积极购买指数保险。目前，中国的农业保险采取政府补贴的政策性保险模式，在现行补贴政策下，中央财政对种植业保险保费补贴35%（东部地区）和40%（中西部地区），相应省份配套补贴的比例是25%和20%。得益于补贴，2009～2013年中国实现主要农作物承保面积突破10亿亩、保险金额突破1万亿元、参保农户突破2亿户次的“三大突破”；2013年水稻、玉米、小麦三大粮食作物保险覆盖率分别达到64.9%、67.3%和61.8%[①]。目前，中央财政对指数保险尚无补贴，补贴主要来自地方政府，补贴水平能达到保费的近70%，与政策性农业保险的补贴力度大致持平[②]。

另外，指数保险的指数设定需要由大量的来源于相关机构测算的数据支持，还需要良好的反馈机制使得指数结合实际情况不断调整，减少基差风险和信息不对称问题，避免实际损失与赔付情况不一致。《农业保险条例》第一章第四条规定：“财政、保险监督管理、国土资源、农业、林业、气象等有关部门、机构应当建立农业保险相关信息的共享机制。”这在一定程度上为指数保险的设计开放了信息共享机制和资源获取途径。

2013年5月29日，保监会下发《关于进一步贯彻落实〈农业保险条例〉做好农业保险工作的通知》强调，“鼓励各公司积极研究开发天气指数保险、价格指数保险、产量保险等新型产品，不断满足农民日益增长的风险保障需要”。监管机构对指数保险的潜在社会效益有很好的认识，对指数保险的发展持十分支持的态度，也将有利于指数保险的推广。

（3）技术条件

指数保险的产品设计通常需要很强的技术性工作，这就要求气象、农业、环境科学、保险、数据处理等一系列的技术支持和专业人员合作，建立精确的分析模型。

在地震台网的建设方面，从2003年起，中国地震局进行了“中国数字地震观测网络”项目建设，到2007年底完成了由国家数字地震台网、区域数字地震台网、火山数字地震台网和流动数字地震台网组成的新一代中国数字地震观测系统，尤其是在区域级的地震台网方面，已建立了由685个台站组成的31个区域数字地震台网，基本覆盖了中国地震活动频繁地区、经

---

① 《中国保险报》，2014－3－4。

② http：//www. baobao18. com/market/art_ 24866_ 0. html。

济发达地区和人口稠密地区，使中国 31 个省、自治区和直辖市都有一个区域数字地震台网，再加上已经建成的首都圈 107 个区域数字地震台站，台站总数达 792 个，台站之间距离达到 30～60km，新疆及青藏高原等部分地区间距达到 100～200km 左右[①]。至此，中国地震监测能力得到了空前的提升，强震、前兆、测震台站的密度分别达到每万平方公里 0.4 个、0.88 个和 1.2 个，监测设备数字化率达到 95%，地震速报时间从 30 分钟缩短到 10 分钟。地震台网的建设将为震级、烈度、损失幅度等指标提供及时有效的数据，支持指数保险指标的设计。

从获取气象数据的基础设施来看，中国拥有超过 2200 个省级气象站和 700 个国家气象站，拥有 40～50 年高质量的历史天气数据（武翔宇等，2012）。另外，卫星技术的迅速发展使人们可以获得更多更好的有关洪水、农作物、植被等相关数据，并使这些数据的成本在最近几年明显下降，从而可以以较低成本应用于指数保险的设计和理赔。例如，越南政府正研究利用可以穿透云层的雷达卫星技术以支持湄公河三角洲的水稻指数保险发展[②]。中国目前拥有的“风云”号气象卫星在强降雨、干旱、极端天气、自然灾害、生态环境的监测方面拥有较为领先的技术，能够提供精确的数据用于指数保险的设计，减小基差风险。

（4）业界积极性

从业界的态度看，保险公司对于指数保险产品的供给是很积极的，目前中国已有多家保险公司引入国际先进技术和经验开发指数保险产品，并结合不同地区的气候、承灾体、孕灾环境进行了试点和推广。

现有的指数保险产品绝大多数为农业指数保险，如 2007 年起由上海安信农业保险股份有限公司承保的江淮流域西甜瓜梅雨强度指数保险；2008 年国元农业保险公司与国际农业发展基金会、联合国世界粮食计划署和中国农业科学院合作共同研发的安徽小麦水稻高温水旱指数保险；上海和成都的蔬菜价格指数保险；安华农业保险公司承保的生猪价格指数保险；2011 年人保财险江西省分公司开发的南丰蜜橘低温冻害气象指数保险。其中，江西南丰蜜橘低温冻害气象指数保险依托省气象局提供的数理模型基础，在美国加州大学伯克利分校两位课题专家实地论证的帮助下设计并成功推行，获得 2012 年“中国保险创新大奖”的“最具创新力保险产品”及“最佳农村保险产品”两个奖项[③]。由此可见，保险公司在市场需求的激励作用下，

---

① 中国地震台网。

② http：//money. sohu. com/20100511/n272049076. shtml。

③ http：//news. jxgdw. com/jxsz/1981783. html。

对指数保险的投入和研发有着很强的动力。

在非农业保险方面，主要是能源保险，如鼎和财产保险股份有限公司承保的广东梅雁水电站降水发电指数保险，在因干旱、降雨量大幅减少导致公司水力发电收入减少的情况下，部分弥补公司的发电收入，最高赔偿额可达 8000 万元人民币；永诚保险股份有限公司承保的河北风力发电指数保险，在不利风力条件导致发电量低于约定的发电量触发点时即给予赔偿，最高赔偿限额 300 万元人民币。虽然目前的指数保险设计上还存在一些问题，但从保险公司的创新和投入上可见其积极性。

（5）先期经验积累

中国目前的指数保险试点为指数保险的进一步发展积累了一些宝贵的先期经验。以安徽小麦水稻高温水旱指数保险为例，安徽的试点是由农业部、国际农业发展基金、联合国粮食计划署、国元农业保险公司以及中国农业科学院农业环境与可持续发展研究所共同发起的农村脆弱地区天气指数农业保险合作项目，针对旱灾和涝灾设计指数保险产品并进行销售，积累了许多宝贵的经验。根据朱俊生（2011）对安徽省的试点运行评估报告①，试点在先期评估时，对长丰和怀远两个县 22 个行政村的 660 个农户进行了走访调查。2008 年 11 月，在需求调查评估的基础上，在试点县开展农业保险相关人员的半开放式访谈，进一步确认农民、政府、农业部门、保险公司对农作物风险的认知程度，以及对天气指数保险产品的兴趣；在产品设计中，为了精准测定水稻种植天气指数保险产品的科学性和可行性，项目组选取长丰县水湖镇 4 万亩（1 公顷 =15 亩）水稻进行模拟承保试验，将试验地区 1986 ~ 2006 年气象数据计算出的模拟赔付与其实际发生损失值进行对比，发现除 1997 年外，其他年份模拟赔付与其实际发生损失值匹配性较好，说明水稻种植天气指数能够比较精确地反映损失；运行层面的评估方面包括了农户对指数保险的需求程度、技能的充分性、销售渠道的有效性、风险承担者的意愿、农民对保险的信任、现存法律与监管框架的适应性以及补贴的必要性等。

总之，安徽的指数保险试点积累了丰富的经验；国际农业发展基金和世界粮食计划署的专家提供了大量的指导，这极大地提高了当地合作者设计指数产品的专业技能；国元保险公司对指数保险表现出极大的热情，期望指数保险的创新能够解决多种风险作物保险的一些问题；监管机构对指数保险的发展也非常支持。

---

① 朱俊生："中国天气指数保险试点的运行极其评估——以安徽省水稻干旱和高温热害指数保险为例"，载于《保险研究》，2011 年第 3 期，第 19 ~ 25 页。

2. 优先应用领域

指数保险具有传统保险不具有的优点，但同时也面临很大的基差风险。因此，指数保险得到成功应用的重要条件是较好的平滑基差风险。根据这一要求，试从以下几个方面分析其优先适用领域。

（1）系统性风险程度与频率

当指数保险的保险标的处于同一区域或同一范围时，就可能面临系统性风险。按照系统性风险的相关程度与发生频率，一般可以分为三个层次：系统性风险较低、发生频率较高；系统性风险和发生频率都处于中等；系统性风险程度高、发生频率低。其中，第一和第二层次的风险一般通过风险规避或传统保险来进行风险管理，而第三层次的风险往往表现为海啸、地震等巨灾，通常会造成巨大的损失。针对这类风险，大部分国家主要采取政府救助或财政补贴，而指数保险如果作为传统保险模式的替代，由于克服了传统保险的缺陷，降低了交易成本和管理成本，能更有效率地对这类风险进行管理。

（2）地域选择

应尽量选择地形地貌变化不大、灾因比较稳定的区域，在可能的情况下最好选择平原区域。山地、丘陵等地理环境下，天气状况变化明显，且容易受地形影响，这将进一步扩大指数产品的基差风险[①]。

（3）成灾面积

根据大数定律，保险标的必须达到一定数量才能对风险进行有效的分散。因此在指数保险的模式下，灾害影响的范围需要达到足够大的面积，通过某一个规模的统保将基差风险在一定区域内平滑。如果成灾面积太小，承灾体过少，指数保险产品在设计时就无法对损失概率进行比较准确的预期，从而在保费厘定和指数设计上产生误差，造成产品难以销售或者发生巨额亏损。

（4）承灾体均质程度

由于指数保险的赔付不依赖于投保的个体受损情况，而是依赖于事先设定好的参数，因此，承灾体的均质就成为一个重要的条件。如果一定范围内承灾体的个体差异很大，对于某些个体来说实际损失可能大大超过了参数所触发的赔付，而一些个体可能没有什么损失却也能得到同样的赔付，这样一方面保险没有发挥应有的保障作用，另一方面也产生了严重的补贴

① http：//www. cpcr. com. cn/zbxfw/zbxjs/201403/t20140314_ 29579. shtml。

问题。

（5）数据与基础设施完备性

如前文所述，指数保险的产品设计和实行对基础观测设施和数据的依赖程度很高。例如，要在一个区域推广天气指数保险，则该地区的气象站覆盖率至少应达到每 20 平方千米一个，才能对天气情况进行有效的监测，并给出及时的数据反馈。因此，在目前的条件下，指数保险适用于有较为完备的基础设施、能够提供足够数据的地区和领域。

进一步看，数据的质量也必须有保证。首先，数据应该有足够的时间长度以满足建模需求。指数保险中考虑的气象因素通常是频率较低、会造成较大损失的因素，数据量一般比较少，因此需要通过拉长时间长度来搜集数据。其次，要对数据进行真实性与合理性检验。指数建模的关键是确定灾因与损失之间的关系，如果数据不真实或不合理，很容易扩大基差风险，甚至造成定价的偏差。

（6）经济发展水平与损失程度

在人口密集、经济发展水平较高的地区，一旦发生自然灾害，就会造成巨大的人身和财产损失，指数保险的优势就更加突出。一些地区虽然自然灾害多发，但如果人口稀少、经济水平较低，指数保险相对于传统保险非但没有突出的优势，反而可能由于前期需要大量的研发投入而在成本上具有劣势，因此就不适宜发展指数保险。

综合以上因素来看，最适宜发展指数保险的就是农业保险。首先，一旦某个区域发生自然灾害，对该地区的农业必然造成大面积的破坏，而农作物作为承灾体也具有比较理想的均质性，通过合理的产品设计和统保能够较好地平滑基差风险。其次，农民对自然灾害风险的防御较弱，尤其是系统性风险较强、损失程度较高的洪涝、干旱、台风等灾害，极易导致从事传统农业生产的小农户陷入贫困性陷阱。这类风险目前主要采取政府救助或补贴性农业保险政策，但农业保险的可获得性和可持续性仍然面临挑战。而如果采用指数保险作为传统农业保险模式的替代，由于克服了传统农业保险缺陷，降低了交易成本和管理成本，更具有优势。再次，农业关系国计民生，而且农业生产比较集中的地方往往也是人口和设备集中的地区，农业生产对当地人民的生活具有重要的意义，因而会对指数保险有较大的需求。最后，在农业比较发达的地区，相关气象环境和数据的监测、历史资料比较完备，为指数保险的设计提供了条件。

根据上文对中国自然灾害概况的分析，结合地区经济发展水平，可行性较高的农业指数保险包括东南沿海省份台风灾害指数保险、江淮流域降雨指数保险、华北地区干旱灾害指数保险等。

此外，针对城市内涝、与自然条件相关的能源领域（如风力、水力发电）的损失，也可以考虑应用指数保险来管理风险，因为其具有受灾范围大、承灾体密度大、期望损失高的特点。但是，由于这些灾害的承灾体均质程度不如农作物的理想，因此属于次优先应用领域。

（三）指数保险在中国发展的主要制约因素

1. 技术条件

指数保险作为一种标准化的保险产品，在产品设计方面，本身就存在客观的技术条件方面的约束因素。

（1）指数的选择

选择合适的指数，需要最小化基差风险，即好的指数应该较为精确的预测损失程度。在实际情况中，致灾因子往往不只一点，再加上中国的地形、气候等条件又很复杂，选择适合的指数在技术上存在一定的困难。

有时候，为了较为准确的预测损失，理论上可以选择复合指数作为赔付指标。比如，农作物品种受灾有时并非受到单一天气变量的影响，而是多个天气因素作用的结果。因此，为了最小化基差风险，复合天气变量指数可以作为标的物。但是，过于复杂的指数设计不利于被广大农户理解和接受，所以指数的选择应该在准确和简单之间有所权衡。

（2）数据的可获得性

指数的测算，需要运用到实际数据。数据的可获得性受到两方面约束。

一是客观约束，即数据本身比较匮乏。以气象指数保险为例，指数保险中考虑的气象因素通常是频率较低、会造成较大损失的因素，数据量一般比较少，因此需要通过拉长时间长度来搜集数据。

二是主观约束，即我国的数据获取途径可能受限。用于设计指数的数据往往来源于对灾害的监测，用于监测的硬件设施的建设直接影响到可获得的数据。比如监控天气指标的气象站，我国气象台数目总体可能问题不大，但是分布并不均匀，在一些较为落后而又面临较大自然灾害风险的地区站点覆盖不够，这就会影响到那些地区的有效数据的获得。如中国西部的高原和沙漠地区以及东南沿海岛屿的站点还较稀。此外，即使相关数据的监测到位，由于缺少统一的、翔实的数据发布平台，保险产品的设计者寻找数据可能也不是那么容易。

2. 法规政策

我国农业保险的发展，与政府财政政策的扶持是分不开的，而推动指数保险的发展，仍需要政府政策的及时跟上。

2013 年 3 月 1 日开始实施的《农业保险条例》第七条规定："农民或者农业生产经营组织投保的农业保险标的属于财政给予保险费补贴范围的，由财政部门按照规定给予保险费补贴；国家鼓励地方人民政府采取由地方财政给予保险费补贴等措施，支持发展农业保险。"

自《中央财政农业保险保费补贴试点管理办法》（2007 年 4 月 13 日）出台以来，中央财政保费补贴险种已从最初的 5 个险种增加到当前的 15 个险种，保费补贴区域也从最初的 6 个省区扩大至全国。

但是目前为止，还没有明确的法律法规、行政条例对指数保险的财政补贴予以确认，指数保险也未被纳入政策性保险的范畴，只有地方政府根据政策精神，通过地方财政支出对指数保险产品进行保费补贴。比如南丰蜜橘指数保险（试点）尚未纳入国家政策性保险补贴范围，但是该县把蜜橘保险纳入农业保险范围，参加蜜橘保险的橘农，享受省、市、县三级财政补贴 40% 的保费补贴优惠政策，橘农自身承担 60% 的保费。即使这样，该试点还是存在"农民自交保费比例负担重，以及财政补贴比率不合理"等问题。

由于许多适合发展指数保险的农险品种未在国家财政补贴范围内，制约了指数保险的推广。此外，农险补贴额度过低，补贴方式过于单一（只有保费补贴），也会制约指数保险的发展。

3. 行业经营状况

在中观层面，从事农险业务的保险公司的经营状况，同样会影响指数保险的发展。

我国目前从事农险业务的主要是两类公司：一类是主营农业相关保险的农业保险公司，比如安华农业保险股份有限公司、阳光农业相互保险公司；一类是兼营农业保险的产险公司，比如中国大地财产保险股份有限公司等。

（1）盈利状况

私人保险公司以"利益最大化"为目标，如果经营状况不佳，便会缺乏进入指数保险市场的激励。即使是农业保险公司，由于采取"商业化运作，为政府代办政策性农业保险"的方式，如果经营状况不佳，也会带来动力不足的问题。有业内人士指出，我国保险市场从 2009 年开始就陆续有部分保险公司尝试天气指数保险产品，但总体经营情况不甚理想。

此外，保险公司销售指数保险还有可能存在"虚假利润"的情况。在政策性农业保险实施过程中，目前中央财政对种植业保险保费补贴35%（东部地区）和40%（中西部地区），并要求相应省份配套补贴的比例是25%和20%。不少省份也要求地、县政府的财政也要配套补贴，这就使部分地、县政府犯了难，特别是那些被称为农业大县和财政穷县的地方，他们如果不提供配套补贴，省级和中央的财政补贴就得不到。其结果，这种财政不宽裕的地、县要么"有多少钱办多少事"，农业保险的"渗透率"或者"覆盖率"很低；要么动歪脑子，跟保险公司一起欺骗上一级，或者"先出钱再抽回"，或者直接以"应收账款"的方式处理。对于这种做法，保险公司当然是"不敢怒也不敢言"，在这里做农险实际上是降低了保险费，那么是赔是赚只好听天由命了[①]。同样的问题完全可能出现在指数保险中，如果地方财政补贴不能真正到位，保险业务并不能带来实际的利润，这会降低保险公司的供给动力。

（2）销售渠道

指数保险属于创新型保险，需要专业销售人员的解释。但是目前保险行业从业人员数量不多，专业技能并不高，指数保险这样的创新型保险销售就面临更大的困难。

4. 保险意识与认知

由于中国目前开展的试点主要是农业指数保险，农民是农业指数保险的主要受众，故需求分析主要从农民的角度。农民的保险意识与认知直接影响中国指数保险的产品需求。

（1）农民对指数保险价值的理解

根据carter等（2007）研究，对保险价值的理解影响持续有效的保险需求。如果农户低估保险合同价值，将会扼杀需求；如果高估，但由于基差风险，并未得到满意的赔偿，将会降低购买意愿。

对农民来说，保险价值是保险带来的收益超出成本的部分。农民交纳的保费是其付出的成本，将来能够获得的保险赔付就是收益。相较长期利益，农民往往更关注保险能否给自己带来短期利益（即保险赔付）。如果在交了几年保费之后，因风调雨顺，农民没有得到赔付，那么农户会产生"亏损"的心理（"我交了保费，却没有收到赔付，那我的保费不是白交了吗?"）。这时，农民对保险价值的评价会大大下降，可能就会放弃再买保险，需求被扼杀。

另一种情况，当农民高估保险价值时，由于自然灾害，农民发生了损失。但是根据保险公司保单赔付的金额并不足以弥补全部的损失（即基差风险），农民很多时候不能理解为什么保险公司不能赔偿全部损失，就会产生不满意感。当赔付金额甚至低于农民所交保费时，这种感

① 庹国柱："在深化改革中稳步推进农业保险"，载于《中国保险报》，2013－3－4。

觉可能更强烈。在下一年度时，农民可能就会减少再次购买的需求。指数保险最大的问题就是基差风险，农民可能会因对基差风险的不理解导致对指数保险的不认可。

在某些调研中，研究者甚至发现，农民衡量投保指数保险“亏了”还是“赚了”的标准，并不在于“完全相同的条件下指数保险是否比原来的非指数保险赔付更多”，不在于“指数保险下，我拿到的赔付是否足以弥补我实际发生的损失”，也不在于“指数保险下，别人的损失比我小，却可以拿到跟我一样的赔付”，而仅仅在于“我获得的保险赔付是否超过了我付出的保费，超出就是赚了”。这种有趣的现象，可能也反映了部分农民投保人的想法。

在实务中，指数保险销售可能还会具有很强的“群体效应”。农村是一个“熟人社会”，如果有一个农民在购买保险之后未能受益，比如保险赔付不及时、不足，或者其他不满意的体验，这种不满意会迅速传递到一大批熟人、整个村庄甚至其他村庄，继而影响大面积的保险销售。即使指数保险的推广可以呈现短暂繁荣，这些问题的存在也可能影响到指数保险的持续性发展。

（2）农民对保险公司及产品的信任

在安徽省水稻干旱和高温热害指数保险试点的运行中，一个非常重要的挑战就在于：农民对保险以及保险公司缺乏信任。仅仅不到20%的被调查对象非常信任销售农业保险的公司，而相当高比例的农户不太信任公司。信任缺失也导致一部分农户不愿意购买农业保险①。

许多实地调研还表明，农民对于农业保险产品并不熟悉，对于指数保险就更不熟悉了。对指数保险产品不了解，当然也就会对指数保险产品缺乏信任。

（3）有效需求不足

即使农民树立了正确的保险意识，不存在对指数保险的错误认知，还是会产生有效需求不足的问题。

富裕农户可能不需要作物保险②，他们可以采取其他更低成本的方式为自己保险，比如灌溉、作物和收入多元化、储蓄等。再加上，中国目前能够提高的农业保险，保障水平都比较低，真要发生较大损失时，保险起到的作用可能并不大。这也会影响到富裕农户（大规模生产者）的需求。

---

① 朱俊生：“中国天气指数保险试点的运行及其评估——以安徽省水稻干旱和高温热害指数保险为例”，载于《保险研究》，2011年第3期。

② Hans P. Binswanger - Mkhize, Is There Too Much Hype About Index - based Insurance?

贫穷农户很难靠自己的能力规避风险，只能诉诸保险，但是又受到支付能力的约束。当财政补贴不足时，这个问题尤为突出，贫穷农户想要保险但难以负担较高的保费，有效需求不足。

在北京市通州区漷县镇的农业保险试点中，农户还反映过一些问题：大规模经营的个体农户保险保障额度不够，小规模经营的个体农户没有参保资格。这是因为政策性农业保险的每一单保费都对应一笔财政保费补贴，政府财政支出有限，只能限制农险保障范围，就使得农户的需求并不能完全得到满足。

5. 宣传教育不足

尽管中国在防灾减灾宣传教育工作上取得了一定成效，但整体上依然不能满足指数保险发展的需要。

第一，防灾减灾宣传教育工作存在局限性。例如，防震减灾宣传教育工作目前还局限在地震部门主导开展，没有作为整个防灾教育中的重要组成部分纳入到国民教育体系之中。中国的防灾教育还处于各灾害相关的管理部门多头管理、各自为战的阶段，缺乏相互的沟通和协调机制，没有形成防灾教育的工作体系，缺乏相关的法律保障，这就造成中国防震减灾宣传教育工作的局限性，很难做到防震减灾宣传教育真正深入到急需这类知识的广大乡村和各级学校，尤其是农村中小学。

第二，防灾减灾宣传教育缺乏长远规划和稳定的投入。汶川地震后，陆续组建各省防震减灾宣传教育中心和其他一些相关部门都推出一些相关的防震减灾宣传产品，或者尝试在农村和学校开展灾害应急演练，但这些工作都不是在一种长远的防灾减灾规划下有目的地进行的，还处于一种各自尝试、没有协调配合的状态之下。宣传教育的资金也没有一种长期稳定投入的渠道。

第三，防灾减灾宣传教育还处在一种应景式的宣传教育阶段。各地防灾减灾宣传教育工作基本上还处于在重大的灾难纪念日和一些特殊日期，组织发放宣传材料，或者受邀到一些机关、学校进行科普讲座等应景式的宣传教育阶段，受众极为有限，宣传得不到强化，随着时间的推移，宣教效果甚微。而且这种宣传教育方式也很难真正地深入到乡村和基层学校。

第四，宣传产品形式单一，宣传内容以简单说教居多。由于没有长期的规划作为支撑，在宣传产品的开发上缺乏一种系列化、规范化、能覆盖社会各阶层的设计思想，导致宣传产品形式单一，宣传内容简单说教，不能很好地吸引受众，起不到良好的宣传教育效果。

第五，宣传内容缺乏系统性和科学性。在具体宣传内容上，缺乏系统性和科学性，宣传口径难统一，科普知识缺乏可靠的把关审定，造成一些过时的内容继续被沿用，新的知识难以得到宣传推广。

第六，宣传工作缺乏不同教育水平的针对性、延续性。整个防灾减灾宣传教育工作缺乏不同教育阶段的针对性，小学、中学、大学、农民、市民都是用同样的宣传产品进行宣传，起不到良好的宣传效果，并且这种宣传在内容上没有延续性，缺乏系列产品。

6. 承灾体抵御风险的水平有待提高

从承灾体的角度来说，抵御风险的水平还显得不足，这就会造成指数保险所设计的赔付率较高，进而使得单位保额的保费较高，不仅抑制了市场需求，而且保险公司对承保也会比较犹豫。

例如，我国虽然对建筑抗震设防有严格要求，在 1976 年唐山大地震发生后，中国制定了《建筑抗震设计规范》，2010 年 12 月 1 日由住房和城乡建设部批准发布的新版《建筑抗震设计规范》已经在全国各地施行，但建筑物抗震设防工作仍存在以下不足。

首先，抗震设防水平普遍有待提高。在城镇，1980 年以前建成的城镇房屋建筑还占相当比例，这些建筑普遍未进行抗震设防设计，抗震能力严重不足。在农村，农民自建房屋普遍没有采取抗震措施，抗震能力薄弱。各种市政管网、交通、电力、通信等基础设施也部分存在抗震情况不明、抗震能力不足的问题。一旦发生较大地震，这些抗震薄弱的地区就可能成为重灾区。

其次，部分地区的建筑抗震设防水平相对其所处地区面临的地震灾害风险显得不足。

四、指数保险试点建议

（一）政策建议

为了推动指数保险在中国试点的有效运行，促进指数保险在中国自然灾害救助体系中的发展，可以采取一下措施。

1. 优化保险产品设计，增强产品吸引力

前文提到，由于基差风险的存在，可能使得农民在实际发生损失时没有得到赔付或者得到的赔付不足，这会削弱保险产品的吸引力。

基差风险是指数保险无法避免的问题，但是保险公司在设计指数产品时可以调整思路，通过一些条款的“优惠”，减小基差风险给农民带来的不愉快体验。比如，充分考虑到基差风险的可能性，起赔指数的阈值尽量低些。以“南丰蜜橘”指数保险为例，保单规定，从温度（指数）降到1℃的时候就开始赔付，这个时候蜜橘一般尚未遭受冻害损失。农民没有遭受损失却得到了赔付，这会提高农民对保险的评价。当发生较大损失而保险赔付不能完全弥补时，农民的不满意感也不会那么强烈。

除了在产品上做文章，保险公司还应该在营销方面做努力，提高保险从业人员的专业素养，创新产品销售的方式，以吸引客户；保险公司还要提高核保、理赔效率，准确核保以减少事后纠纷，快捷理赔以及及时赔付农民损失，让农民在实务中感受到保险的好处，这样才能逐步建立起对保险公司的信任。满意的产品体验也有利于指数保险产品的推广和持续发展。

2. 加强农民保险意识的培训

指数保险对于中国的农民而言是全新的事物，潜在的客户首先要了解这种产品，继而才会产生需求。因此，迫切需要进行这方面的投入，以提高农民的保险意识，纠正对保险的错误认知。

一方面，可以通过电视、报纸、保险公司的宣传等途径向农民宣传保险知识。这不仅涉及保险产品的介绍，更重要的是保险意识的宣传，比如“保险是防范风险的产品，付出保费并不一定就能在短时间内获得保险赔付”。为了保证其连续性，还可以在一定地域范围内成立农业保险政策咨询服务室，让农户随时去了解相关政策。

在这个过程中，政府尤其是基层村镇干部，应该发挥协同作用，协助农民保险意识培训的开展，因为农民对村干部的信任度往往高于保险公司。

另一方面，提高农民保险意识，不能仅仅局限于观念的灌输，农民对培训的接受程度受自身教育程度的影响。增加农村教育投入，特别是农村基础教育与职业技术教育的培训与学习，提高农户受教育水平，从长远来看，有利于培养农民的保险意识，促进农民对指数保险产品的正确理解和认知，从而刺激农民对指数保险的需求。

3. 加强政府支持力度，开展多样的补贴方式

加强政府支持力度应该从两方面着手，一方面应该提供适度的保费补贴，以鼓励农民购买，扩大市场规模，同时也会使得指数保险能与多种风险作物保险公平竞争。适度的保费补贴，既包括尽快将指数保险纳入政策性农业保险补贴范畴，使指数保险享受中央财政补贴，也包括在合理范围内尽可能地提高补贴额度，增大农险保障水平。

另一方面，政府可以开展保费直接补贴以外的多样补贴方式。比如，政府可以进行公共产品投资，推动基础设施建设（建成更多气象站）；提高政府服务功能，改善数据系统和数据收集（实现气象数据实时更新，及时发布）；政府还可以投资再保险市场，以支持在地区范围内经营的保险。“十一五”期间，气象发展规划亦指出发展目标：气象现代化体系更加完善，包括公共气象服务业务能力明显增强，气象预报预测水平进一步提高，综合气象观测系统更加完善，气象资料应用和信息支撑能力显著提升。这些对于指数保险的指数设计和赔付都至关重要。

（二）试点产品建议

1. 深圳城市洪涝指数保险试点

（1）深圳城市概况

深圳市位于北回归线以南，东经113°46′~114°37′，北纬22°27′~22°52′。深圳市地处广东省南部，珠江口东岸，东临大亚湾和大鹏湾，西濒珠江口和伶仃洋，海岸线全长230km，辽阔海域连接南海及太平洋。全市总面积2020km^2。深圳属亚热带海洋性气候，年平均降雨量1837mm，全市共有大小河流310余条，分属东江、海湾和珠江口水系，主要河流深圳河全长35km。深圳下辖6个行政区和两个新区，常住人口861万人，实际管理人口超过1300万人；2009年深圳人均GDP达9.3万元，居全国（不包括港澳台）首位。受台风暴雨影响，深圳市降雨时空分布不均，八成以上集中于汛期，年均受台风影响4~5次。由于城镇化进程在一定程度上破坏了自然水系，全市约有一半河流未得到治理，加上现有防洪排涝基础设施建设标准不高，局部区域排涝设施不够完善，受洪涝灾害的威胁较大。

表4-13为2000年以来深圳市发生的洪涝灾害统计表。

表4-13 深圳市洪涝灾害统计表（2010~2011年）

年 份	洪水编号	洪水成因	灾 情
2010	“7.27~7.28”	暴 雨	27~28日，全市降大暴雨。27日上午出现3个水龙卷。全市平均降雨110mm，最大降雨282mm（龙岗柚柑湾），最大小时降雨量85mm（龙岗柚柑湾）。造成深圳市90多处道路积水严重，交通堵塞，其中盐田还山公路因山体滑坡道路临时封闭。造成1人死亡、1人失踪
2008	“6.13”	特大暴雨	遭遇超百年一遇特大暴雨袭击。5人死亡，3人失踪，500余处不同程度内涝或水浸，直接经济损失约10亿元

续表

年　份	洪水编号	洪水成因	灾　情
2006	"7. 16"	大暴雨	受强热带风暴"碧利斯"的影响，全市普降大暴雨。宝安区松岗、沙井发生 50 年一遇的特大暴雨，日降雨达 309mm，6 小时降雨达 264mm，导致宝安区发生大面积内涝。全市内涝面积达 80 平方公里
2005	"8. 20"	特大暴雨	市气象局发布黑色暴雨预警信号。日雨量达 240mm，导致 8 人死亡，直接经济总损失 1. 8 亿元
2003	"9. 2"	暴　雨	台风"杜鹃"登陆，并引发暴雨。造成 22 人死亡、20 人重伤、1 人失踪和 2. 5 亿元直接经济损失
2000	"4. 13"	特大暴雨	24 小时雨量达 344. 0mm，打破了深圳自 1952 年有气象观测记录以来的最大值。引发山体塌方和洪水，全市交通堵塞，并造成 6 人死亡，5 人失踪，直接经济损失 5100 万元

资料来源：人保财险灾害研究中心，"城市洪水风险管理"，《道》第 8 期，2012 年 12 月。

（2）深圳洪水特点

洪涝灾害的发生和灾情的大小与降雨量、降雨季节、地形地貌、承灾能力和各时期的社会经济发达程度密切相关。从深圳市历年洪灾发生的情况分析，洪水灾害有六大特点。

第一，洪灾时间分布不均。洪水灾害由灾害性暴雨造成，其发生的时间与灾害性暴雨发生的时间相一致。降雨时间和台风登陆季节的分布不均，导致洪灾在时间上分布不均。

第二，洪灾地理空间分布不均。洪灾的形成和灾情的严重程度与该地区的降雨量、下垫面条件、社会经济发达程度有关。深圳市洪灾的地理分布正好反映这一关系。由于深圳市各区域的自然条件和社会经济状况差异较大，导致其洪灾损失的地理空间分布差异大。按历年来洪灾发生的次数、损失程度等来划分，可分为以下几个区域：中南部的深圳市区（尤其是罗湖区）和布吉镇为重灾区；西部沙井、松岗、公明、光明、西乡、福永、观澜、石岩、龙华等镇为次重灾区；东北部横岗、龙岗、坪山、坪地、坑梓等镇为洪灾较轻区；北部的平湖和东南部的南澳、葵涌、沙头角等镇为洪灾少发区。

第三，局部性洪灾频率大于全局性洪灾频率。洪水灾害受灾范围与暴雨笼罩面积、暴雨中心及地势有关。在深圳，无论是锋面雨还是台风雨，引起全境性普降灾害性暴雨的机会不多，全局性洪灾频率小。洪灾一般发生在暴雨中心范围，降雨量大于 300mm 的范围一般为 200 ~ 300km^2，降雨量不超过 300mm 的范围为 300 ~ 500km^2。因此，洪灾一般发生在暴雨中心范围，表现出很强的局域性。暴雨中心在河流上游，而洪灾则往往发生在降雨量较少的下游。

第四，洪灾出现快、历时短，抗洪抢险难度大。一是深圳市局部的突发性暴雨造峰历时短，造成这一特点的主要原因是许多锋面雨在地形的作用下，经常形成历时短、强度大、范围小的局部突发性暴雨，往往6～10小时降雨就达到相当于24小时的大或特大暴雨量。二是深圳市大部分地区为低山丘陵，地势较陡，地面坡度大，河流流域面积小，植被遭到破坏，坡面泄流快；同时河流短小，最长的河长不超过40km，河床纵比降大，洪水暴涨暴落，从起涨到最大流量只需10多个小时；中下游河堤低矮，无法容纳迅猛传来的巨大洪量，致使洪水向两岸泛滥，造成严重洪灾；因洪灾来得急，人员往往准备不足，抗洪抢险工作难度大。境内无大江、大河、大湖调蓄，滞纳洪水能力小，加上城市硬底化程度高、径流大、汇流快，给抗洪抢险工作增加了难度。

第五，台风与暴雨相伴。深圳市面向海洋，常遭受来自太平洋和南海的台风频繁袭击。每年5～12月都会有台风发生，盛发期为7～9月。台风灾害一般表现为双重性。一方面，台风本身具有强大的破坏力，登陆后对陆上的建筑物、农业生产和人畜造成破坏与伤亡；另一方面，台风发生的同时伴有暴雨到特大暴雨，暴雨形成大洪水，又会对工业、农业、民房、水利和交通设施等造成破坏，酿成严重的洪水灾害。因此，台风灾害损失一般比暴雨、洪水灾害损失大。另外，台风灾害与台风登陆地点和降雨量有关，台风越正面接近深圳，造成的损失越大。从1979～1998年台风灾害来看，台风、暴雨、洪灾较多发生的地域为珠江口沿岸的南头、西乡、福永、龙岗河流域及市区，其余地区较少。

第六，海潮形成洪水。深圳市是一个海滨城市，部分河道受海潮影响，海潮也不同程度地对不同地区洪涝灾害形成威胁。例如位于布吉河出口处的布吉河口水位站，受布吉河上游的洪水影响，同时又受深圳河潮汐波的上溯影响，水位流量关系错综复杂。当上游没有洪水发生时，布吉河口的水位随着潮水位变化而变化；当上游有洪水发生时，布吉河口的水位受到潮水和洪水波共同作用的影响，使洪水波发生变形。若某一相位的潮水与洪水叠加，就会产生增水现象。相同的洪水流量作用下，潮水位越低，产生的增水就越大；潮水位越高，产生的增水就越小。洪水波发生的这种变化，对布吉河的行洪能力和笋岗滞洪区的泄洪、罗湖小区的罗雨干渠排水闸及泵站的运行都会产生较大影响。

（3）深圳洪涝风险管理情况

第一，工程措施。防洪工程体系。深圳初步建成了以水库、河道、海堤、滞洪区、排涝泵站等水利工程为主体的防洪工程体系。深圳建成了深圳河治理三期工程、新洲河综合整治工程、深圳水库排洪河改建扩建工程、龙岗河流域防洪工程、观澜河流域防洪工程、西海堤达标加固工程等“五河一堤”的城市水利防灾减灾工程。新建和加固城市防洪工程26宗，总长逾百公里；新建和加固主要海堤11宗，总长45公里；新建和达标加固中小型病险水库77座，增加防洪库容近亿立方米。通过堤、库、滞洪区调节，城市中心区防洪标准达到100年一遇以上，深圳河防洪标准由5～10年一遇提高到50年一遇，观澜河、龙岗河、坪山河干流基本达到100年一遇防洪标准，茅洲河干流防洪标准从不足5年一遇提高到20年一遇以上，有效解决了36平方公里易涝区积涝问题。雨污分流体制。2007年《深圳市排水条例》公布实施后，城市排水严格实行雨污分流体制。截至2011年底，全市共建成排水泵站102座，市政排水管网总长度1.21万公里，特区内排水管网覆盖率大于90%。但特区外排水管网覆盖率还不高，污水收集处理能力偏低，有待改善。

第二，非工程措施。三防指挥决策系统。深圳市建立了深圳三防预警机制、预案体系和现代化的三防指挥决策系统。一是不断完善灾害预报预警机制，如利用卫星等技术为公众和三防决策提供洪涝灾害的气象、水情预报预警信息。二是建立了包括《“三防”应急预案》在内的预案体系，明确了应急的组织体系和部门职责等。三是建立了三防指挥决策系统，并开发了相应的信息系统以支持三方指挥工作的开展，促进三防决策科学化、规范化。提高公众风险意识。加强宣传教育，增强全民防洪减灾意识。开展防洪法规和《防洪法》知识宣传教育是非工程措施的主要内容之一。采取切实可行的措施，使各级领导、各级部门、广大人民群众认识洪涝灾害特点，增强全体市民的洪涝风险意识和抢险、应急避险、自防自救能力，推行全民防洪。防洪建设投资规划。为解决城市“一雨成涝”的病症，深圳市制定《深圳水务发展“十二五”规划》（以下简称《规划》）。“十二五”期间，深圳市计划投资217.14亿元，用于防洪减灾及河流综合治理工程建设。其中，城市防洪工程总投资17.92亿元，防潮工程总投资1.35亿元，治涝工程总投资56.28亿元，水库除险加固需要8.05亿元，其中最大的投资是133.54亿元的河流综合治理工程，在治涝方面的投资占到所有项目总投资的25.9%。《规划》中提到，深圳市计划在地下铺设污水管网1800公里，同时对部分地区进行雨水系统改造工程，改造总长约133公里的雨水管网。针对深圳河湾流域、茅洲河流域、观澜河流域、龙岗河流域和西部沿海水系等重点涝区，《规划》称，到2015年，在这些区域建设排涝泵站26座，排涝流量613.17立方米/秒，受益面积66.9平方公里。

（4）试点建议

第一，试点地区建议。按历年来洪灾发生的次数、损失程度等划分，深圳市可划分为如下几个区域：中南部的罗湖、福田、南山、盐田4区和布吉镇为洪灾多发区；东北部横岗、龙岗、坪山、坪地、坑梓等镇为洪灾易发区；西北部沙井、松岗、公明、光明、西乡、福永、石岩、观澜、龙华、平湖等镇和东南部的南澳、葵涌、大鹏等镇为洪灾少发区。重灾区中，罗湖区地处深圳中部，面积78.36平方公里，辖区内有全国最大的内陆口岸，每年从罗湖口岸出入境的人数超过1亿人次。罗湖火车站每天都有超过100次列车进出，每天有近10万人到罗湖旅游和洽谈业务。罗湖区已经形成了以服务业立区的经济结构，第三产业占GDP比重达到88%，金融、商贸、黄金珠宝和文化创意成为四大支柱产业，《深圳市2030城市发展战略》将罗湖定位为城市核心区。因此，建议在罗湖区进行试点。

第二，深圳气象站分布广泛，数据齐全，技术条件充足。2012年全年完成《气象灾害应急预警工程》项目投资计划6582.82万元，完成了高性能计算机房工程及通信网络系统布线安装工程、机房改造工程、人工影响天气基地等建安工程项目建设；完成了风廓线仪、自动探空、暴雨雨洪、闪电定位、海洋气象、交通气象、通信网络、气象雷达标准站、自动气象站显示系统、高性能计算机设备及安装搬迁工程、气象科普教育、资料采集和资料控制子系统等软硬件工程项目建设。高性能计算机项目于2012年4月通过专家组验收，基础建设全部完成，计算机集群理论峰值为34万亿/次，Linpack测试峰值27.5万亿/次，存储容量达120TB，高性能计算集群的170个计算节点（其中包括备用的科研使用节点）至2012年末已使用80个节点。建成新一代闪电定位系统，实现深圳与粤港地区的闪电监测资料共享。新建西涌对流层风廓线仪、细丫岛海洋气象观测基地和30套道路气象环境监测站，并在全市4个功能新区和前海合作区增设了7个监测站点，截止2012年底，全市自动气象站总数增至161个，基本实现每个街道都有气象观测覆盖，空间分辨率达3.5公里，时间密度达到1分钟，在全国副省级城市居领先地位。梯度观测塔相关设备、人工影响天气基地相关设备、移动监测、信息共享、公众服务、专业服务、雷电灾害防御、综合预报子系统、短时临近预报预警子系统、应急气象保障子系统、气象候变化影响预测与适应对策分析系统等软硬件项目在按期建设中。

第三，政策支持与人民意识提高。由于洪涝灾害保险风险大、需要资金雄厚，因此若无政府的政策资金支持，很难开展和维持下去。因此，政府应该出面为洪涝指数保险的设立提供保障和支持。另外，人民认识并购买洪涝指数保险的意识要进一步提高，应加强教育建设，提升市民的认识。

2. 浙江省台风灾害指数保险试点

浙江是中国受台风灾害影响最严重的省份之一，尤其是浙江中部和南部，频受强台风侵袭。浙江省经济发展水平较高，农业发达，台风对当地经济造成的损失是巨大的。因此，试从浙江省台州市的葡萄种植业面临的台风灾害风险和经济损失情况等方面，分析在当地发展指数保险的可行性，并提出一些建议。

（1）风险概况

台州市地处浙江省中部沿海，历来是台风高发之地。境内三面环山，东临大海，喇叭形超浅海河口港湾的特殊地形地貌，使这里成为浙江台风、暴雨、风暴潮最强烈区域之一。根据《中国气象年鉴》等气象资料，1986～2012年，在浙江登陆的台风共22次，其中有8次是在台州登陆，平均3.3年登陆一次，占同期登陆浙江省台风总次数的三成以上。2013年，“菲特”号台风在福建省登陆，给相距300km的台州也造成了严重的损失，台州市防汛部门统计数据显示，截止10月7日18时，台风“菲特”致全市165.3999万人受灾，直接经济损失13.645亿元；据市农业部门统计，受到台风“菲特”影响，全市农作物受灾面积64.755千公顷，其中粮食作物45.657千公顷，农作物绝收面积3.4513千公顷，水产养殖损失4.56千公顷①。

（2）风险管理概况

台州市从2006年开始启动了政策性农业保险试点工作，2006～2011年农险共收取保费5007万元，为9.8万户次农户提供25.6亿元风险保障。但目前稳定承保的险种为能繁母猪、小麦、水稻、公益林、林木火灾、瓜果蔬菜大棚、生猪、鸡等。葡萄种植是台州市的特色农业之一，葡萄种植保险从2013年6月开始开办，以天台县为例，县级财政对参加葡萄种植保险的农户给予80%的保费补贴，但参保农户数量非常有限，保险公司开办这一险种的一个月内，天台县参加葡萄保险的农户只有六七户，全县3000亩左右的葡萄园只有200多亩参保，参保人数和参保面积占不到总数的一成②。据调查，农户参保率低的原因一方面是由于保额与种植成本差距过大，另一方面是由于核保和定损人员对台风造成的葡萄损失无法准确估计，定损时间拖得比较长，“半个月后葡萄基本上烂掉了”，因此无法准确核定损失额度。

由此可见，传统农业保险存在成本较高、勘查定损困难等问题，在现阶段无法有效满足农户的需求。而指数保险无需到每一户进行定灾核损，理赔简便，成本较低，在有县级财政支持的条件下，适合在当地的葡萄种植业中推行。

（3）试点建议

第一，产品设计。台风对葡萄的危害主要是由狂风（8级以上）和暴雨造成，并且两者相

① http：//paper. taizhou. com. cn/tzsb/html/2013－10/08/content_ 501845. htm。

② http：//www. 576tv. com/Program/198289. html。

互叠加并引发更大的灾害，不仅会危害葡萄树当年的生长发育和葡萄的产量、产值，而且还会影响下一年的花芽分化①，因此可以选择风速和降水强度指标作为触发赔付的标准。指数应当简单直观，容易理解。只有得到投保农户的理解及认同，指数保险才能获得生存空间。从保险人角度来讲，指数应该能充分合理地反映损失程度与指数大小之间的关系，符合当地台风灾害的发生和损失规律。

在赔付方案方面，为减小基差风险，同时降低保险公司成本，可以采用固定赔付和比率赔付结合的方式：当风速和降水强度在某个区间内，赔付额为一固定值，该区间内的事件引起的损失相对较小；当指标的值超过固定赔付的区间时，设定赔偿限额，然后按比例进行赔付。

根据尹宜舟等（2012）对福建连江县台风灾害指数保险技术方法的研究，将台风按照最大日最大风速（MMW）和最大日降水量（MP）分为三个等级，分别就三类台风建立相应的灾害气象指数保险。通过分析事件出现的概率特征，然后将概率较大且影响相对较小的事件归入固定赔付方案，且要确保之后纳入比率赔付的事件出现概率呈单调减少分布。在设计台州市葡萄种植台风指数保险时，也可以参考类似的研究，结合台州市当地的历史台风风力和降水资料，制定适合当地情况的参数和理赔标准。

第二，气象与损失数据收集。首先，气象与损失数据应当有足够的时间长度，在建模时才能起到比较好的效果。由于台风的发生在一个年度内频率并不高，且季节性很强，每个年度的数据量一般比较少，因此需要通过拉长时间长度来搜集数据。其次，数据的真实性和合理性也需要加以检验，以精确确定灾因和损失之间的关系。如果数据不真实或不合理，很容易扩大基差风险，甚至造成定价的较大偏差。从提供数据的第三方来讲，指数涉及的气象数据应该透明、易采集，这不但有助于在灾后及时计算发布指数结果，充分发挥指数保险赔付快捷的优势，同时还有利于节约在气象数据采集方面的成本，控制运营压力。

另外，虽然目前浙江省的气象监测站点覆盖率已经比较高，数据收集系统较为完善，但如果在一些地区有气象站点资源不足或数据缺乏的情况，政府可以进行公共产品投资，改善监测系统和数据收集。

第三，增进农户认知与促进销售。从目前台州市农户对政策性农业保险的态度来看，他们对农业保险的接受程度是比较高的，在当地推出葡萄保险之前就提到“希望葡萄种植也有险可

① 杨治元：“台风对浙江沿海地区葡萄危害的调查与减灾措施”，载于《中外葡萄与葡萄酒》，2013 年第 2 期。

保”①。如果推出指数保险这种新产品，首要的是让农户了解指数保险与传统保险的区别，特别是在灾害发生时不是按实际发生的个别损失赔付，而是按照预设参数进行赔付这一点，让农户从认知上接受指数保险。

为了成功地推广指数保险，保险公司在营销方面也需要多做努力，通过创新产品销售的方式，来吸引客户。如果是采取团体保险形式投保的指数保险产品，由于投保单位是村委会，因此可以先对村干部进行推广和教育。即使是采取个体投保的方式，也可以通过村干部对农户进行解释说明和推广，使农户对指数保险、保险公司有信任。

参考文献

[1] Patt, A. G., Peterson, N., Carter, M., Velez, M., Hess, U., Suarez, P., Making index insurance attractive to farmers. Mitigation and AdaptationStrategies for Global Change, 2009, (14): 737 ~ 753.

[2] Giné, X., and Yang, D., Insurance, Credit, and Technology Adoption: Field Experimental Evidence from Malawi. Journal of Development Economics, 2009, (89): 1 ~ 11.

[3] Hans P. Binswanger-Mkhize, Is There Too Much Hype About Index-based Insurance?

[4] 储小俊，曹杰．天气指数保险研究述评．经济问题探索，2012（12）

[5] 聂峰．探索我国农业自然灾害保险救助的新模式．农业经济，2008（5）

[6] 李秀香．尽快建立农业气候指数保险制度．探索与争鸣，2013（12）

[7] 周宝砚．当前我国自然灾害救助体系存在的主要问题及对策分析．中国公共安全（学术版），2011（3）

[8] 钟石鸣．深圳城市防洪对策研究．绿色科技，2010（5）

[9] 刘东华，杨琳，钟保彝．深圳市洪涝统计方法探讨．广东气象，2007（1）

[10] 辛吉武，许向春．我国的主要气象灾害及防御对策．灾害学，2007（9）

[11] 杨治元．台风对浙江沿海地区葡萄危害的调查与减灾措施．栽培技术，2013（2）

[12] 朱俊生．中国天气指数保险试点的运行及其评估——以安徽省水稻干旱为例．保险研究，2011（3）

[13] 程静，陶建平．干旱指数保险支付意愿研究——基于湖北省孝感市的实证分析．技术经济与管理研究，2011（8）

[14] 谢玉梅，高娇．国外指数保险研究文献评述．商业研究，2013（4）

[15] 孔荣，袁亚林．西部农户天气保险购买意愿影响因素的实证研究．财贸经济，2010（10）

[16] 庹国柱．在深化改革中稳步推进农业保险．中国保险报，2013 - 3 - 4

[17] 林俊，傅宝丽．浅谈天气指数保险产品的开发．中再集团官网（http://www.cpcr.com.cn/zbxfw/zbxjs/201403/t20140314_29579.shtml）

[18] 王宪钊．中国气象观测网．中国百科网（http://www.chinabaike.com/article/baike/1002/2008/20080521150338l.html）

[19] 邓国云．南丰被列为全省蜜桔保险试点县．中国抚州网（http://www.jxfz.gov.cn/xxgk/gzdt/xqbmdt/xqdt/200906/t20090615_565490.htm）

[20] 江西保监局魏竹勇副局长到人保财险南丰支公司调研气象蜜桔指数保险．江西保险网（http://www.jxsbxw.com.cn/system/2013/07/02/012495296.shtml）

[21] 李晓翾，张利．谈我国农业保险市场与保险产品创新．中保网（http://www.sinoins.com/news/101215/81257.html）

[22] 地震台网建设与发展．中国地震台网（http://news.ceic.ac.cn/develop.html）

① http://www.farmer.com.cn/xwpd/jjsn/201208/t20120821_741248.htm。

[23] 陈晓峰．天气指数保险在发展中国家的实践概况．中保网（http：//money. sohu. com/20100511/n272049076. shtml）
[24] 李健．人保财险江西省分公司开发的南丰蜜桔低温冻害气象指数保险获评第七届中国保险创新大奖．今视网（http：//news. jxgdw. com/jxsz/1981783. html）
[25] 台风“菲特”致我市逾 165 万人受灾．中国台州网（http：//paper. taizhou. com. cn/tzsb/html/2013 - 10/08/content_501845. htm）
[26] 张丹萍．记者调查：天台惠农特色农业保险为何遇冷．台州网络电视台（http：//www. 576tv. com/Program/198289. html）
[27] 张丹萍．记者调查：天台惠农特色农业保险为何遇冷．台州网络电视台（http：//www. 576tv. com/Program/198289. html）
[28] 中国气象局．香蕉、荔枝寒害等级 . 2007
[29] 国家海洋局中国海洋灾害公报（2009 ~ 2013）
[30] PICC. 道 . 2012 - 12，总第八期
[31] 2012 卷深圳年鉴

| 第五章 |

指数保险与金融市场发展研究报告

◎**熊志国**（中国保险监督管理委员会政策研究室）

◎**徐志峰**（中国保险监督管理委员会政策研究室）

现代社会同时面临自然灾害风险和社会风险的挑战。我国是遭受地震灾害最为深重的国家之一，20 世纪我国发生的破坏性地震占全球的 1/3，死亡人数占全球的 1/2，高达 60 万人。我国有 22 个省会城市和 2/3 的百万以上人口大城市位于地震带。与此同时，我国台风、暴雨和洪水灾害频发，规模大，每年造成巨大的经济损失。同时，我国还处于社会发展转型的过程中，面临着许多深层次的矛盾，社会风险复杂。这些都迫切需要保险提供风险管理和社会管理的功能。

然而，传统保险产品在为社会提供保险保障的过程中，面临一些困难。例如：赔付标准复杂，不够科学、客观、清晰，难以控制道德风险和逆选择，容易引起争议纠纷，保险人与被保险人或受益人为达成一致，定损理赔成本较高，周期较长，不利于灾后重建，也难以在资本市场转移风险。

相对而言，指数保险由于具有科学、客观、清晰的赔付标准，能够很好控制道德风险和逆选择，定损理赔成本较低、更为便捷，有利于灾后重建。因此，指数保险近年来得到了快速发展，丰富了保险产品品种和保险保障的范围，增强了保险业承保能力，有力推动了保险在巨灾、农险、民生等领域的发展。

更为重要的是，指数保险是保险市场和资本市场之间的纽带，实现两类风险之间的交换，对保险市场和资本市场合作共赢具有非常重要的意义。指数保险的发展壮大离不开金融市场，通过指数保险，保险市场与资本市场相互作用、相互推动，实现了共同发展。一方面，对保险市场而言，指数保险可以方便地通过资本市场进一步转移和分散风险，进一步增强保险市场的承保能力；另一方面，基于指数保险的金融衍生产品如巨灾债券、巨灾期货、巨灾期权和巨灾互换、或有资本票据、巨灾权益卖权、行业损失担保、侧挂车等，丰富了资本市场的产品体系，为投资者提供了更多选择，帮助投资者对冲资本市场的风险。

一、指数保险

指数是指度量自然或社会经济现象总体数量变动的相对数，是用来度量某一现象在不同时间、不同空间、不同总体等相对变动情况的统计指标。

指数在金融业使用广泛，在保险和再保险业中应用也日渐增多，可以提供信息，还可以作为用于转移风险的金融产品和合约中的一项参数。保险和再保险业通常所使用的指数连接保险是将赔款与跟踪保险损失变化情况的某指数相连接，或者将赔款与某些结果（例如某地区的地震强度）相连接。

指数首次被引入保险业，是用于将自然巨灾风险转移到资本市场。不过，指数随后也被用于将与天气有关的风险以及近来开始的将死亡率和长寿风险转移到资本市场。主要指数类型包括自然灾害指数（气象、巨灾等风险指数）、行业损失指数、长寿/死亡率指数等。

（一）指数保险的定义

指数保险是基于某一特定事件的物理参数（或参数组合）而触发赔付的保险产品，降雨量和气温等气象指数以及（地震）烈度和震中位置、台风风速和风眼位置等自然巨灾事件物理参数通常被作为触发参数。

传统的保险一般是基于赔偿性质的，损失需要评估。而指数保险的赔付则是基于在指定地点发生的自然巨灾预定指数，其赔付触发机制和依据标准是基于在特定地理范围内、事先定义的自然灾害事件的规模和严重程度（见表5－1）。

（二）指数保险的分类

1. 按照衡量标准分类

按照衡量标准，可以分为气象指数保险、巨灾指数保险、产量指数保险、价格指数保险等。

气象指数保险也称为天气指数保险，根据保险合同约定的某一个反映一段时期内天气状况的综合指数来决定是否起赔，即该保险产品的赔付标准基于与农业生产密切相关的天气指数（如降雨量、气温、风速等一个或多个气象要素），本质上属于金融风险转移衍生品工具。例

表 5-1　　指数保险与传统保险对比

	传统保险	指数保险
触发机制	有形资产的损失或损坏	事故的关联参数超过参数阈值
补偿	对实际损失的补偿	基于事故参数或指数值，按照事先约定的方案赔偿
基差风险	承保条件、免赔额和除外责任	事先约定的指数和方案与实际风险之间的关联程度
定损与理赔	几个月甚至更长，视事故的复杂程度而不等	程序高度透明，4 周之内完成赔付
保障期间	通常为一年，安排多年期保单较为困难	一年或多年（最高 5 年）
方案	标准化的产品与合同	个性化方案，具有可高度的灵活性（单一触发机制或多重触发机制）
形式	保险合同	保险合同或金融衍生品（如巨灾债券）

如，针对降水指数保险，当发生保单中约定的降水过程时，一段时期内测量获得的总降水量超过触发点，即给予投保人保险赔付。

巨灾指数保险是根据某一自然巨灾事件物理参数（如地震震级）作为触发参数进行赔付的保险产品。例如，地震指数保险采用一次地震事件中的物理参数（地震震级、深度、烈度等）以确定支付给投保人的保险金。若农房保险依据地震震级作为触发条件（震级 7 级），当震级达到 7 级或以上时，对农户农房给予合同约定的赔付。

区域产量指数保险是根据某一地理区域平均产量作为赔付触发基础的保险产品，这种地理区域一般具有一些共同的气候特征。例如，小麦区域产量指数保险以一个区县历史小麦平均亩产量的一定比例作为该区县内农户统一的保险产量，小麦收割后逐家逐户地进行实际亩产量报产。保单持有者的农作物发生灾害损失时，只有在全县平均产量低于保险产量时，投保农户才能得到保险赔款。

价格指数保险是指为应对市场价格波动引起的损失而以某种商品或产品的市场价格水平为赔付触发标准的指数类保险产品。例如，蔬菜价格指数保险以某一地区当地物价部门认定的价格水平或政府机构认定的大型批发市场的蔬菜批发价格作为蔬菜价格指数保险理赔参数，凭借理赔参数以确定支付给投保人的保险金。当保险蔬菜在保险期限内的平均蔬菜批发价格低于保险价格时，视为保险事故发生，保险公司负责进行赔偿。

2. 按照风险类型分类

按照风险类型，可以分为财产/意外风险指数保险、长寿指数保险、财务回报指数保险。

财产/意外风险指数保险是以某一或多个财产/意外风险指数为触发条件而进行赔付的保险

产品。例如，飓风灾害指数保险以飓风灾害发生达到合同预定的赔付触发条件而履行赔付的保险产品。当飓风风力达到预定的 12 级时，保险公司负责赔偿。

长寿指数保险是以某一或多个长寿/死亡率指数为触发条件而进行赔付的保险产品，其旨在对冲面临重大长寿风险的养老基金或年金保险公司等机构规避此类风险的影响。例如，寿险公司以最初参照人群为某特定地理区域的 65 岁男性的十年生存者做掉期，它会根据在掉期起保时 65 岁而每年活到 66 岁、67 岁，直至 75 岁的人数进行保险赔付。

财务回报指数保险是以衡量某一资产类别的绩效的财务回报指数为依据进行赔付的保险产品。例如，以瑞士再保险巨灾债券指数（SRCBI）为例，其就是衡量已发行巨灾债券的财务回报。

（三）指数保险的特点

与传统的保险相比较，指数保险具有以下七个方面特点。

1. 具有高度风险聚焦性

对于传统的保险产品而言，可保的前提是被保物的风险单元是不相关的，这样才能应用大数法则来计算保费和赔偿金。但现实中如农业生产风险不完全是空间独立的，而是具有一定的空间关联性。相邻地区通常会遭遇相同的气象灾害，尤其是在发生大面积的天灾时，农业损失很难在空间尺度上得到分散，这就增加了保险公司赔付的差异性，加重了保险公司经营的风险。而对于指数保险而言，可保的前提恰恰是风险要具有空间相关性，若利用相邻地区的农作物对天气变化响应的相近性，就可以在时间尺度上有效地分散农业风险。例如，旱灾的损失空间往往非常大，传统农业险通常都不包含旱灾保险，但是天气指数保险完全可以为旱灾承保。

2. 道德风险和逆向选择问题易于控制

在指数保险中，由于补偿并不取决于保险标的的实际损失，被保险人在风险管理和减灾方面的积极性得到了保护，减少了道德风险的发生。另一方面，较高风险区域的被保险人由自己负担额外的风险损失责任，因而减少了逆向选择的发生。另外，指数保险所应用的气象信息等相关触发条件数据是公共信息，保险人和投保人无法因为信息不对称而获益，逆选择和道德风险问题受到了抑制。

3. 产品设计标准、透明且较为灵活

指数保险通常使用简单和标准的保单格式，一般不用进行调整以适应每个投保人的需要，进而降低了管理成本。同时，由于保单设计相对简单，指数保险也更容易被保险知识匮乏的被保险人所接受。保单标准化的另一个好处是便于在二级市场进行交易，有利于保险公司将系统性巨灾风险分散至资本市场或国际金融市场。

4. 依据客观数据和科学方法，更具科学合理性

一方面，由于指数保险的费率厘定和风险区域规划以客观数据和科学方法为基础，因而保险产品更具有合理性。另一方面，由于合同结算使用的是独立于保险公司和投保人的第三方提供的数据，该数据的权威性不受合约持有者的影响，这保证了合约履行的科学性。

5. 赔付触发机制标准化，理赔便捷

在传统保险中，承保人不得不确定是否每个投保人都遭受了损失，不得不进行损失调整，因而导致理赔速度缓慢。而指数保险的赔付不需要估计单个投保人的实际损失，只需从合约约定触发条件发布机构读取客观数据，即可依据标准化的赔付触发机制实现理赔，从而简化赔付过程，实现快速理赔。

6. 指数保险可以通过证券化转移保险市场风险

指数保险合约的流通性有助于分散风险。指数保险产品是根据气象水文数据或极端灾害发生频率等可观测到的客观数据设计的，作为一种与特定事件高度相关但又不依赖实际损失评估的金融产品，指数变化客观和透明，投资者比较容易了解产品。因此，把以某个特定自然事件发生投保的资产进行证券化能够吸引外部投资者的关注，并推动二级市场如巨灾债券或期权和期货等衍生产品交易。对于保险公司而言，一方面能够通过金融市场募集更为廉价的灾害基金，另一方面指数保险比传统保险规避和分散风险的能力更强。

7. 指数保险自身存在基差风险

尽管与传统保险相比，指数保险有着诸多优势，但是也存在着自身的不足，其中最重要的就是基差风险。基差风险是指保险公司的赔付可能和投保人的实际损失不相一致。这样就有可能会出现这样一种状况，有的投保人没有受灾，也会得到赔偿，有的受灾很严重，但得到的赔偿不足以弥补其灾害损失。

二、指数保险与金融市场的关系

近年来，随着国际金融市场一体化的大趋势，保险市场与资本市场的交融越来越强烈，加之全球巨灾风险与巨灾赔付损失形势的日趋严重，越来越多的保险公司和再保险公司开始尝试利用资本市场的力量来解决传统的保险风险管理问题。

（一）指数保险与资本市场

一般来说，将保险风险转移给资本市场可以通过多种方式，传统的方法是投资于保险业的股票和债券。持有保险股的投资者承担了该公司股本有可能被彻底消除的风险。债券持有者也承担风险，但程度较低，因为如果发行债券的保险公司资不抵债，债券持有者就有可能丧失债券利息甚至债券本金。当前，资本市场最新的发展趋势是通过证券化和衍生金融工具将特定的保险风险更为直接地转移给投资者。

1. 保险证券化原理

通常，由巨灾事件引起的社会经济损失巨大。面对巨灾损失，传统保险市场的资金能力是有限的，因而保险市场往往利用资本市场为巨灾保险筹集资金，即保险证券化。

保险证券化是利用保险资产证券化技术，通过构造和发行保险连接型证券，使得保险市场上的风险得以分割和标准化，将保险风险转移到资本市场上。它与传统的再保险的区别就是，再保险是把风险转移给再保险人，而保险风险证券化则是把风险转移到了风险承受力更强的资本市场上。

保险连接证券是保险期货、期权和债券等一系列保险衍生工具的总称。通过保险连接证券的创新和发行，可以将保险市场上的承保风险向资本市场转移，实现保险市场与资本市场的融合，藉以缓解保险市场的承保压力，弥补其承保能力的不足。保险连接证券的相关概念最早是由美国学者 Robert Goshay 和 Richard Sandor 在 1973 年提出的。他们在发表的《构建再保险期货市场的可行性研究》一文中，探讨了保险市场与资本市场的结合问题，提出了通过构建“再保险期货”市场将再保险风险转移至资本市场的设想。随后，Hoyt、Williams、Cox、Schwebach 等人进一步开展了相关研究，但由于条件不成熟，这些设想一直未能在实践上付诸实施。1990 年 5 月，美国芝加哥期货交易所（CBOT）率先研发出有关保险的期货契约，并于 1992 年正式推出巨灾保险期货产品，从而开创了发行保险连接证券的先河。

2. 保险证券化产生原因分析

关于保险连接证券产生的原因，一般认为可归结为保险业承保能力不足和市场投资愿望强烈两个方面。但纵观其发展过程，可以概括为以下三点。

第一，巨灾损失导致的承保能力不足是直接诱因。保险连接证券是在巨灾损失的直接促动下产生的。由于人口、财富的增长及灾害多发区密度的增加，1970 年以来世界巨灾事故发生的频率呈上升趋势，如损失上十亿美元（通胀指数计算在内）的自然灾害，从 20 世纪 70 年代的 7 起增加到 80 年代的 9 起，到 90 年代则高达 32 起。这导致全球主要保险和再保险公司因承保巨灾风险而造成的损失大幅攀升，但拉开保险连接证券发展序幕的则是 Transfer。在 1987 年以前，保险业从未有任何年份对巨灾损失的赔款额超过 50 亿美元，但从 1987 年起，年赔款金额平均为 150 亿美元。与此同时，单次巨灾造成的损失也不断增加，如 1992 年发生在美国东南部的 Andrew 飓风造成的承保损失高达 164 亿美元，致使至少 10 家保险公司破产。巨灾损失的飙升使保险和再保险公司的承保能力迅速下降，进而引起保险价格的上涨。这意味着传统的保险、再保险机制已无法承受巨灾风险造成的沉重压力，保险机构不得不努力去寻找再保险的替代资源，开发新的保险衍生工具，以把承保风险分散到传统体系之外去。

第二，先期金融创新活动奠定了技术基础。保险证券化并非一个孤立的过程，而是一般证券化演化过程中的一个步骤，是资产证券化在保险领域的自然延伸。保险连接证券包含两个要素：一是将保险业的现金流转换成可交易的金融有价证券；二是通过这些金融有价证券的买卖，把保险风险向资本市场转移，这是典型的通过金融工具的买卖来实现风险转移的做法。保险连接证券的产生与发展，离不开先期金融创新所形成的技术积累。自 20 世纪 70 年代以来，金融创新活动一直很活跃，金融衍生工具的交易呈爆炸式增长，尤其是资产证券化技术发展迅速，并广泛应用于按揭债权和非按揭债权资产。这些金融创新活动，为保险连接证券的产生奠定了良好的技术基础。

第三，资本市场的发展和完善提供了风险载体。资本市场规模庞大，一次巨灾造成的损失占全球总市值的比例一般不超过 0.5%，这使得资本市场成为承接巨灾风险的天然载体。同时，巨灾证券交易能给投资者带来好处。为了补偿投资者面临的较低的债券流动性、模型风险（预期损失高于估计值）以及该种证券的非传统性质等风险，巨灾风险债券都具有很高的收益率；其利率与处于类似级别的非常见票据接近，通常高于同等信用级别的公司债券和传统的资产担保票据（如抵押担保证券、信用卡应收款项）。而且，保险连接证券收益与股票和债券收益的相关系数几乎为零，因此有助于降低投资组合的风险。由于保险连接证券既提供了具有吸引力的回报，又降低了投资组合的总风险，因此得到了投资者和资本市场的认可。

3. 证券化金融工具

风险管理是金融业与保险业所面临的一个永恒主题。在风险管理创新发展过程中涌现了众多创新型的金融工具。目前，国际资本市场上常见的保险连结证券产品包括巨灾债券、巨灾期货、巨灾期权、巨灾互换、行业损失担保、侧挂车等，它们都是通过金融工具来使保险风险转移到资本市场的典型代表，其中巨灾债券的市场份额最大。

（1）巨灾债券

巨灾债券是把利息与本金偿还与巨灾事件发生与否相关联的一种债券。由于巨灾债券的高风险性质，它属于一种高收益债券，通常需要通过特殊目的机构（SPV）发行。当指定的巨灾事件发生且达到约定的触发条件时，巨灾债券投资者的利息甚至本金都可能会丧失，由受益人（通常是保险公司或再保险公司）用于支付赔款。

巨灾债券在交易过程中的运行机制具体为：首先，由保险公司或再保险公司设立一家特殊目的机构（Special Purpose Vehicle，SPV）；然后由该特殊目的机构向投资者发行巨灾债券，并与分保公司签订再保险合同为其提供保障。如果在约定的期限内没有发生约定的巨灾，保险人将会按照约定支付债券投资者利息并返还本金；如果发生了约定的巨灾，达到了触发条件（trigger conditions），投资者将会损失利息，甚至本金。

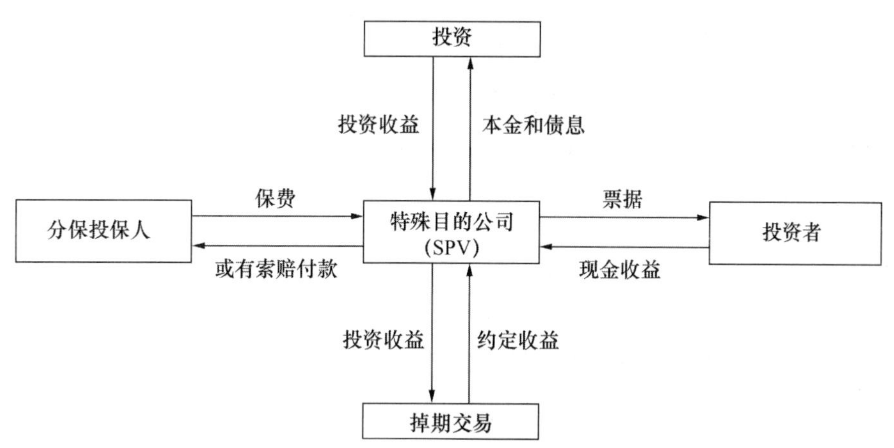

图 5.1　巨灾债券运行机制流程图

以巨灾债券形式分散巨灾风险，具有诸多优势。一是对比较少见的重大巨灾损失，常规保险和再保险不具备足够偿付能力以赔付其全部损失，或者只能赔付其很小的一部分损失，这就需要通过发行巨灾债券获得资金来进行赔付。二是相比再保险和分保而言，通过巨灾债券可以获取额外偿付能力，因为有 SPV 的抵押担保（即信托账户资金）而规避了这种风险。三是从巨灾债券受益人公司角度来看，通过多年期支付即逐年付款而非一次性付款来获得资金，可以减轻发行人的负担。四是从投资者角度讲，巨灾债券主要受自然因素影响，而受社会、经济、政治、信用风险等因素影响小，这种特点使巨灾债券成为一种可以对冲其他投资风险的投资产品。这对于希望通过业务组合分散风险的投资者来讲，是极具吸引力的。五是从分散风险的角度而言，投资者更青睐国外巨灾债券。这是因为，如果巨灾债券（比如地震巨灾债券）和其他投资资产（比如房地产、股票、基金等）都在同一国家或地区，则风险相关程度较高。当破坏性地震在此国家或地区发生时，很可能同时对此投资者的所有投资资产（包括巨灾债券）造成不利影响。因此，投资者通常更倾向于投资国外巨灾债券。

但同时，巨灾债券也有显而易见的劣势。一是交易成本较高。相对于传统再保险，巨灾债券的交易成本要高得多，包括法律服务开支、建立特殊目的机构的开支、成立融资实体的开支、评级机构服务费、巨灾模型公司服务费、审查机构服务费等。二是可能影响股价。债券交易的细节容易造成相关信息的公布，而可能影响风险承担公司股价的下跌。三是交易关系仅及于合同期间。不像传统再保险分出与分入公司间的良好长久关系，巨灾债券所有的交易在期间终结，亦同时终止买卖双方间的关系，并无后续关系往来。四是投资者可能对巨灾风险不熟悉。并非所有的机构投资者都熟悉巨灾风险的合理价格，亦不了解财产保险损失赔款的计算，因此无法全面普及于资本市场的投资者。

（2）交易所交易衍生品

巨灾期货、巨灾期权和巨灾互换都属于基于巨灾风险的金融衍生产品，在特征上与普通的金融衍生产品相似，不同点是涉及的基础资产为巨灾风险损失。巨灾期货和巨灾期权的设计有些是基于行业的巨灾损失数据，有些则是基于某些特定的损失指数。

巨灾期货是以未来某个时点的巨灾风险指数为标的的期货合约。当预期巨灾损失率上升时，巨灾期货的价格随之上升；反之下降。1992 年，芝加哥交易所推出了最早的巨灾保险期货，采用美国保险服务办公室（ISO）提供的资料来计算巨灾期货交易指数。但由于设计上的缺陷，它于 1995 年被 CBOT 推出的 PCS 指数巨灾期权替代，而 1999 年 PCS 指数期权合约由于交易量过低退出了市场。目前市场上的巨灾期货主要在纽约商品交易所（NYMEX）、芝加哥商品交易所（CME）和芝加哥气候交易所（CCFE）交易。其中纽约商品交易所和芝加哥气候交易所交易的巨灾期货以行业损失为标的，操作机制与行业损失担保相似。芝加哥商品交易所交易的巨灾期货标的为再保险经纪公司 CARVILL 开发的飓风指数。

巨灾期权是以巨灾损失指数为标的物的期权合同。保险公司通过在期权市场上缴纳巨灾期权费购买巨灾期权合同，购买在未来一段时间内的一种价格选择权，即保险公司可以选择按市场价格进行交易，或按期权合同约定的执行价格进行交易。当巨灾发生且巨灾损失指数满足触发条件时，巨灾期权购买者可以选择行使该期权获得收益，以弥补所遭受的巨灾损失。

巨灾互换（Catastrophe Swaps）属于巨灾风险衍生工具的范畴，是巨灾风险证券化的产物。

巨灾互换与金融互换极为类似，是保险版本的金融互换。两者都保留了互换合约中利益分享、互惠对等的精神，都承诺在一定时间内交换一系列付款。但巨灾互换与金融互换最根本的区别在于，其现金支付并不像金融互换那样是必然的，而是取决于巨灾触发条件的满足与否。如果巨灾没有发生，或者巨灾发生但触发条件不满足，则互换双方之间就不会有实际的现金流发生。

（3）或有资本票据

或有资本票据（Contingent Surplus Notes，CSNs）一般是指保险公司与金融中介机构签订的，用于购买可以在特定时期向特定投资者发行资本票据权利的合同。保险公司向投资银行或其他金融中介支付一定权利金，并约定一旦合同规定的巨灾事件发生，保险公司有权向金融中介机构发行资本票据以募集资金，来支付其巨灾风险赔款。当合同规定的巨灾没有发生时，购买票据的投资者可以获得来自保险公司的高于资本市场一般债券的平均利息，以补偿其承担的额外巨灾风险。

或有资本票据的优势主要有三个方面。一是能为公司带来现金，增加公司资本，确保其有足够的偿付能力来应对突发的巨灾。二是或有资本票据的灵活性使保险公司能够便利地根据自己需要，对或有资本票据进行调整。三是资本被事先投入到信托机构所持有的安全证券中，信用风险极低。

或有资本票据的劣势主要有：或有资本票据的发行需要得到行业相关部门的批准，手续烦琐；支付给金融中介机构的费用使得其交易成本较高；由于信息不对称，购买或有资产票据的投资者不能轻易地将其转售给其他拥有更少相关信息的投资者，故其流动性较低。

（4）巨灾权益卖权

巨灾权益卖权（Catastrophe Equity Puts，CatEPut）是一种以保险公司股票为交易标的的期权，用以规避保险公司因支付大量的巨灾赔偿而引起公司股票价值下降的风险。保险公司向金融中介机构支付期权费，购买当巨灾保险损失超过一定数额时向投资者行使卖权的权利。此时保险公司按照预定价格将公司股份出售给投资者，并将所筹集的资金用于支付巨灾赔款。

巨灾权益卖权相当于一份看跌期权合同，其原理在于保险公司的股价可能会因为巨灾带来的巨大损失而下跌，从而影响公司经营和盈利水平。为了减少这种不利影响，保险公司购买巨灾权益卖权，并在其股价下跌至执行价格以下时执行该期权，以约定价格将公司股份卖给投资者，达到套期保值的目的。通常情况下，保险公司通过金融中介机构安排交易，要求投资者缴纳保证金并储存在中介机构中。若巨灾发生而投资人不履行卖权，则由保险公司没收其保证金以确保投资人履行义务。但若投资者信用情况良好，则可直接由期权买卖双方商定合同而不需要中介机构介入。

巨灾权益卖权的优点包括：一是与巨灾债券和或有资本票据相比，巨灾权益卖权的优点在于其在资产负债表上并不增加公司额外的负债，有利于提升信用评级机构对保险公司的满意度，为其争取更多的商誉价值。二是保险公司可以在巨灾事件发生之后通过以既定价格出让股票来支撑其资产负债表，可降低巨灾损失后的融资成本，确保公司的可持续性运营。三是巨灾权益卖权的灵活性较高，执行巨灾期权卖权的期间短，速度快。

巨灾权益卖权的缺点主要是：一是购买巨灾权益卖权可能会使保险人放松对巨灾发生前的积极防范，从而带来道德风险问题。二是与巨灾债券不同，权益卖权缺乏市场价格的披露机制，并不为一般投资人所熟知，这就使巨灾权益卖权缺乏足够的市场流动性，阻碍了买卖双方的交易。三是巨灾权益卖权通过发行新股筹资，会增加公司流通在外的股数，导致公司股权的稀释。

（5）行业损失担保

行业损失担保是一种对保险公司损失提供保障的再保险协议。触发条件有两个：一是购买（再）保险公司的实际损失；二是整个保险行业的实际损失。它只有这两个实际损失都超过约定水准时，担保机制才会启动。与行业损失标准相比，实际损失标准一般设定得非常低，以至于一旦行业损失被触发，实际损失条件肯定会被触发。因此，行业损失担保的定价主要取决于巨灾给整个行业带来的实际损失额度和频率。

巨灾发生前，购买者（保险公司或再保险公司）为寻求保障，向出售者，即风险承担方（通常为对冲基金）签订协议，支付一定的保费，以获得行业损失担保所约定的权益。如果有效期间内巨灾发生且该担保的两个触发条件均被满足时，购买者可获得约定的索赔。如果有效期间内没有发生巨灾或者巨灾发生但不满足两个触发条件，则出售者获得保费收益，而没有任何赔付。另一方面，如果发生满足触发条件的巨灾，购买者可向出售者行使合约权利，并获得赔付。

行业损失担保的优点是：一是由于触发事件取决于整个行业的损失分布而非某个特定公司，由此降低了定价的不确定性。二是信息不对称的现象得到减少。巨灾发生后，保险人可以通过公开的 PCS 报告和公司实际损失作为证据，以获取赔偿。整个交易过程非常直接、透明，执行期间短。三是行业损失担保具有更大的灵活性。行业损失担保的覆盖范围可以小到佛罗里达一个州，也可以大到整个国家或者北美地区；而保险责任限额也可以从 200 万 ~1 亿美元不等。

行业损失担保的最大缺点就是基差风险较大。基差风险是因为保险公司对自身巨灾风险敞口与行业损失之间的相关性预测不准确。例如，某保险公司购买了一份触发条件为25亿美元的行业损失担保，但当巨灾发生后，PCS测算的行业损失却只有20亿美元。由于未能达到合同规定的损失条件，购买者无法得到赔偿。此外，和标准化的巨灾债券相比，行业损失担保的流动性较低，协议保障时间通常不超过一年，并且不能自由交易。

（6）侧挂车

“侧挂车”指的是一种允许资本市场投资者注资成立，通过比例再保险合同为发起公司提供额外承保能力的特殊目的的再保险公司。其目的是给发起人提供更高一层的承保能力。“侧挂车”实际上是比例再保险协议，只是以一个独立的公司形式出现。在比例再保险协议中，保险公司同意将部分保费等比例转移给再保险公司，而再保险公司将承担等比例的风险。“侧挂车”通常只为某一特定的（再）保险公司提供专一的服务，且寿命较短，通常只持续1～2年时间。

“侧挂车”的发起人为需要转移自身承保风险的保险公司，而投资者为对冲基金、投资银行和私募基金等。投资者注资成立“侧挂车”控股公司和“侧挂车”公司，按比例直接承担发起人所承保的风险。“侧挂车”不设置固定的职能部门，其日常管理由其服务供应商负责。“侧挂车”所筹集的资金将用于投资信托基金所持的国债，以确保公司有稳定的利息收入作为利润来源。若巨灾不发生，（再）保险公司只需要承担其对应比例的保费。若巨灾发生，“侧挂车”将运用其利润和部分初始资本来补偿（再）保险公司的损失。

“侧挂车”的优点很多。一是高度灵活性。发起人和投资者可以就“侧挂车”各方面进行协商，从而抓住有利的市场时机。二是运营成本低。由于只为发起人分保，且不同于传统的公司组成形式，其组织架构和业务构成都相对简单，运营成本大大降低。三是“侧挂车”属于资产负债表的表外项目，不存在股权稀释问题。四是回报率较高，年收益水平为20%～25%。

“侧挂车”的劣势也很明显。一是“侧挂车”自身状况可能会对原创始保险公司的偿付能力有影响，增加了原创始公司的不确定性；二是“侧挂车”比例再保险的性质决定了投资者容易受原创始保险公司实际损失的影响；三是由于“侧挂车”由原创始保险公司与资本市场投资者直接协商设立，透明性不高，可能出现买卖双方匹配困难的问题。四是对于投资人来说，“侧挂车”仅为一个客户主体服务，使其业务内容缺乏足够的吸引力。

4. 保险连接证券的发展趋势及主要决定因素

迄今为止，保险风险证券化主要是集中在发生频率低、危害程度高的风险上，且再保险费率的上涨或承保能力的缩减尚未带动该市场供给量的激增。然而，从长远看，保险连接证券市场的潜在规模非常大。由于多种因素的推动，市场参与者会继续开发针对不同风险的保险连接证券，特别是在中等发生频率、中等程度的风险方面，将会有越来越多的证券化活动。因此，保险连接证券将发展成为资本市场上一种重要的风险融资工具。但是，市场的真正成熟仍需较长的时间。从总体上看，以下几种主要因素将决定保险连接证券的未来发展。

第一，供给推动。由于投资收益欠佳、保险费率降低和巨灾损失增加等因素的综合作用，近几年来世界各主要市场上保险业的资本金和承保能力都受到了严重削弱。全球非寿险业的资本金在2000年底达到7000亿美元的峰值后，2001~2002年连续两年分别减少了900亿美元，降幅合计达25%。资本紧缩还导致越来越多的大型保险公司被评级机构调低了信用等级，从而进一步减弱了保险市场的高端承保能力。资本金和承保能力的下降使保险业向外转移风险的愿望趋于强烈，进而推动了证券化产品市场的增长。保险业的风险管理需求是保险连接证券成长的原动力；只要保险市场存在大量的风险转移压力，这类创新就会持续下去。

第二，交易价格。计算机和通讯等相关技术状况决定了证券的交易价格。信息技术的进步，大幅度降低了保险证券化过程中的信息处理成本。但由于保险证券化技术尚未成熟，且牵涉到投资银行，信托公司等诸多金融机构，相关信息的可获得性也较差，导致交易成本偏高，从而减缓了其供给和需求的双重增长。因此，要想使保险连接证券获得成功，就必须设法在技术、成本或价格方面拥有优势。

第三，二级市场。良好的二级市场可以大大提高证券的流动性。然而，由于产品开发技术不太成熟、缺乏合格的专业人才、投资者对相关知识的了解较少等原因，目前世界各国保险连接证券的二级市场普遍发育不良。国外的一项调查显示，177名保险公司经理中仅有9人使用过巨灾期权，比例只有5%。造成这种情况的一个主要原因就是缺乏流动性。流动性是保险连接证券成功的关键要素之一；要想使保险连接证券在资本市场上普及开来，就必须努力培育和发展其二级市场。

第四，资本市场。保险连接证券的未来，最终取决于资本市场的发展状况和广大投资者接受的程度；而股票价格的大幅下跌会加速保险连接证券市场的发展。在经历了股票市场繁荣之后，在股市熊市中投资者对高收益的预期降低，相应减少了股票投资，并开始寻找新的投资机会，这为保险连接证券的发展提供了良好的机遇。但保险连接证券创新性强，涉及许多复杂的金融知识和技巧，投资者普遍缺乏相关知识和经验。因此，开展普及性的行业教育十分必要。而评级机构给保险连接证券赋予一定的评级，可以为投资者进行风险评估提供客观依据。因此，培育和发展评级机构也十分重要。

第五，监管、税收和法规。适合的监管框架、积极的税收政策和明晰的交易法规，在很大程度上影响着保险连接证券被人们接受的程度和发展环境的优劣。如果监管机构在评估后认为证券的基本风险披露充分，那么就会有更多的投资者愿意持有这种证券；反之，就会使投资者对其失去兴趣。由于保险连接证券是一种新生事物，目前在西方国家受到的监管十分严格。然而，随着税收和监管部门对这些金融工具更为熟悉，它们未来将会制定出更为清晰的标准和法规。因此，与监管、税收等相关部门一起开展对保险连接证券的研究，增加其对这些金融工具的认知，将有助于保险连接证券的发展。

（二）指数保险与信贷市场

指数保险作为保险领域风险管理的创新金融工具，在一些国家已经通过创新指数保险产品，建立与信贷市场、投保人的联系，采取“银保互动”的指数保险模式，提高保险市场的运行效率，推动金融市场的发展。

1. 银保互动机制

发展中国家普遍存在信贷约束，但基于单个农户产量设计的保险模式、农业保险市场与农村信贷市场分离的风险管理制度安排无法解决农村信贷市场风险与农村信贷约束问题，指数保险赔付的客观性可以部分解决上述难题。指数保险作为一种显性信贷抵押，可以使金融机构降低利率、放宽资产抵押条件，提高投保人资金的获得性。指数保险与金融机构互动能够有效规避金融机构的信贷风险，双向刺激金融市场发展。

Carter（2010）研究认为，“银保互动”是指利用银行和农户协会等组织的网路优势，销售指数保险产品。“银保互动”的协同效应能够同时推动农业保险市场和农村金融市场的发展。假定借款人总是在消费前率先还贷，农户购买指数保险对贷款人具有正外部效应，则系统性违约风险会降低，贷款资产的预期收益会提高。假定贷款合同的内生性，贷款人会通过降低利率增加购买指数保险农户的贷款额，利率降低会诱发更多的贷款需求。最终，银保互动双向刺激了农业保险市场与农村信贷市场发展，扩大农户向科技农业转移。

2. 指数保险与信贷市场的互动

首先，减少金融服务交易成本。指数保险与金融机构互动，利用金融机构所拥有的庞大网点机构销售指数保险，良性运行的资产对再保险机构具有吸引力。因此，指数保险与信贷互动可以减少金融服务交易成本，指数保险市场存在私人进入激励。

其次，双向刺激金融市场的发展。投保人通过信贷资金购买所需的指数保险产品转移生产性风险，从指数保险和信贷两个市场的联合风险管理中获益，双向刺激了金融市场的发展。金融服务机构、要素供给者和非政府组织等通过销售指数保险和实现资产多元化能够解决自身约束预算。从宏观角度来说，指数保险能够促进政府和风险救助机构风险管理的发展。

（三）指数保险与金融市场的互动影响分析

发展指数保险，能够有效推动保险和资本市场发展的“双赢”：对于保险公司来说，指数保险为保险业的承保风险，特别是巨灾风险提供了广阔的分散空间，同时，能够通过金融市场募集更为廉价的资金支持；对于资本市场来说，可以为资本市场提供一个很好的系统风险的对冲机制。指数保险通过对应的证券化产品，丰富了资本市场的金融产品，为投资者提供了更多选择。具体影响主要体现在以下五个方面。

1. 发展指数保险连接证券可以扩大可保风险的范围

传统保险产品依赖于对风险可保性的多重约束。然而，现实中符合理想可保条件的风险并不多见，如巨灾风险单位之间就彼此相关而不是相互独立，如果完全按照理想可保条件承保的话，保险业将很难有大的发展。为此，保险公司往往采取实用主义的做法，即对任何新的风险类型，只要能找出分散风险的方法就可以进行承保。指数保险风险证券化是保险人化解承保风险的一种创新，它突破了传统保险风险分散方式的拘囿，并在风险可保性的拓展与承保方式的创新之间实现了匹配，进而拓展了可保风险的范围，扩大了保险业的发展空间。

2. 发展指数保险连接证券是对再保险市场的一种有效补充

传统再保险与保险连接证券有着不同的融资渠道。传统再保险是在面临同类风险的投保人之间进行相互融资，而指数保险连接证券则是在资本市场上进行融资，二者通过不同方式承担着分散风险的功能。由于再保险已发展成为一种十分成熟的保障机制，在可预计的将来不可能退出市场；而指数保险连接证券只是在承保能力不足的情况下才会产生并发挥作用。因此，发展指数保险连接证券，可以说是对再保险市场的一种有效补充。

3. 发展指数保险连接证券有利于降低保险公司面临的风险

一般来说，签署再保险合同会给直接保险公司带来信用风险。原因在于：如果再保险公司破产倒闭，直接保险公司将可能无法获得再保险赔偿。特别是，当再保险的作用显得十分重要的时候，往往也是再保险公司面临较大财务压力的时候。发行指数保险连接证券可使直接保险公司的再保险保障来源多样化，有时甚至还可以提供传统再保险市场无法提供的保障能力。另外，由于跨年度定价使发行人的成本不受再保险价格波动的影响。因此，指数保险连接证券可以固定的价格提供多年的保障，从而有利于降低直接保险公司面临的价格风险。

4. 发展指数保险连接证券积极促进各类金融机构的融合

指数保险连接证券是“投资合约”而不是“保险产品”，其发行和交易包含许多专业性很强的环节。因此，指数保险风险证券化过程不可能为保险机构所独占，而是将不可避免地吸引其他金融机构扮演相关角色。如银行可以成为“虚拟保险公司”，通过邮寄或电话营销保单；有证券化经验的公司可以承担证券化的任务，从直接保险公司手中购买保单并进行包装；投资银行则可以有效地组织和销售指数保险连接证券，从中赚取佣金或配售费用。因此，指数保险连接证券为不同金融机构之间的分工与协作搭建了一个新的平台，进而促进了各类金融机构的融合。

5. 发展指数保险连接证券有利于完善巨灾管理体系

在巨灾管理体系和巨灾保险制度中，指数保险作为巨灾目的资金多为在其行政和业务体系中形成巨额累积灾害风险责任的政府管理部门、政府财政部门、保险公司、银行、其他金融机构所应用，旨在保护成本极高的权益资本和债务资本，并且高度有效放大巨灾资金规模。具体表现为：首先，指数保险作为巨灾目的资金，对比其他用于巨灾目的资金项目，其目的性最强、成本最低，在资金使用后无偿还责任，而且免于长期事实通胀环境下实物资金价值缩水的损失。其次，指数保险的支付触发机制很容易与金融机构和政府部门的灾难处置标准和制度相衔接，实现巨灾保险制度化纳入巨灾管理体系。另外，指数保险具有不发生额外成本的前提下，高度放大巨灾基金、巨灾准备金、巨灾拨备的功能，以及保障权益资本和负债资本安全的功能。

综上所述，资本市场为保险风险的转移提供了全新的渠道，是传统再保险安排的有益补充，同时与传统的再保险又有着本质的区别。作为风险转移产品，保险连接证券和再保险合同各有特点、各有利弊。保险公司应该根据自身风险累积的特点、业务规模的大小和各个市场的情况选择适当的风险转移渠道。同时，面对保险公司更加多样化的风险转移需求和来自资本市场的挑战，再保险公司应加强对指数保险连接证券产品的研发，为客户提供更加全面的风险管理服务。

三、我国指数保险发展和存在的问题

（一）我国指数保险的发展和实践

当前我国指数保险产品体系由巨灾指数保险、气象指数保险、价格指数保险等组成。

1. 我国巨灾指数保险实践

巨灾指数保险是国内最先出现的指数保险产品。2008 年汶川地震以来，人保财险率先开发了国内第一款地震指数保险，该产品以个人拥有的商品房为保险标的，以地震烈度为赔付触发的条件，产品的定价根据不同区域、不同烈度等级设置不同费率水平，投保人可根据自身保障需求自主决定保障起始点以及投保金额。该产品是针对个人家庭的商业型巨灾指数保险产品，由于开办区域的限制性、高水平的价格和国际再保险市场接受能力等原因使得该业务并没有得以推广。

由此可见，由于巨灾的风险集中、波动巨大、定价的风险附加高、再保安排困难，巨灾指数保险产品离开国家扶持而利用结构透明化和合约标准化的特点通过资本市场实现风险有效分散的形式无法稳健发展。巨灾指数保险是巨灾保险体系实施的有效方式，也依赖完善的指数机制才能转移巨灾风险。完善的资本市场的相关风险分散安排必不可少，例如通过发行巨灾债券等分散风险手段，利用指数机制和人们的投资需求，通过将巨灾指数保险的价格和对应巨灾债券的收益相关联，通过专业的定价和市场供需均衡定价，才能建立有效的巨灾体系。

2. 我国气象指数保险实践

目前国内都是针对种植或养殖类保险标的开发的指数保险产品，且一般都是确定一种气象条件为指数对象，只要该气象条件发生达到保险合同约定的指数水平时，被保险人就可以获得相应标准的赔偿，而不论实际发生损失的程度是多少。近两年来我国保险市场上推出了以橡胶、甘蔗、水产品等为标的的风力指数保险，以蜜橘、羊等为标的的温度指数保险，以水稻、内塘螃蟹为标的的降水指数保险等多款气象指数保险产品，一方面丰富了国内指数保险产品的类型和体系，另一方面通过灾后快速理赔，为转移和降低气象灾害引发的农民收入损失，快速实现灾后重建，稳定当地农业发展发挥了重要作用。

另外在企业财产领域市场上还出现了针对风电企业的风电指数保险和水电企业的降水发电

指数保险产品，为相应企业提供了有效保障。促成该类保险的背景是由于近年异常天气频现，对我国局部地区发电企业造成巨大损失。水电、风电等可再生能源生产受到气候条件的重大影响，不少水电站和风电场已经体验到了水、风资源波动的影响。例如，2007 年冬天和 2011 年冬天，中国北方整体风资源欠缺，导致北方很多风电场都未能完成当年预定的经营计划；2009 年冬季至 2010 年春季西南地区的旱灾，使该地区一些水力发电企业发电量大幅减少，个别企业的发电量较正常年份减少 50% 以上。气候的不确定性影响到发电企业的经营计划和资金安排。通过利用保险等金融手段，转移一定的风险给专业的风险承担者，能够减少经营业绩和资金链波动的干扰，从而使企业管理层能将精力集中于对企业发展战略更为重要的领域，这是企业管理精细化和专业化发展的趋势。

根据保单约定，该类保险一旦保险期间因投保区域不利风力条件或降水不足等原因导致发电量低于约定的发电量触发点，保险机构即给予相应赔偿。该类保险一方面，使用气象部门提供的降水数据作为定损的主要依据，以降水发电指数来估损，避免或降低了实地勘查的成本；另一方面，有效地将人为因素的影响排除在外，从而降低道德风险。此外，降水数据能够在保险期间结束后迅速获得，缩短了赔付时间。

3. 我国价格（利润）指数保险实践

当前我国已经具备了一定的技术手段和机构资源使得保险公司可以根据我国的实际情况创新适合农产品市场需求的价格指数保险产品，这对帮助农业经营者应对市场风险、实现农业持续稳定发展、长期确保农产品有效供给意义重大。

在国内，价格指数保险主要是以农业产品价格或利润为指数标的，目的是对农业生产经营者因其种植或养殖的农产品市场价格大幅波动、农产品价格低于种养成本或既定价格水平造成的损失给予经济赔偿。目前国内市场上的价格指数保险主要包括蔬菜价格指数保险、生猪价格指数保险、鸡苗价格指数保险等。

以上海地区“保淡蔬菜价格保险”为例，每年冬季 12 月中旬到次年 3 月中旬、夏季 7 月到 9 月中旬这两个绿叶菜生产淡季期间，对上海市青菜、鸡毛菜等 5 种主要绿叶菜交易价格实施保险保障。如果在保险期间内这 5 种主要绿叶菜的平均零售价低于保单约定零售价，菜农将按跌幅同比例获得赔偿。短短 3 年，仅上海市“保淡蔬菜价格保险”已累计为上海 41.5 万亩蔬菜提供保险保障，共向投保农户提供赔偿 1686 万元，有力地降低了该地区的菜价波动，保障了市场供应。

（二）我国指数保险发展面临的困难与存在的问题

1. 指数体系有待建立

第一，基础数据匮乏。掌握大量的气象、巨灾、价格变动、农作物产量变化与损失的数据是指数保险的前提和必要条件。这需要保险公司掌握指数与保险标的发生损失的大量数据，建立相关的测算模型，才能确保指数设置的合理。但目前国内在此类跨行业、不同领域之间的关联数据的搜集非常匮乏，能转化成有效的保险定价基础的信息很有限。这些使得指数保险的定价基础缺乏可信的依据。

第二，建立机制有待明确。指数体系是指数保险的重要基础，也是其发展壮大的关键。由于指数保险的指数体系关系到未来保险合同的基础，特别是赔付标准，具有巨大的社会效应，因此其不仅应具有客观性、科学性，还应当具有权威性。指数体系由什么样的机构建立、其数据以何种机制公布，都有待明确。通常而言，指数保险合同所指定的指数由保险行业定义，但需要依据外部政府部门或科学机构权威客观的数据基础。一方面，由于其与保险产品和理赔服务密切相关，指数体系需要保险企业自身的深度参与，同时，以行业组织牵头有助于提高社会服务标准的一致性（如美国财产理赔服务部门根据其参与调查的保险赔偿案例编制出行业通用的巨灾损失指数，供各保险公司参考）；另一方面，由于其具有社会公共性特征，因此需要政府部门的监督、保证甚至是直接参与。由于我国国情，在推行指数保险的初期，为使指数体系具有较强的公信力，政府部门的牵头组织、深度参与并发布指数数据，有利于提高指数体系的权威性，有利于指数保险产品迅速获得认可和被广泛接受。

2. 风险管理问题

指数保险具有高度风险聚焦性，一旦达到触发条件，将造成大面积、同一时间的巨额赔偿。目前在国内，经营指数保险的保险公司一般都通过大比例分保将风险予以分散，国际再保险市场对指数类保险也持谨慎态度。同时，当前我国相关金融衍生品匮乏，对应产品的证券化条件不足，有效的风险分散工具还未成熟，因此形成了大规模开展巨灾指数保险的瓶颈。

3. 指数保险产品定价

指数保险的定价合理性决定产品市场的推广状况，该类新产品技术需要大力完善发展。以地震巨灾指数保险为例，不同地震烈度导致房屋保险标的损失的程度不同，在确定价格水平时需要获取不同指数标准与损失程度的大量数据，运用相关保险产品定价模型才能厘定出合理的价格水平，否则会造成价格过高或过低。

4. 指数的公正性

指数保险赔付触发是达到合同约定的标准水平，因此指数是否达到约定的标准需要由权威或客观的第三方机构进行报告。如人保财险开发的南丰蜜橘气象指数保险就是以当地气象局公布的每日气温数据作为判断触发事件发生的依据。

指数保险的赔付与相应指数相关，因此，实际损失和赔付不匹配的问题，是指数保险需要解决的重要命题。只有保证公平性，才能保障指数保险的稳健发展。

5. 赔付触发条件的合理性

指数保险的关键之处在于触发机制的设计是否科学合理，标准指数设计的标准建设与被保险人、保险人的利益息息相关，是确保气象指数保险可持续发展的关键一环。目前指数保险指数选取单一指标（如降雨量、温度等），但是单一指标在有些领域难以反映多重灾害真实情况，需要通过指数组合保险来实现有效保障目的，综合型指数的模型不好设计。如针对地震风险的指数设计，涉及地震风险区域的划分，由对潜在可能损失的大小和频率的判断来决定什么时候赔付以及赔付多少。

6. 推广难度较大

指数保险在我国仍处在探索阶段，我国受地域、海拔、气候、承保标的特性等因素影响，灾害种类和程度各异，大面积推广指数保险会面临一些难题。

指数保险的产品研发和试点承保过程，需要农业、气象、财政、物价、统计、保险监管部门和保险机构等多个单位间的积极协作。如农业部门负责采集整理历史农作物产量数据和主要灾害信息；气象部门设置气象观测站点，并及时发布相关气象指数结果；财政部门给予参加投保农户一定的保费补贴，并对财政资金进行监督；物价部门对市场价格进行监测；统计部门对大量基础数据给予保障；保险监管部门监督保险机构依法合规开展气象指数保险承保、理赔工作，切实保护投保农户的合法权益。部门协调工作量大，为推广造成困难。

（三）我国指数保险与金融市场对接面临的问题

从我国现实情况看，指数保险与金融市场对接还需要解决一些基础性问题，主要有：确立特殊目的机构（SPV）的金融监管主体地位，培育多元化的资本市场，发展配套金融中介服务机构，做好基础资料和数据体系建设。

1. 制度环境尚不完善

相关制度环境尚不完善是制约指数保险对接金融市场的重要影响因素之一，存在着指数保险连接证券业务缺乏法律定位，特殊目的机构（SPV）的金融监管主体不明确等问题。

第一，法律法规有待进一步发展。从发达国家的经验看，相关政策的支持和法规的制定对于指数保险连接金融市场的发展十分重要。而我国目前在这方面的支持力度有待加强，相关法律存在空白，其交易尚未有法律保护，市场参与的积极性不高。此外，指数保险与金融市场对接涉及保险、证券、税收等多个领域，如果缺乏一套完善的法律体系作为支持，很难实现健康、规范的发展。目前的《公司法》和《保险法》的相关规定尚不完善，基本未涉及此类业务，需要修改、补充和完善。

第二，监管政策有待进一步细化明确。指数保险与金融市场对接在操作层面涉及很多方面，包括中介机构、业务规模、产品工具等，目前在监管政策上还缺乏具体的指导和标准。在机构方面，指数保险的证券化发展离不开特殊目的机构（SPV），但是金融监管上对其规定尚不明确。若允许保险公司设立 SPV，SPV 的业务将成为一个多头监管的对象。监管主体不明确很可能导致对 SPV 的经营无法进行有效监管。在业务规模方面，指数保险对接金融市场时，多大的风险敞口是可控的，在现有中国金融市场条件下，多大的业务规模合适，这些都有必要在监管层面进行细化和明确。在产品工具方面，指数保险对接金融市场，是从单一的自然灾害风险切入，还是从综合风险如农业风险切入，以及根据不同的金融衍生品属性制定差异化监管策略，这些都需要监管层做出系统性设计和安排。

2. 我国资本市场尚不完善

成熟的资本市场是实现指数保险对接是必备的外部条件。我国目前的资本市场还处于初步发展阶段。资本市场中的市场主体单一，开放程度不够，缺乏层次性，各项机制有待完善建立，技术、工具、平台等基础建设问题尚不健全，这些在很大程度上阻碍了指数保险对接金融市场。

第一，我国资本市场体系发展不均衡且结构单一。目前仅形成了全国简单划一的，以沪、深两个交易所为中心的单一资本市场，而缺乏适应市场需求的多层次市场体系。我国目前只有主板市场，虽然推出了中小企业板块，但离真正的二板市场还有很远的距离，三板市场还远未形成气候，资本市场缺乏层次性，不能满足投资者和筹资者的多样性投融资要求，产权交易体系尚未完善。

第二，金融市场上的衍生工具发展滞后。指数保险对接金融市场，需要借助衍生工具，比如期权、期货。我国期货市场交易品种局限于绿豆、有色金属等商品期货，至今尚未推出利率、汇率以及期权、货币互换、股权互换等产品来规避金融风险。由于缺少组合投资所必需的金融衍生品，各类投资者行为趋同，容易形成市场的单边运行，在宏观经济运行和金融调控方向发生变化时可能导致风险积聚。

第三，金融市场技术手段创新力度还不够。指数保险对接金融市场，需要先进的技术和平台作为基础。尽管我国金融业已基本实现电子化，银行、证券业务网络化也快速发展，但与国外发达水平相比还有很大差距。同时，金融机构在电子化与网络化过程中各自为战，如取款系统和结算系统独立运行、互不兼容，增加了金融业电子化与网络化的发展成本，也因规模不经济和便利性不足而抑制了创新。

3. 金融中介服务机构不发达

指数保险对接金融市场是一项复杂且专业化程度很高的创新型工作，需要具有成熟的评级技术，所以需要专业的资信评级机构对风险信用评级以便进行合理定价。由于我国金融中介服务机构不发达，尤其是资信评级机构稀缺。由于缺乏向广大投资者提供客观、公开、公正的风险信息的权威资信评级机构，从而增加了投资活动的不确定性，阻碍了指数保险对接金融市场的进程。

第一，我国资信评级机构规模小、公信度不强。一些现有的资信评级机构市场规模非常小，其市场化、社会化程度不高，评级结果无影响力、缺乏权威性，评级机构的规范化管理与运作还没有相应的法律法规的支持。此外，由于目前评级缺乏监管，市场上出现了一些很不规范的竞争行为，有的评级机构预先承诺级别，使得公信度和权威性大打折扣，很难反映真实的风险状况，这对于准确评估指数保险的风险造成很大障碍。

第二，我国资信评级机构的方法技术缺乏规范性和科学性。目前我国资信评级机构评级指标、方法、基本程序和收费标准等没有统一标准，各个评级机构都有自己的一套评级体系、评级方法，如定性和定量指标的设置存在很大差异，尤其在定性分析时所使用的指标，各家评级机构都根据机构自身的情况而设定，资信评级标准缺乏规范性和科学性，不同评级指标算出来的评级结果比较混乱。

第三，我国资信评级机构专业性不强、人才匮乏。指数保险风险证券化是一项专业性、技术性很强的中介服务业务。目前，我国评级机构等金融中介由于市场认可度不高、业务收入较低以及专业人员数量不足等原因，对技术开发的投入严重不足。而且，这些机构普遍面临着人才缺乏的问题。指数保险风险证券化等金融创新目前只有在美国等少数发达国家开展，这个领域懂专业、又懂实践的人才少之又少。我国金融中介很难有实力吸引高端人才的加入，导致相关人才匮乏。

4. 投资主体不充分

投资主体是指数保险连接证券产品能否取得成功并拥有较大市场的关键。从发达国家经验看，保险风险证券化的发展需要众多的机构投资者和成熟的机构投资者制度，而目前我国投资主要以个人投资者为主，而非机构投资者，这就在很大程度上影响未来指数保险金融创新产品的市场空间。

第一，个人投资者能力有限且投资行为波动性强。我国投资者现在还是以个人投资者为主，相对于机构投资者来说，群体数量大很多，但所占的总资金比例很小，所以个人投资者投资保险连接证券的能力十分有限。而且，在我国现实国情下，个人投资者的投资行为主要是以投机为主，其投资行为取决于个人对证券产品的投资偏好，这种投资偏好的市场随机性很强，波动性很大，如果个人投资者参与指数的相关投资，可能会增加不稳定性。

第二，指数保险连接证券的潜在机构投资者有待于进一步发育。目前，我国指数保险连接证券的潜在投资主体主要集中在投资基金、商业银行、社保基金等主体上，而这些主体的发育还不充分。从证券投资基金看，目前国内的证券投资基金为数不多，总规模不大，其成立的主要目标是投资于证券和债券市场，目前还很难将主要投资目标集中于保险风险证券化产品。但是，从国外实践历史看，随着我国资本市场的逐步成熟和投资基金的发展壮大，我国的证券投资基金会逐步成为其有力的需求者。从商业银行看，它拥有雄厚的资产和强烈的投资意愿，但是受制于分业经营的投资限制，商业银行目前还无法参与保险风险证券化。但是，混业经营是大势所趋，随着我国金融业的逐步规范和行业风险度的逐步降低，商业银行可能会获得相关资格，从而很快扮演起重要角色。从社保基金看，社保基金主要包括养老保险基金和失业保险基金。我国社保基金规模有限，基金余额占 GDP 的比率也仅为 1% 左右，远低于发达国家35% ~ 75% 的水平，也低于转型国家 10% ~20% 的水平。而且近年来社保基金收不抵支现象十分普遍，空账现象严重，社保基金有多大能力参与进来是个疑问。

5. 保险连接证券定价困难

保险连接证券存在着大量的金融技术难题，其中定价是其发行过程中较为突出的一个问题。而目前我国各保险公司对保险风险证券化的认识普遍不足，在相应的研究、技术和专业储备等方面均存在严重不足。

第一，保险风险证券化认识不足。从发达国家经验看，开展保险风险证券化工作面临大量的技术难题，涉及金融工程、精算、财务、统计、数学等各方面理论和实践知识。如必须考虑利率，利率变化是所有固定收益证券价格变动的主要因素，保险连接证券也是如此；考虑特定巨灾事件发生的频率与幅度，因为此类证券的支付依赖于特定事件的发生，度量此类事件的发生频率与幅度对保险连接证券的定价非常关键。除此以外，还需要考虑其他相关成本费用等。这些复杂因素会给保险连接证券定价造成很大困难，当前许多人对此认识不足。

第二，基础资料和数据体系不完善。指数保险连接金融市场涉及许多前沿领域的金融创新，需要复杂而精确的风险评估算法和技术，需要强大的底层数据库作为支撑，包括翔实的水文、气象、地理、自然灾害、经济等基础资料。但是，我国各行业领域的数据基本呈分割状态，尚未有统一的整合，许多数据之间缺乏对接口径。而且，数据还有待于公开，整体的共享性较差，许多关键性数据尚不对社会公布，部分公开数据还存在严重的滞后。一些巨灾的资料和数据还很不完善，无法准确预测风险的损失额度和概率。这些在较大程度上都将影响到指数保险连接证券的准确定价，降低科学可信性，影响投资者的信心和接受程度。

四、政策建议

（一）科学认识指数保险发展的现实可行性

目前我国已具备了资本市场、制度、技术和资产证券化等四方面的基本条件。鉴于不同类型指数保险连接证券在我国面临的不同条件，可以遵循先易后难、循序渐进的原则逐步加以引入。由于巨灾债券是国际上发展最快、最成熟和最具代表性的巨灾保险连接证券。首先可以从巨灾债券入手，然后等条件成熟时逐渐引入巨灾互换、行业损失担保等其他工具。

1. 资本市场条件日臻成熟

指数保险连接证券的发展离不开资本市场的支撑。经过多年的发展，我国的资本市场已经初具规模。据统计，截至 2013 年 12 月，沪深股市总市值突破 24 万亿元，在全球排名第三，亚洲排名第一。我国商品期货成交量已占全球的 1/3，中国已经成为全球第二大商品期货市场。与之相对应，我国证券的定价发行技术和投资者的投资理念也正逐渐成熟。

2. 制度条件逐步完善

我国的金融中介机构如证券投资咨询公司近年来得到了快速的发展。我国的监管机构也日益成熟，相关法律法规日益完善。中国保监会对保险公司的监管正逐步从市场行为监管向偿付能力监管过渡，这将为保险公司开展指数保险等创新营造了一个相对宽松的监管环境。

3. 技术不断进步且加快发展

金融国际化带来了技术进步。保险连接证券比一般保险产品和金融衍生品要复杂，对各项技术要求也更高。但在我国金融国际化过程中，有很多业界人士学习到了国际先进的金融技术。而且，保险精算也取得了长足的进步。我国已形成初具规模的精算学会，精算研究人员也在增加，使现有精算理论研究和技术水平能够与世界先进水平接轨，并为保险连接证券的出台准备了技术条件。

4. 资产证券化经验可供借鉴

我国已积累了一些资产证券化实践经验，并取得了一些成功案例。这些案例可以为开展保险连接证券的理论研究、产品设计和发行提供支持和帮助。此外，我国已经实现了对商业银行不良贷款证券化的尝试。保险公司风险证券化与资产证券化的原理和操作过程极为相似。这些资产证券化经验为我国引入巨灾保险连接证券奠定了一定的经验基础。

（二）完善金融市场，促进指数保险业务发展

发展指数保险不能就指数保险谈指数保险，必须与金融市场结合起来。指数保险发展与金融市场密不可分，金融市场应加强协同，促进指数保险的发展，加快发展金融中介服务机构，促进保险公司开展指数保险业务，借助证券化产品进行资源有效配置、充分进行风险分散，提高承保能力，推动金融市场创新发展。

1. 指数保险发展与金融市场密不可分

指数保险对接金融市场涉及保险、证券、银行等多个领域，需要整个金融市场的协同互动。加强金融各行业在产品、销售、投资等各方面的合作，以指数保险证券化为切入点，推动金融市场创新发展。

第一，金融市场应加强协同，促进指数保险发展。指数保险的发展离不开金融市场其他主体的协作。指数保险对接金融市场涉及证券化、发行、推广等诸多关键环节，这些都需要整个金融市场的协同互动。在保险与证券协同方面，应通过指数保险的证券化形式，将承保风险利用资本市场机能加以分散，或转嫁至市场中较有承担风险能力之人，而不至集中于单一保险公司、再保险公司，这样一来形成一个更大的风险共担体，调动了资本市场的资源，这个空间巨大，有助于指数保险发展壮大起来。在保险与银行协同方面，应加强相互销售渠道合作，开展信贷等金融创新。农业气象指数保险合同高度标准化、透明化，条款简单明晰，在一定程度上类似于简单寿险产品，而简单寿险产品是目前银保销售的主要保险产品。因此，农业气象指数

保险适合于银保渠道销售。农业指数保险销售，可以与农村信贷机构合作，并与农业生产贷款有机结合，有效降低农村信贷机构的放贷风险，扩大放贷规模，改善农村信贷环境，促进农民脱贫致富，增加经济收入，进而推进农村保险市场快速发展。

第二，指数保险应借助证券化产品进行资源有效配置、充分进行风险分散，提高承保能力。指数保险作为一种金融工具创新，可以进一步丰富金融市场的产品体系。建议基于指数保险发展多样化的证券化产品，充分在整个金融市场进行风险分散，扩大对经济社会的风险保障能力，提升保险的广度和深度。可以发展指数巨灾保险债券，通过发行收益与指定的巨灾损失指数相联结的债券，将保险公司部分巨灾风险转移给债券投资者，帮助保险融资，减轻偿付能力压力。可以发展指数巨灾保险期权，以巨灾损失指数为基础设计期权合同，利用期权特性来连接资本市场投资者。可以发展指数巨灾期货，其交易价格与某种巨灾损失指数相联结，为市场投资者提供一种套期保值工具。指数保险的证券化不仅为保险公司提供了更多规避风险的方法，而且能够使投资者参与财产巨灾险市场，同时丰富了投资产品，使得投资者有更多样化的选择，风险对冲的组合操作更加灵活，投资操作空间更大。

2. 完善金融市场，加快发展金融中介服务机构，促进保险公司开展指数保险业务

完善成熟的金融市场是开展一系列金融创新的前提，发展指数保险应加快培养相关机构投资者，开展金融产品和中介服务创新，积极创造条件，做好前期准备。

第一，发展和完善我国的金融市场，开发指数保险证券化产品。保险连接证券的发行是以一个完善成熟的金融市场为前提的。应加快发展和完善我国的金融市场，发展多样化的金融衍生品，规范市场交易规则，加快由分业经营向混业经营的转变，为投资者创造一个公平的交易环境。此外，建议重点培育投资基金、商业银行等机构投资者，鼓励保险公司开展金融创新产品的开发和推广，充分发挥市场功能，提高资本配置效率。

第二，鼓励保险公司开展与证券化产品对接的指数保险业务。保险公司首先开展指数保险业务是指数保险风险证券化的前提条件，也是促进风险管理工具创新的主要动因。保险公司在开展巨灾、农业等指数保险业务时，必然会导致保险业所承保的风险的积累，导致对传统再保险的急剧需求以及传统再保险价格的不断攀升。保险连接证券不仅具有转移或分散这些巨灾峰值风险和风险融资的独特优势，而且具有替代或补充传统再保险的功能。因此建议积极促进保险公司开展相关指数保险业务，这有助于保险连接证券的破题和发展。

3. 加快发展金融中介服务机构

应当大力发展资信评级、会计、审计、律师事务所等中介服务机构。资信评级机构对巨灾保险连接证券的发行起着至关重要的作用。它对巨灾保险连接证券的恰当评级能为投资者提供客观公正的风险信息，帮助降低投资的不确定性，从而有利于吸引更多的投资者积极参与市场交易。目前我国还没有被广大投资者普遍接受和认可、运作规范的资信评级机构，因此必须加快发展我国的资信评级机构，为发展保险连接证券创造有利条件。

（三）加强监管协作，完善政策法规，加快配套制度和机构建设

从政府角度看，为了推动指数保险发展，应制定相应的法律法规，建立金融监管协作制度，推动建立巨灾保险制度以及设立巨灾损失评估机构，给予基础性的配套支持。

1. 完善相应的法律法规

由于指数保险风险证券化涉及保险和资本市场，不能简单地应用当前的政策法规。应当尽早出台一套完善的相关法律法规为指数保险对接金融市场提供制度保障。目前我国对于指数保险连接证券的发行仍存在一些法律障碍，根据需要考虑对《公司法》《保险法》等进行修订，以适合金融创新最新的发展趋势。同时，立法机关应该完善配套的法律法规，适度开放保险市场和证券市场对机构投资者的限制，让有实力的机构投资者积极参与到保险连接证券的认购发行中。

第一，放开成立特殊目的机构（SPV）的限制，使其合法化。特殊目的机构（SPV）是开展保险风险证券化的必要条件。应通过修改《公司法》等法律法规解决证券化交易的主体资格问题，尽快制订有关SPV的市场进入、经营和退出等方面的法律法规。应当保持SPV自身法律人格的独立性，SPV应当有资格独立承担民事责任，以自己的名义从事业务活动。建立独立的会计账簿和财务报表，开支仅用于维持其合法经营所必需的费用支出。在银行有独立的账户，禁止与其他机构发生关联关系，不为其他任何机构提供担保和承担债务。

第二，在法律上确立SPV的优惠税收地位 。保险风险证券化运作业务繁琐庞大，相应成本支出的多少直接关系到操作的成败，发达国外通常以税收优惠来支持发展。建议我国在法律上规定SPV是一个纳税主体，赋予SPV本身就可以获得优惠的税收待遇。处理原始权益人、SPV与投资者在资产转让、证券买卖过程中涉及的税务问题，最好出台一个专门针对证券化的税务准则来解决。考虑到证券化的成本，应考虑不予征收营业税，减免发行注册费、审批费，经营收入可以免国家和地方所得税。

第三，法律上完善关于诚信义务的规定。SPV制度设立的目的之一是达到对破产风险的隔离。我国现行的法律在风险隔离上存在一定缺陷，在对股东诚信义务规定、对公司管理层和债

权人诚信义务的规定、对一般债权担保的规定等方面尚不完善。SPV 向发起人收购的基础资产很多时候属于一般债权性质，它以该债权为担保发行证券，然而我国《担保法》并不允许当事人以一般债权作担保的形式。建议法律更细致地明确相关主体的诚信义务。

第四，适度放开对机构投资者的限制。从国际实践看，保险风险证券化产品的主要投资人为机构投资者。而我国法律法规对机构投资者的投资有比较谨慎的限定，对其投资范围作了严格界定。作为新的金融衍生品创新，指数保险连接证券是否列入机构投资者的投资目标，在法规制度未变更前，并不能有肯定答案，这可能大大限制了投资者群体，影响指数保险市场的发展和与资本市场的互动。

2. 强化银行、证券、保险业的金融协调监管

保险风险证券化涉及保险业和证券业，在目前分业监管的格局下，需要解决保险连接证券协调监管的问题，建立科学有效的制度机制保障。

第一，建立完善相关金融监管协调机制。加快出台保险风险证券化的监管协调指导政策。建议制定相关金融监管协调条例，主要内容包括协调目标、基本原则、协调组织机构、各金融监管部门及其他政府部门在协调机制中的权利和义务等。还应明确牵头组织部门和协助部门的职能，将履行职责上的分歧、冲突和盲点作为协调重点。明确准入门槛和审批机制，明晰监管的责任边界，防止监管者的相互推诿或越位行为。我国可考虑在证监会和保监会内设立新的相关对口业务机构，视具体情况对保险连接证券的发行、交易等环节进行相关监管，避免“多头监管、无效监管”的局面出现。条件成熟时制定金融监督管理法，或修订现行《银行业监督管理法》《证券法》《保险法》，在法律上固化协同监管机制。

第二，加强金融监管日常工作的协调。基于指数保险的一系列金融创新可能涉及保险、证券、银行等金融主体，因此在金融监管日常工作中应加强协调，在经营活动、信息披露、公司治理和监督控制等方面开展监管互动。建立信息共享制度。明确共享信息范围、信息采集具体分工、交换方式、保密规定等内容。建立联合检查制度。对一些指数保险的关联业务和交叉业务尽量采取联合行动，避免重复检查，提高监管效率。建立紧急磋商制度，分别针对日常状态、紧急状态和危机状态三种不同情况，尤其是金融风险突发事件，规定双边或多边磋商机制启动的条件和程序，明确有关各方的职责、处置手段、法律责任。

3. 建立巨灾保险制度，设立巨灾损失评估机构

为推动指数保险创新尽快破题，应建立相关配套的巨灾保险制度，加快巨灾损失评估等第三方独立机构建设，为指数保险发展做好基础性工作。

第一，建立巨灾保险制度，为指数保险创新破题做好制度准备。从我国现实可行性看，指数保险很重要的一个可能应用领域是巨灾风险保障。但是，我国尚未建立巨灾保险制度。以保险为主要形式的市场化解决手段发挥的作用甚微，在历次巨灾损失中，商业保险的补偿比例均不足2%。从美国、日本等发达国家实践情况看，这些国家指数保险的发展背后一般都有成熟的巨灾保险制度作为基础，巨灾保险制度使得发达国家各种自然灾害损失的保险补偿率均在30%以上，这为指数保险的创新提供了广阔的市场空间。建议我国尽快建立巨灾保险制度，为未来保险连接金融市场做好基础性准备。

第二，加强第三方损失独立评估机构建设，推动指数保险科学发展。从保险连接证券的发展过程来看，有必要建立一个公正客观的评估巨灾保险损失的权威机构，来编制巨灾损失指数，以作为保险业遭受巨灾损失的判断基础，以及各种保险连接证券定价的标的物。从美国经验看，美国财产理赔服务中心（PCS）计算的指数对发展巨灾期货和期权、行业损失担保等起到了重要的促进作用。我国虽有国家气象局和地震局等机构对自然灾害进行评级，但这些评级主要侧重于自然灾害等级，而不能准确反映保险业的实际赔付损失。因此，我国需要设立类似于美国PCS的独立损失评估机构，来编制标准的巨灾损失等指数。

（四）建立规范技术标准和基础信息数据库，加快人才培养

从技术角度看，发展指数保险及其风险证券化需要广泛和坚实的数据支撑和技术支持。应建立相关数据标准和基础信息数据库，培养专业人才，加强基础研究。

1. 保险与气象水文地震等部门加强协作，建立完善基础数据库

完善的自然灾害、社会安全事故、经济社会等数据库是发行保险连接证券等的必要条件。只有在建立灾害数据库的基础上，才能为保险公司涉足地震、洪水等保险业务提供科学的风险评估依据，从而准确地制定出合理的费率水平，为今后发行保险连接证券提供可靠的技术保证。我国尚缺少如巨灾等经验数据，这是一个关键的基础性瓶颈。建议保险与气象水文地震等部门加强协作，为发展符合我国国情的保险连接证券创造基础条件。

第一，开展保险标的数据建设。加强气象、水文、统计、农业、国土等部门数据整合，建立对农业保险标的信息进行分门别类统计的可更新数据库，基于此数据库建立我国省级行政区划对应的农业巨灾标的信息检索功能，相关信息数据库可逐步精确到县、乡镇甚至村一级。

第二，开展巨灾损失数据信息整合。加强专项课题研究，整合国内外研究机构、高等院校的历史巨灾损失信息，开展有关巨灾等历史资料的研究和调查，搞清楚全国各地区各种巨灾发

生的频率和损失分布情形，形成分风险种类的巨灾历史损失数据库。在此基础上，建立数据修正完善的长效机制，逐步建立能够用于承保政策制定和损失快速评估的历史损失信息数据库。

第三，加强农业保险信息整合。农业保险经过多年发展，尤其是近几年的快速发展，已经初步积累了一定的行业数据信息。通过整合保险行业历史经营数据，形成更为精细和可操作的农业保险信息数据库，作为农业保险巨灾基金建立和定价等的重要参考数据。

第四，加强灾害预警信息整合。加强民政、人口、经济等相关灾害信息来源整合，加强广播、电视、互联网、通信等渠道信息的整合，形成灾害预警信息数据库，作为支持农业保险、巨灾保险运行的灾害预警和防灾减灾工作的数据基础。

2. 培养保险、证券、法律、税务、评估等多方面相关专业人才

保险连接证券的研发和推广工作涉及经济、金融、财政、税收、法律等多方面，对相关人才的综合素质要求较高，除包括巨灾风险等保险费率厘定的专业技术人员外，还需要证券承销商、信用评级公司、法律人员、会计人员等多方的积极参与。应加快培养保险连接证券市场的专业人才，坚持自主培养与引进来相结合，培养一支熟悉国际市场运行规则、了解我国金融市场发展特点的人才队伍，为我国保险风险证券化发展提供坚实的人才基础和专业化的支持。

第一，通过“走出去、引进来”开展国际合作，吸收先进经验，加快人才培养。美国、日本等发达国家在保险风险证券化领域已开展了多年实践，无论从制度上还是技术操作上都有许多可借鉴之处。我国对这些金融创新领域的探索刚刚开始，许多还处在破题阶段。建议多走出国门加强与国外同行交流，学习其先进的市场运作经验。在可行的情况下，与国外这一领域走在前列的公司建立战略联盟，也可以作为战略投资者，借鉴外资战略投资者的经验和技术，加快学习吸收。同时，积极引进海外高端人才，在落户、福利待遇等政策上给予支持。

第二，立足我国实际，加强金融人才自主培养。根据我国金融市场发展的现实情况和未来需求，加强保险精算、金融工程、灾害学、信息技术等人才培养。加强现有金融从业人员的培训，根据指数保险等新金融创新的知识要求，开展继续教育和在职培训，聘请在这一领域有经验的金融咨询公司、专业机构进行授课，以论坛、研讨会等形式加强交流。完善相关专业资格认证体系。根据我国金融创新需要，不断补充修订精算师、保险金融行业资格、金融风险管理师考试等认证学习内容，把指数保险、风险证券化等基础知识和业务技能逐步列入考核体系内。高等院校相关教育设置体现新的行业需求，做好人才培养规划，合理设置课程，为金融创新做好人才储备。

（五）统筹推进，加快指数保险实践步伐

1. 做好顶层设计，制定整体规划

通过政策制定明确指数保险在国家巨灾管理中的作用和地位，明确指数保险对巨灾的风险分散作用和对农业发展及经济建设的稳定及灾后重建作用，将指数保险纳入国家防灾减灾工作内容之中。根据中国现阶段经济发展和金融市场的实际情况，制定我国指数保险发展中长期规划，协调各方资源，统筹安排，防止在巨灾保险的整个设计的过程中间出现碎片化的现象。在具体的制度建设和运行过程中，建议更多地采用政府引导下的市场运作，充分发挥各职能机构的作用。

2. 建立多部门协作制度以及统一的数据平台

指数保险的长期稳健发展需要建立跨部门、多领域之间的有效协作机制，以形成基础数据、科研分析、风险管理、有效应对的完整减损减灾体系和风险管理体系，建立包括气象数据、巨灾数据、物价指数、农业亩产量等信息的统一数据平台。以巨灾类指数保险为例，应与气象局、住建部、地震局、国家防总等部门建立协作关系，形成气象监测、地震指数、区域布局、产业结构、人口分布等灾害相关信息系统，为巨灾类指数保险的费率厘定、经营模式和触发机制提供数据基础。以价格指数保险为例，应与农业部、统计局等部门建立密切协作关系，以对相关品种的播种和养殖规模进行指导，配合卫生部门研究疫情预防、治疗等方案切实降低风险，真正发挥指数保险减灾减损的价值。

3. 建立强制保险与非强制保险相结合的试点机制

指数保险作为一种市场化保障手段，建议在现阶段的参与配置上采取“政府主导 + 市场补充”方案，确保充分分散风险，实现投保普及化，符合大数法则。保险业和政府之间应建立一种建设性伙伴关系，政府职责范围的清晰、可界定，使得自然灾害风险具有可保性，政府给保险公司充当最终担保人。在机制成熟后，逐步向市场化过渡，让居民自由选择。

根据各类指数的保险特点，选取不同地区先行开展试点工作。如巨灾指数保险，可在云南、贵州等巨灾风险相对集中的地区试点。而农业气象指数保险可在江苏、浙江、大连等地先行开展。

4. 对接国际保险市场，通过再保险安排分散高聚集风险

指数保险具有巨灾保险的特征，具有高风险聚集性，一旦达到触发机制就会引发大量赔款。在国际上，分散指数保险风险的主要手段还是再保险机制。建议对接国际再保险市场，保

险公司根据自身偿付能力承担一定比例风险责任，同时，积极参与国际再保市场对巨灾管理的研究课题，及时吸收国际先进经验完善我国指数保险机制。

5. 加快巨灾保险金融创新产品研究

积极发挥资本市场对巨灾保险的支持作用，研究开发适合资本市场特点的巨灾债券、巨灾期权等证券化产品以及非传统风险转移产品，作为再保险风险分散机制的补充。

|第六章|

指数保险与政府财政管理体制改革

◎贾　康（全国政协委员，财政部科研所）

◎李　全（中国财政学会）

◎章　元（复旦大学教授，亚洲开发银行）

◎范小雯（财政部科研所）

◎李　檬（财政部科研所）

◎王辰愉（对外经济贸易大学）

一、指数保险在公共利益、企业、居民等方面所遇风险的适用性

（一）指数保险的机理

保险是指投保人根据合同的约定，向保险人支付保险费，保险人对于合同约定可能发生的事故，因其发生所造成的财产损失，承担赔偿保险金责任，或者当被保险人死亡、伤残、疾病或者达到合同约定的年龄、期限时，承担给付保险金责任的保险行为。指数保险（Index insurance）通常承保的是个人承保力不足的、低频率、高损失的自然灾害或天气变化的“峰值”风险事件，投保人可以是个人，但更多是各级政府或国家，常为多方联合投保，投保的人群越多，覆盖的地域越广越好；由于保费较高，需要多方、多渠道筹集资金；承保的保险公司应善于运作资金，有较强的理赔能力，有较高的社会责任，公共信誉度高；最关键的是，赔偿不是基于被保险人的实际损失，而是基于预先设定的外在参数是否达到触发水平，如降雨量和气温等气象指数通常被作为触发参数即指数，因此确定有效的指数成为能否使用指数保险的关键因素之一。

有效的指数是在保险事件发生后可以被迅速披露的一个客观界定的参数，必须具有透明度，可观测、可量化并被清楚界定；与之相关的合约必须相对简单，以便投资者能够对风险和承担风险的收益作出判断；指数的值应尽快公布，以便金融交易的迅速进行；指数应准确并可靠，并且尽可能无需修正；指数提供者的独立性和可信性越强，越有助于降低固有的道德风险并增加指数的可靠程度①。

① “指数在将保险风险转移到资本市场中的作用”，载于《SIGMA》2009 年第 4 期。

（二）指数保险的应用范围

目前指数保险多应用于自然灾害赈济和农业生产发展两大领域。

2007 年 16 个加勒比共同体政府参与了加勒比地区地震和飓风指数型再保险机制，是指数保险在人类应对自然灾害的成功案例。2010 年美国阿拉巴马州飓风灾难利用了第一笔指数保险。墨西哥已经将 2012 ~ 2015 年地震和飓风灾后紧急救援活动启用了指数保险。这些自然灾害赈灾成功的案例收益于指数保险实施的是分层风险管理战略，管理方式上用不同程度的风险对应不同的风险管理手段（综合利用储蓄、借贷、商业保险、政府巨灾保险等手段）进行分层；风险程度依据合同条款中不同级别的损失对应不同级别的赔偿额度进行分层；从而使指数保险合约标准化与透明化，并通过金融衍生品市场进行交易，进而可以在地区、国家或全球范围内转移系统性风险。

由于传统农业保险存在信息不对称和依赖政府支持，产生补贴与政策干预扭曲效应，20 世纪 20 年代开始推出指数保险。印度学者 Chakravarti 在 20 世纪 30 年代提出了指数保险概念，芝加哥大学的 Harold Halcrow 在 20 世纪 40 年代进一步完善，之后，Stiglitz、Miranda、Skees 等学者不断推广，从信息不对称和系统性风险角度论证传统农业保险的缺陷和创新指数保险的必要性[①]。

农业领域的指数保险其关键指标依据是天气指数，也称气象指数，是以一个或几个特定的气候条件（如降雨量、温差等）指数为触发机制，向被保险人支付相应标准的赔偿金额的一种农业保险模式。其本质是天气指数保险，常见的业务组织模式主要有三类：一是农业保险机构自主进行产品创新和运作的模式。1997 年发生在美国的世界第一笔天气衍生品交易为农业风险管理提供了新的思路。一些发达国家的农业保险机构也因此较早开始天气指数保险的设计实施。如美国农业保险公司将降雨量与玉米挂钩设计了天气指数保险产品：加拿大艾伯塔省农业金融服务公司开办了包括卫星云图保险、降雨不足保险和温度保险在内的三种天气指数保险。二是国际组织支持下的天气指数保险试点模式。如在印度，世界银行的商业风险管理组织支持 BASIX 公司和 ICICI 伦巴德通用保险公司联合开发降雨指数保险产品：在马拉维，世界银行发起了花生种植的干旱指数保险试点；2008 年 4 月我国农业部与国际农业发展基金、联合国世界粮食计划署合作的“农村脆弱地区天气指数农业保险”项目也正式启动。国际组织尤其

① 谢玉梅、高娇：“国外指数保险研究文献评述”，载于《商业研究》，2013 年第 4 期。

是世界银行对天气指数保险的大力推广促进了发展中国家对天气指数保险的认知和实践。三是天气保险公司的专业化运作模式。美国天气保险公司 WeatherBill 是全球第一家面向家庭和企业提供天气保险服务的公司。2007 年，上海安信农业保险股份有限公司在我国率先推出西瓜梅雨期间降雨指数保险业务：2008 年 4 月．我国农业部与国际农业发展基金、联合国世界粮食计划署共同启动“农村脆弱地区天气指数农业保险”合作项目，该项目选取安徽省长丰县、怀远县分别作为旱、涝灾产品的研发基地。并于 2009 年和 2010 年先后推出了“水稻种植天气指数保险”及“小麦种植天气指数保险”试点[①]。

（三）指数保险相关的金融工具

据了解，目前与指数保险相关的金融工具有三大类：①行业损失担保（再保险）；②财产及意外险巨灾衍生品、死亡率/长寿掉期、交易所买卖的巨灾合约、天气衍生品这四项衍生品；③财产及意外险巨灾债券、极端死亡率债券这两类证券。其中，指数保险在财产及意外险债券、行业损失担保和天气衍生产品方面的应用最为成功，指数连结金融工具的买卖也只限于巨灾债券，标准化的行业损失担保和交易所买卖合约。

在上述与指数保险相关的金融工具中，较为常见的有行业损失担保、巨灾债券这两种。其具体操作方式如下。

行业损失担保以再保险交易形式进行，风险转移机制有两个触发点，只有在保险行业的损失和被保险人的损失都超过了事先确定的界限值时才会启动。由于存在赔偿要求，行业损失担保也可被看作为再保险。与行业损失的标准相比，实际损失的标准更高。这样，一旦发生行业损失，就非常可能产生实际损失。因此，行业损失担保的定价是以行业损失标准相关的风险为基础的。

巨灾债券是目前巨灾风险衍生品中被使用最广泛的。巨灾债券的典型交易过程如下：一个特殊目的公司和承报巨灾保险的投保人签订再保险合同，同时向投资者发行巨灾债券。如果事先约定的巨灾损失没有发生，投资者可以收回他们的本金和利息；如果事先约定的巨灾损失发生，投资者将损失利息或本金或者两者皆损失，这些资金将用于支付给原保险人，作为再保险合同的约定赔付。

---

① 陈小梅：“天气指数保险在我国的应用研究”，载于《金融与经济》，2011 年第 9 期。

（四）指数保险在相关风险领域的适用性

在讨论指数保险在相关风险领域的适用性前，需明确指数保险的必要性。

如图 6.1 所示，根据 1980 ~ 2012 年间的巨灾损失统计，大部分情况下各国自然灾害带来的损失仍有 50% 以上难以获得保险赔偿。尽管无保险赔偿损失比例较高的原因是多方面的，但该数据结果喻示着指数保险在自然灾害风险控制中的必要性和存在较大发展空间。

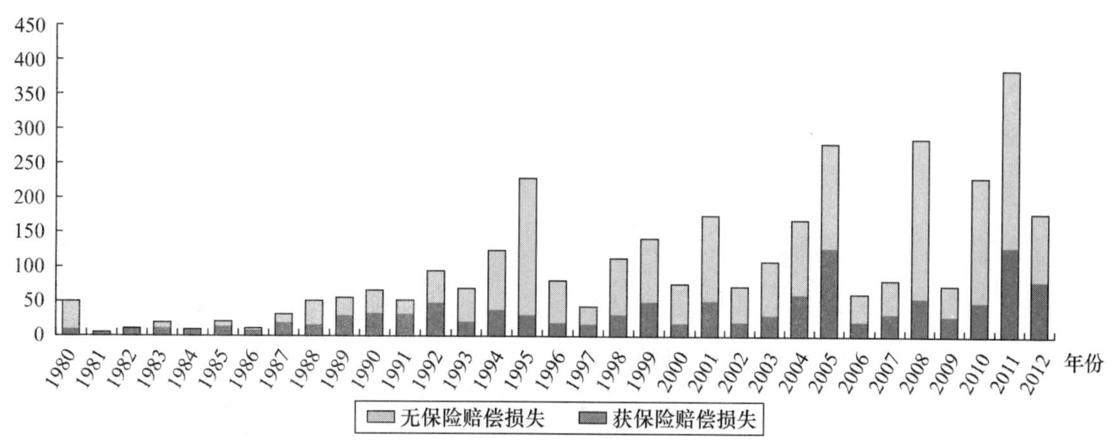

图 6.1　1980 ~ 2012 年发生的巨灾，10 亿元美单位（以 2012 年价值为基准）

资料来源：ER&C. sigma catastrophe database。

1. 指数保险对公共利益风险控制的适用性

公共利益是一定社会条件下或特定范围内不特定多数主体利益相一致的方面，它不同于国家利益和集团（体）利益，也不同于社会利益和共同利益，具有主体数量的不确定性、实体上的共享性等特征，如何识别公共利益仍是司法和行政实践中的重要问题。而根据对我国《宪法》中关于公共利益的解读，其概念大致应包含社会秩序、公共秩序、社会治安、国家安全等。因此，公共利益风险基本可以理解为所有可能威胁社会秩序、公共秩序、公共设施、社会治安、国家安全等事项的风险。此外，公共利益在《宪法》中的地位较高，在一定程度上划分了基本权利的界限。因此，在法律和政治的层面上公共利益的保障是优先要考虑的。

自然灾害的发生对上述公共利益风险均有较大程度的危害，且具有突发性、偶然性、严重性、全局性，有时甚至具有易扩散性。因此对于公共利益风险的控制就需要快速且强力的风险应对措施。根据指数保险的反应速度快、赔付金额规模大等诸多特性，指数保险在一定程度上能够应对自然灾害给公共利益带来的风险。

此外从指数保险交易主体的角度分析，公共利益风险的管控应当是中央政府以及地方政府的职责，因此应当用财政预算来支付高额的指数保险费用。从支付能力上看，中央及地方政府有一定的指数保险费用支付能力，其实施指数保险控制公共利益风险的可行性较好。

2. 指数保险对企业风险的适用性

企业风险是指企业在其生产经营活动的各个环节可能遭受到的损失威胁。它涉及的范围相当广泛，不管是在采购、生产、销售等不同的经营过程中，还是在计划、组织、决策等不同职能领域里，企业所遇到的风险都统称为企业风险。自然灾害给企业带来的风险涉及资产损失、运营停滞、客户流失、人力资源损失、战略规划难以实现等事项。企业不仅是各国经济发展的细胞单元，也是经济链条上的一个个节点，上述企业风险既有可能导致一部分企业自身的消亡，甚至还有可能致使某条经济链条的断裂。因此，在经济发展的层面上，对于企业风险的控制尤为重要。

而就指数保险对企业风险控制的适用性问题上，应当就不同行业以及不同地理区位的企业分类看待。指数保险保费较高，因此只有针对自然灾害高发地区以及自然灾害相关指数与企业业绩有较强相关的一部分企业而言，指数保险带来的收益能够覆盖指数保险的保费成本。而具体各个企业是否适合购买指数保险还应当根据各企业具体的支付能力和近期公司战略决定。

3. 指数保险对居民风险的适用性

居民风险大致涵盖两方面内容，分别是居民人身安全风险以及居民财产损失风险。此外根据河南大学学者的研究结果显示，城市居民的风险认知结构由5个因子构成，即风险的可控性、风险的可见性、风险的可怕性、风险的可能性和风险的严重性，五个因子共解释了风险认知总变异的54.775%[①]。而自然灾害风险具有风险可控性差、风险可见性较差、风险可怕性强、风险可能性不确定、风险严重性强的特点，因此基本具备居民对于风险认知的全部因素，具有较强的风险控制需求。

但就居民个人对指数保险的支付能力来看，个人支付的普及性较差。根据2011年8月《干旱指数保险支付意愿研究——基于湖北省孝感市的实证分析》的研究结果显示，72.5%的居民不愿购买干旱指数保险，愿意支付的居民的意愿支付费用又普遍偏低。从个别推断整体的过程中，有一定理由可以推断在我国当前人均收入水平下指数保险较难向居民个人普及。

此外，居民风险的两方面内容已能在一定程度上通过市面销售的相应传统保险进行风险控制，且保费的可接受程度较好。而且，居民对市面销售的保险较为了解，而对指数保险相对陌

① 刘金平、黄宏强、周广亚："城市居民风险认知结构研究"，载于《心理科学》，2006年第6期。

生，因此选购指数保险的学习成本和转换成本可能会较高。所以大部分居民在选择上应该更倾向于购买市面上已供销售的传统保险。

二、公共财政与指数保险

（一）公共财政改革与指数保险的推广

1. 公共财政的概念

政府公共财政是以国家为主体，通过政府的收支活动，集中一部分社会资源，用于履行政府职能和满足社会公共需要的经济活动，是满足社会公共需要为目的而进行政府收支活动的模式，即国家为市场提供公共产品（服务）的分配活动或经济活动，它是与市场经济相适应的一种财政类型和模式。建立在“公共产品”理论和“市场失灵”理论基础上，以社会利益作为活动目的，从事非盈利的、提供社会公共需要“公共产品”和准公共产品，来弥补“市场失灵”领域。

2. 财政管理体制的内涵

财政管理体制是指根据国家各级政权的职责范围划分各级预算收支范围和管理权限，并规定收支划分的方法。预算管理体制是财政管理体制的核心。由于国家预算集中了国家的主要财力，是国家有计划地组织财政分配的基本形式，通常也把预算管理体制称为财政管理体制。

3. 公共财政与财政管理体制的关系

从政府公共财政与财政管理体制的概念上看，政府公共财政是中央和各级政府的一种经济活动，而财政管理体制是划分中央和各级政府政权、经济活动可涉及范围的制度。由此可以基本得出政府公共财政与财政管理体制的关系，即政府公共财政是财政管理体制所规范管理的客体，而财政管理体制是划分各级政府公共财政职权范围的制度设计。

（二）指数保险与公共财政的关系

1. 指数保险是对公共财政运用的有效补充

依我国目前的国情，发生重大自然灾害之后，政府为救灾和灾后重建承担无限责任。面对巨灾，及时提供救援、保障受灾群众的基本生活、受灾地区的稳定这些都需要政府在短期内提供大量的流动资金来解决问题。中央政府和省级政府通常是最后的经济支柱，提供大部分的救援资金。风险准备金储备可以用作首批费用，但在面临重、特大自然灾害时，其金额通常不足。为了在巨灾之后筹集资金，地方和中央政府常需要采取重新分配预算、增加政府债券或募集捐助等措施。然而，这些措施一般来说都有其局限性。重新分配预算难以提供足够的资金，而且还会从其他重要的公共支出需求中抽走资金。如果选择发行债券，巨灾之后的借款成本可能比较高，而且政府债务的进一步增加会加剧宏观经济指标以及金融体系的负担和隐患。而募集捐助，相当一部分会以物资和服务的形式提供，到达的时间不能保证，且数额无法预估。在上述的这些措施中，还有一个很重要的问题就是时间上的滞后，即救灾款项难以在灾害刚刚发生最需要的时刻到账。捐款具有很大的不确定性，发债通常是灾难结束后一段时间内才开始启动，最紧急的救灾应急资金需求压力主要落在政府头上。相比之下，灾前融资，如指数保险，可以有效应对发生频率低（如 50 年、100 年一遇等）同时又损失巨大的重、特大灾害事件。它有助于降低政府的金融风险敞口，在面对巨灾时为政府预算减少潜在的负担。灾前风险转移工具能够缩小实际经济损失和投保损失之间的差距，因此有助于降低政府预算的波动，减少政府在巨灾后筹集资金的需求，并增加预算的确定性。指数保险就是灾前融资的主要金融工具。

因此，指数保险与公共财政之间有一些必然的逻辑关系。

第一，自然灾害的突发性、严重性和全局性使得公共财政灾后救助的反应速度和资金渠道上暴露出了一定的问题。而基于上述关于指数保险的讨论，可以发现指数保险在灾后反应速度和资金供应透明度上都能较好地弥补财政资金的相应缺陷。

第二，指数保险的引入可以将自然灾害造成的部分财政负担转移到资本市场，充分利用资本市场的风险平摊能力。这样，公共财政的收支将逐步趋于平稳，利于完善预算管理。如下文图表《中央财政预算信息》所示，可以看出所统计内的五年间对于地震重建支出的波动较大，因此保险平摊此风险的可用空间就比较大。在一些发展中国家，创新型的指数联结解决方案已经使得政府和援助组织得以将自然灾害造成的部分财政负担转移到资本市场。其中包括，20 世纪 80 年代的行业损失担保（ILWs）、20 世纪 90 年代中期开始尝试的基于指数的保险连结证券（ILS）[①] 以及随后应用于与天气、死亡和长寿有关的指数风险。

第三，指数保险的引入能够提高公共财政对于自然灾害投入资金的保值增值能力。各级政府在我国《预算法》的要求下每年需要提出一定比例的预备费为面对自然灾害做准备，且此

① “指数在将保险风险转移到资本市场中的作用”，载于《SIGMA》2009 年第 4 期。

类预备费的使用上也有较强的约束。而指数保险能够借助资本市场一定程度上提高资金的保值增值能力，因此与预备费相比能够使单位公共财政支出的贡献更大。

在国内自然灾害问题上，公共财政起到的作用有一定的局限性，而指数保险的一些成功案例却对于公共财政的局限性进行了较好的补充。在国际范围内，政府主导的巨灾保险（特别是指数保险）近年来在世界很多自然灾害频发的国家和地区得到应用，例如：美国阿拉巴马州购买的飓风保险，墨西哥国家财政购买的地震和飓风保险等。世界银行、亚洲开发银行等国际发展组织也在经济欠发达的国家和地区推广和财务支持巨灾保险，帮助容易遭受自然灾害危害的地区财政。例如，世界银行为加勒比海 16 国提供资助制定了台风和地震灾害的指数保险，目前，在菲律宾开展台风灾害指数保险方案的制订。瑞士再保险公司在为这些发达和发展中国家研究制定巨灾指数保险的过程中开发和积累了宝贵技术能力和经验，已经获得越来越广泛的认可。

2008 年，中国第一例由政府主导的公私合作的农业巨灾保险机制在中国保险监督管理委员会的支持下，北京市政府与瑞士再保险在农业保险领域进行了开拓性的合作。参与方包括“北京市农委作为政府代表”以及“瑞士再保险和中国再保险”。投保风险控制范围包括洪水、冰雹、狂风、暴雨、牲畜疾病。该保险项目设置的指数为“由自然灾害造成的农作物和牲畜损失的损失率”。受益人囊括北京市约 40 万农民。保障范围设计为，当损失低于年保费收入的 160%，该损失由保险公司承担；再保险公司将承担 160% ~300% 的损失；而 300% 以上的损失将由北京市政府的农业巨灾风险准备金覆盖。中国保险监督管理委员会副主席周延礼评价该方案“由于北京的创新再保险安排促进了中国农业保险风险管理模式的创新，所以北京创新再保险安排具有重大意义”。

因此，指数保险一定程度上是对公共财政在一些公共产品和公共服务提供过程中的有效补充。

2. 公共财政可以成为指数保险实施的重要保障

政府为保障公民基本生存的权利，就应当提供越来越好的公共产品，如指数保险。而指数保险应用于自然灾害赈济和农业发展等领域都是提供公共产品的领域，应该是公共财政预算重点关注的领域，因为自然灾害、农业风险直接引发公共利益风险、企业风险和居民风险等多种风险，甚至引发生存危机、公共危机和金融危机，这些风险管理是政府的职能，是政府公共财政经费必须投入的领域。

从政府公共财政资金基础的角度分析，公共财政是指数保险实施的基础。如图 6. 2 所示，自2008～2012年，我国中央财政支出决算数中与自然灾害救助有关的科目为“地震灾后重建支出”。在五年的统计数据中，两项科目数据之和的范围为21.55亿～969.99亿元，相差948.44亿元；地震灾后恢复重建支出占中央本级财政收入比低至0.04%高至2.7%。从上述数据分析可以看出，地震灾后恢复重建支出会根据当期灾害程度给予不等的财政支持，且948.44亿元的差额说明中央本级财政收入至少能够提供948.44亿元的浮动资金支持地震灾后恢复重建。由此，一定程度上说明中央财政收入具备支持购买巨灾指数保险的能力。

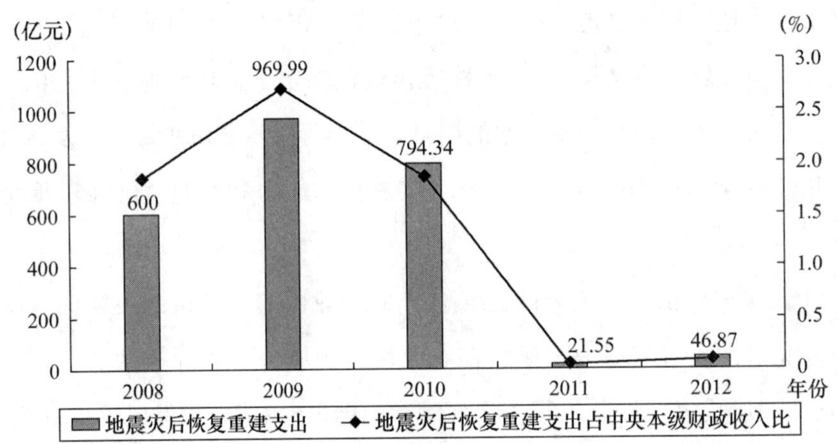

图6.2 中央财政决算信息

资料来源：财政部预算司官网。

除了中央公共财政收入外，全国财政预算支出中的“预备费”也具有为巨灾指数保险提供资金支持的能力。如图6.3所示，自2003～2012年间，我国全国财政预算支出中的预备费项目从450亿元上涨至1450亿元。尽管绝对数上，预备费上涨了1000亿元之多，但从其占全国财政支出总额的比例上分析，近几年其占比总体呈下降趋势，平稳于约1%～1.5%之间。在2003～2012年间，我国全国预备费的决算数均为零，这一方面说明预备费的使用可能具有较苛刻的条件，另一方面也说明我国全国预算中的“机动资金”较为充足不需要使用预备费来应急。因此，上述分析一定程度上说明预备费或全国预算“机动资金”从资金规模上能够为指数保险的实施提供基础性保障，但从预算科目性质上看预备费本身的使用可能存在较大困难。

根据我国财政部预算司公布的数据资料，全国预算支出中地震灾后重建支出属于中央财政预算支出。除此之外，地方财政预算支出中还有一部分为“自然灾害生活救助”。如图6.4所示，地方财政支出中自然灾害生活救助支出也有一定的波动，但较中央财政支出中的地震灾后恢复重建支出的波动性要小一些，因此对于地方自然灾害救助资金供应上，采用保险性质的金融工具可能不如年金性质的金融工具更加恰当。但是，从地方对于自然灾害生活救助支出的资

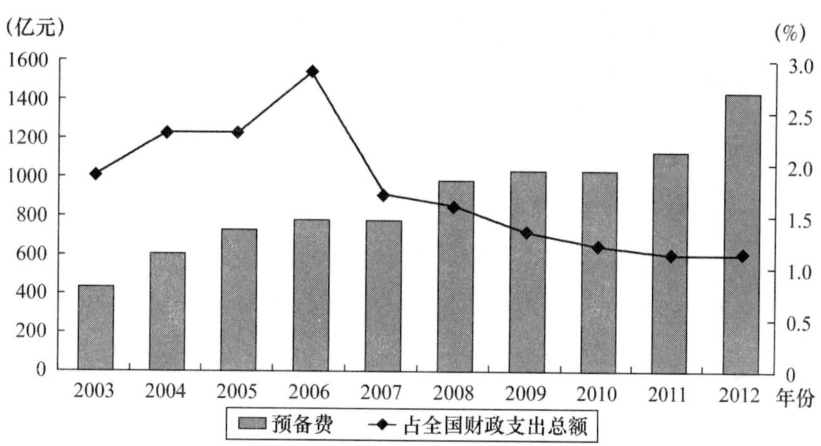

图 6.3　全国预备费历史数据

资料来源：财政部预算司官网。

金规模上看，120.56 亿元至337.24 亿元的浮动区间喻示地方财政也具有支持巨灾指数保险实施的能力。

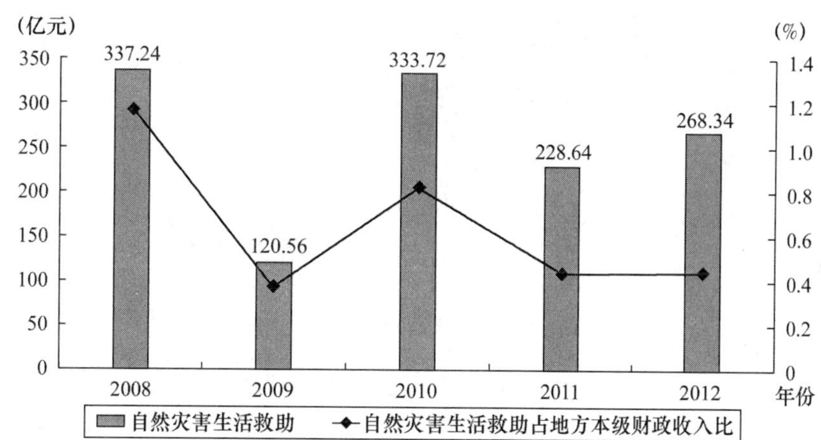

图 6.4　地方财政决算信息

从政府公共财政职权范围角度分析，在巨灾救助资金的管理问题上，政府应当担任设计平台框架和利用汲水政策刺激新兴业务的职责，而提高资金效率、平摊巨灾风险的任务应当交给资本市场。“商业保险公司对巨灾保险的积极性不高，巨灾险对保险公司来说是巨大的资金压力，如果没有政府力量推动，保险公司不会主动经营巨灾险。”一位财险公司中层管理人员说。此外，首都经贸大学教授庹国柱认为，一般的企业财险虽可附加地震风险保障，但费率高且赔偿金额较少；家庭财险和机动车险一般把地震风险列为除外责任。因此，民众倾向于政府的财政补贴而不愿购买保险。“因此，需要政府的参与或引导。”中国财产再保险股份有限公司总经理和春雷指出，目前巨灾风险的分散机制还未建立，巨灾保障难以获得持续稳定的支持，应该建立一个再保险体系，包括再保险共同体，通过再保险共同体平台进行二次风险分散。从业内人士和学者的表述中，可以看出巨灾保险的实施离不开政府的支持和引导。

“提高资金效率、平摊巨灾风险应当是资本市场的职责”这一观点是国外普遍较为认可的，从理论上讲也是较为正确的。如图6.5所示，该图标题为“越大型的灾害越需要更多人分担该风险”，这符合自然灾害救助和保险的基本思想。图中横坐标表示灾害事件严重性从小到大，纵坐标表示参与方从少到多。当自然灾害严重性达到中等以上时，再保险和资本市场就应当更多地参与到巨灾风险分担中。

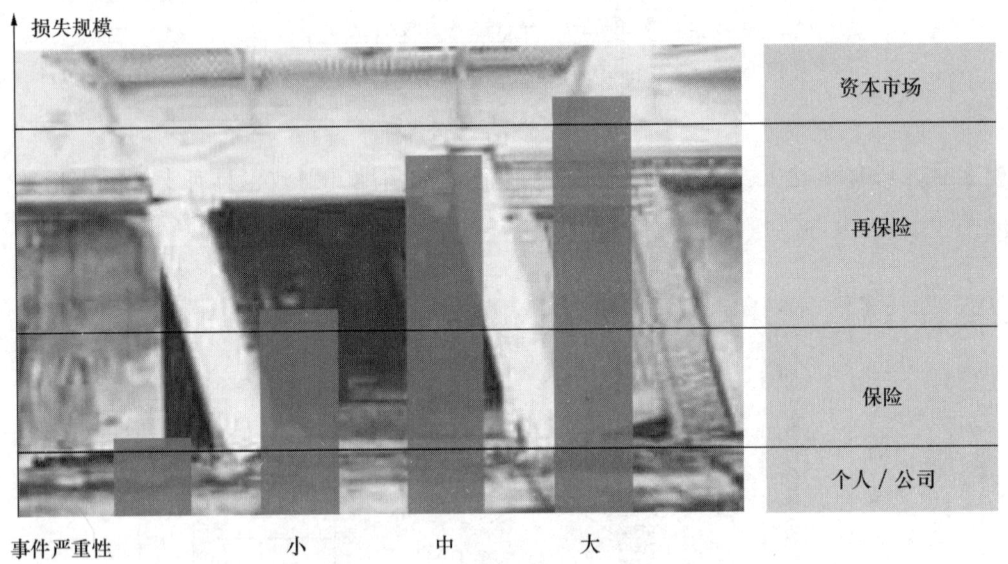

图6.5　越大型的危害越需要更多的人分担风险

保障公共利益是公共财政的基本职责，公共财政是购买指数保险类公共产品的资金基础，公共财政向自然灾害方面的资金投入有法定的要求。因此无论从公共财政的性质职责、支付能力还是法律要求上，政府公共财政都是指数保险实施的重要基础。

三、中国政府层级的划分及预算体系的安排

（一）中国政府层级的划分

1. 中国政府目前的层级架构

政府财政管理体制是在财政管理中划分各级政府之间以及国家与国营企业、事业单位之间

的责任、权力和利益关系的制度。因此以预算管理体制为核心的纵向政府财政管理体系分为国家、直辖市和省、市和地区、区县及乡镇五级。

2. 分税制改革对政府财力的重新分配

分税制改革，狭义讲是中央与地方的财政分税制度改革，广义讲是理顺各级政府间基于财政分配方案的全面利益分配关系改革。分税制的基本要求应是实现各级政府事权、财责、财权、财力的协调配合，具体而言，应以事权为核心、在明晰各级政府事权边界的基础上明确各自财政支出责任、进而按税种划分财权并配以相应财力[①]。中国 1994 年分税制改革以经济性分权为内在改革逻辑、以工具价值为改革理性选择、以规范的分税分级财政为改革指向，其基本内容有以下六项。

一是分权定支出。在明确划分中央与地方政府事权的基础上确定各自的财政支出责任。

二是分税定收入。根据财权与事权相匹配的原则，按税种划分中央与地方的收入，分为中央税、地方税及共享税。

三是分级构建体系。与财政收入划分方法相配套，将原来的一套税务征管机构分为中央和地方两套税务机构分别征税。其中，国家税务局负责征收中央税和中央与地方共享税（关税、进口环节的增值税与消费税等中央税及共享税由海关代征），地方税务局负责征收地方税。

四是转移支付配财力。中国的分税制财政体制改革后，确定了过渡时期的转移支付办法和一般性转移支付办法，初步形成了由体制补助、专项补助和税收返还等构成的转移支付体系。这种转移支付制度保证了分税制过渡期的相对稳定。

五是税收返还保存量。为了保持地方既得利益格局以争取地方对改革的支持、减少改革阻力、保证分税制在地方的顺利推广，建立中央财政在收入增量中逐步增长机制，达到中央财力稳定增长的目标，中央决定将净上划中央收入返还地方。

六是系数挂钩调增量。按照这一制度设计，既保证了地方拿到的两税返还是递增的，更重要的是从机制上有效保证了在改革后全国财政收入增量的分配上中央拿大头、地方拿小头，从而成功调动了中央与地方的两个积极性。这是保证分税制改革后全国新增财力向中央财政倾斜的关键性、极富创造性的制度设计，在保证中央财政收入与中央向地方税收返还额双增长的同时，实现二者的同向而不同步。

---

① 高鹏、李文华、张勋民：“分税制财税体制综合改革：历史性回顾与思考”，载于《华北电力大学学报社会科学版》，2010 年第 5 期。

分税制改革的上述六项基本内容当中，分权定支出、分税定收入及税收返还配财力是改革的主体内容，体现了政府间关系三要素，即事权、财权、财力的内在逻辑联系以事权为核心实现财权与事权相匹配。根据中央和地方的事权，按照税种划分中央与地方的收入。将维护国家权益、实施宏观调控所必需的税种划为中央税；将同经济发展直接相关的主要税种划为中央与地方共享税；将适合地方征管的税种划为地方税，并充实地方税税种，增加地方税收收入。

3. 中央政府与地方政府的财权与事权矛盾

理论上讲，我国在政治上是一个统一的社会主义国家，一级政府有一级施政范围，在地域上我国幅员辽阔，各地的经济基础和自然条件相差悬殊，政府财政管理体制在遵循统一领导，分级财政原则的同时，财政管理体制还必须与国家经济管理体制相适应，权与责结合，各级政府有什么样的职权、什么样的事权，就要有相应的财权，财权与事权相统一。

现实的矛盾主要有两方面。

首先，最重要的是中央政府与地方政府在财权和事权的划分上不匹配，若干事权从中央向地方政府甚至基层政府的层层下移，相对的是财权仍然集中在中央政府。全国性的公共产品，比如说涉及国家安全的公共产品应当属于中央政府的事权。像司法审判、警察，应该考虑把这个权力收归中央，实行全国统一的标准。地方性的公共产品对本地区是有影响的，比如地区性的疾病防治就属于地区的事权。交叉性的公共产品，像交通建设不能完全划归地域性或者全国性，以及具有优异的地域性但有可能产生一定范围内的区域外溢性的公共产品，像面临跨区域性风险的传染病防治等，应由中央和地方两者共同提供公共产品。尤其是教育和医疗等交叉性服务公共产品范围不确定，应随着项目的建设进度或公共产品的外溢效应扩散，动态扩展到更多的地方政府甚至全国。而且提供交叉性产品时，中央和地方政府之间的事权和财权划分必须高度的透明，鼓励公众参与是维护其权利的方式之一。这样才能减少事权和财权矛盾，真正实现事权和财权统一。

其次，各级政府事权财权界定还有待于进一步完善。由于事权划分是财权划分的前提，因此财政体制改革的重要前提是各级政府事权的明确划分，分税制财政体制改革的文件仅对各级收入范围作了规定，没有对各自承担的事权做出明确规定。我国各级政府的事权划分长期以来按企业事业单位的隶属关系进行，总体上划分方法较为合理，但也存在划分不规范，经常变化的问题。因此，在明确细化各级政府在市场经济条件下各自承担的职能的前提下，将各级政府事权划分以法律形式加以规定，才能更好地界定各级政府的事权财权。

（二）各级政府相关预算体系安排

国家实行一级政府一级预算，设立中央，省（以及自治区、直辖市）、设区的市（以及自治州）、县（以及自治县、不设区的市、市辖区）、乡（以及民族乡、镇）五级预算。不具备设立预算条件的乡、民族乡、镇，经省、自治区、直辖市政府确定，可以暂不设立预算。作为法律文件的政府预算明确规定了各级人民代表大会和各级人民代表大会常务委员会、国务院和各级政府、国务院财政部门和地方政府财政部门的权利和责任。

1. 中央政府预算体系安排

中央政府预算由中央各部门的预算组成。包括地方向中央上缴的收入数额和中央对地方返还或者给予补助的数额。全国人民代表大会审查中央和地方预算草案及中央和地方预算执行情况的报告；批准中央预算和中央预算执行情况的报告；改变或者撤销全国人民代表大会常务委员会关于预算、决算的不适当的决议。全国人民代表大会常务委员会监督中央和地方预算的执行；审查和批准中央预算的调整方案。国务院编制中央预算、决算草案；向全国人民代表大会作关于中央和地方预算草案的报告；将省、自治区、直辖市政府报送备案的预算汇总后报全国人民代表大会常务委员会备案；组织中央和地方预算的执行；决定中央预算预备费的动用；编制中央预算调整方案；监督中央各部门和地方政府的预算执行；向全国人民代表大会、全国人民代表大会常务委员会报告中央和地方预算的执行情况。国务院财政部门具体编制中央预算草案；各部门预算由本部门所属各单位预算组成。具体组织中央和地方预算的执行；提出中央预算预备费动用方案；具体编制中央预算的调整方案；定期向国务院报告中央和地方预算的执行情况。中央预算由全国人民代表大会审查和批准。经本级人民代表大会批准的预算，非经法定程序，不得改变。

2. 各级地方政府财政预算安排

地方政府预算由各省、自治区、直辖市总预算组成。各级总预算由本级政府预算和汇总的下一级总预算组成。包括下级政府向上级政府上缴的收入数额和上级政府对下级政府返还或者给予补助的数额。县级以上地方各级人民代表大会审查本级总预算草案及本级总预算执行情况的报告；批准本级预算和本级预算执行情况的报告。县级以上地方各级人民代表大会常务委员会监督本级总预算的执行；审查和批准本级预算的调整方案；审查和批准本级政府决算。县级以上地方各级政府编制本级预算；向本级人民代表大会作关于本级总预算草案的报告；将下一级政府报送备案的预算汇总后报本级人民代表大会常务委员会备案；组织本级总预算的执行；决定本级预算预备费的动用；编制本级预算的调整方案；监督本级各部门和下级政府的预算执行；向本级人民代表大会、本级人民代表大会常务委员会报告本级总预算的执行情况。地方各级政府财政部门具体编制本级预算草案；具体组织本级总预算的执行；提出本级预算预备费动用方案；具体编制本级预算的调整方案；定期向本级政府和上一级政府财政部门报告本级总预算的执行情况。地方各级政府预算由本级人民代表大会审查和批准。

3. 转移支付在预算安排中的作用

财政转移支付制度是分级财税体制中一个非常重要的环节。正确发挥财政转移支付制度的效应，对分级财税体制顺利实现国家各项经济政策目标具有重要意义。1994 年我国实行分税制财政管理体制改革后，为了解决地区收支均衡的问题，确保贫富不均的人们获得均等水平的教育、卫生防疫以及环保等公共服务，开始试行财政转移支付制度。操作方法是中央政府向地方政府、地方政府向下级财政无偿划拨资金，各地财政之间也发生少量的横向转移支付。

转移支付在结构上分为一般转移支付（无条件拨款）和专项转移支付（有条件拨款）两大类。一般转移支付主要体现为中央对地方的财力补助，这些补助在给予地方政府时并不附加任何使用上的要求，地方政府可以自主安排支出，它能够有效地实现中央财力向地方的转移，解决中央与地方财力分配纵向不平衡问题。一般转移支付包括税收返还、原体制补助以及 1995 年开始实施的过渡期转移支付办法等。专项转移支付则主要服务于中央的特定政策目标，地方政府应当按照中央政府规定的用途使用资金，包括中央对地方实行的工资、社会保障、环保、抗灾救灾、扶贫帮困等方面的转移支付。专项转移支付能增强中央政府支出政策的力度，而且能在一定程度上干预地方政府的自主权。

根据上述对转移支付的理解，转移支付对预算安排的作用大致有两方面。第一，转移支付能够平衡各地方政府财政预算收入，缩小地域间经济差距；第二，转移支付能够在一定程度上以及特定事务上促进地方政府事权与财权的匹配。因此，无论是面对我国区域经济结构调整问题，还是面对我国地方政府财权事权相匹配的问题，转移支付都起着重要的作用。但根据金双华教授于 2013 年 9 月发表的国家社会科学基金项目《财政转移支付制度对收入分配公平作用的研究》，可以发现目前我国的转移支付仍有一定缺陷。例如，转移支付法定程序的不完善导致个人权力寻租，以及转移支付效果评价的周期可能过短导致反馈结果有误导性。

当然，从转移支付对预算安排的作用及局限性中能够看出，指数保险可以成为对转移支付的补充。自然灾害指数保险的赔偿能够在减小由于自然原因导致的地域间经济差距的同时，也在指数保险合约设定时平衡好了关于自然灾害救助问题的各级政府事权与财权的匹配。

（三）当前各级政府应对自然灾害的预算安排

1. 各级政府应对自然灾害的预算安排

《中华人民共和国预算法》要求：各级政府按照本级政府预算支出额的1% ~3%设置预备费，用于当年预算执行中的自然灾害救灾开支及其他难以预见的特殊开支。《国家自然灾害救助应急预案》中规定：针对干旱、洪涝灾害，台风、冰雹、雪、沙尘暴等气象灾害，火山、地震灾害，山体崩塌、滑坡、泥石流等地质灾害，风暴潮、海啸等海洋灾害，森林草原火灾和重大生物灾害等自然灾害。民政部、财政部、发展改革委等部门，根据《中华人民共和国预算法》、《自然灾害救助条例》等规定，安排中央救灾资金预算，并按照救灾工作分级负责、救灾资金分级负担，以地方为主的原则，建立和完善中央和地方救灾资金分担机制，督促地方政府加大救灾资金投入力度。县级以上人民政府应当将自然灾害救助工作纳入国民经济和社会发展规划，建立健全与自然灾害救助需求相适应的资金、物资保障机制，将自然灾害救助资金和自然灾害救助工作经费纳入财政预算。中央财政每年综合考虑有关部门灾情预测和上年度实际支出等因素，合理安排中央自然灾害生活补助资金，专项用于帮助解决遭受特别重大、重大自然灾害地区受灾群众的基本生活困难。中央和地方政府应根据经济社会发展水平、自然灾害生活救助成本及地方救灾资金安排等因素适时调整自然灾害救助政策和相关补助标准。救灾预算资金不足时，中央和地方各级财政通过预备费保障受灾群众生活救助需要①。

从上述相关描述中可以看出《预算法》要求救灾资金分级负担，但是要以地方为主的原则。尽管建立和完善了中央和地方救灾资金分担机制，但是地方政府仍需加大救灾资金投入力度。图6.6可以较明晰地对比出中央与地方的财政收入规模，从中可以看出自2011年起地方本级财政收入开始超过中央本级收入，由此从财力总量上可以理解《预算法》提出救灾资金分担以地方为主的原则。但我国各地方的地理差异较大，发生自然灾害的概率也各不相同，因此倘若没有建立有效的地方间区域性相互救助，则各地方的救灾事权难以具有与其相匹配的资金支持。面对这样的问题，中央若不能设定合理的各地方间相互救助的机制或者适宜的巨灾防范机制，则中央财政资金将不得不向地方应急性地转移支付，从而导致救灾资金不能及时到位等各种问题。

① 《国家自然灾害救助应急预案》，2011年8月7日生效。

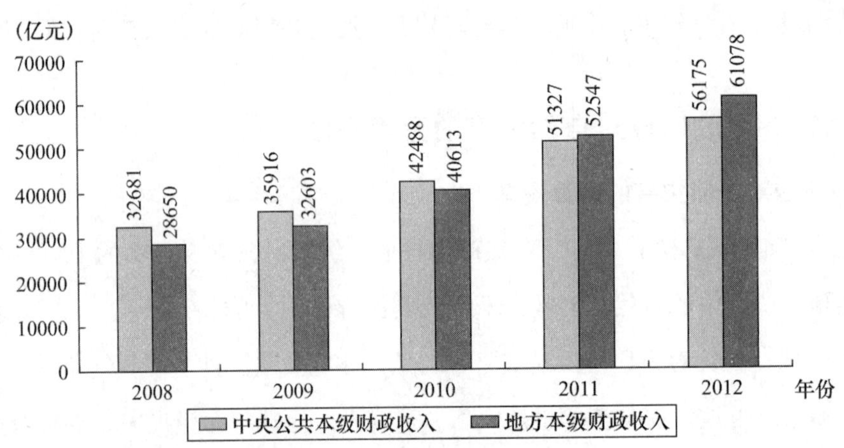

图 6.6 中央与地方财政收入规模

资料来源：财政部预算司官网

2. 各级政府应对自然灾害预算安排中存在的问题

第一，以地方为主的救助事权可能导致恶性循环。《预算法》中关于救灾资金分级负担，而以地方为主的方式有其合理性，但有可能导致个别穷困地域的恶性循环。随着地方财政收入逐步上升以及各地方地域特点分化愈加明显，在自然灾害救助问题上以地方负担为主是可以理解的。但是纵观我国的自然灾害历史，大部分发生自然灾害的地方是经济较为落后的地域。其原因也很简单：一是经常发生自然灾害的地域，其经济发展本身已经受到了自然条件的制约，如山地、沙漠等；二是无论中央还是地方，在经济建设中心选址的过程中一般也会选择较为适宜的地域优先发展该地方经济。如上所述，若在实际操作中以地方财政为救灾资金的主要力量，经常会出现受灾地区政府的财政资金难以胜任救灾主力的职责，且用于救灾的支出难免会侵蚀该地域用于发展经济的支出，进而导致该地域的经济更加落后。因此，若以地方为主要救灾资金的供应主体，可能会导致恶性循环。

第二，救助资金的科学估计问题。《预算法》中要求各级财政按1%～3%设置预备费，专门用于应对自然灾害等突发事件。另国家自然灾害救助应急预案要求县级以上人民政府应将自然灾害救助资金和自然灾害救助工作经费纳入财政预算，赈灾资金以地方政府财政分担为主。而地方政府尤其是县级政府财力有限，所筹资金仅能用于解决遭受自然灾害地区的农村居民无力克服的衣、食、住、医等临时困难，紧急转移安置和抢救受灾群众，抚慰因灾遇难人员家属，恢复重建倒损住房，以及采购、管理、储运救灾物资等支出①。但是，各级政府财政的

① 《湖北省自然灾害生活救助资金管理暂行办法》。

1% ~3%之和是否能够覆盖较大一部分的救灾支出，起到主要分担者的作用仍存在疑问。因此，中央财政加入的紧急性和专业技术缺乏都将使得拨付资金可能过多。

第三，地方政府对救助资金使用管理问题。由于各级政府对救灾资金难以做到科学估计的同时又必须面临紧急的救灾任务，一般临时拨付的救灾款和社会各界捐助的善款，数量与灾情不匹配，可能出现救灾资金过多的情况。进而过多的资金将诱发贪污腐败或者资源浪费。此外，中央对各级政府的转移支付过程中，中间环节较多，且不透明，应急救灾经费数量和速度很可能会在各级政府间的传递中衰减，不能迅速提供公共服务惠及于民，大大降低了赈灾效果。

四、中国政府预算制度改革与指数保险的衔接

（一）目前中国政府预算制度与指数保险的衔接

1. 政府预算和指数保险相协同的内容

首先，指数保险承保的“峰值”风险多是危害人类生存和发展的自然灾害及与自然环境变化密切相关的农业、能源等领域，其本质是地质、天气、气象指数保险，而地质、天气、气象风险涉及人类生活的各个领域，会给公共利益带来风险，也会给企业和居民带来风险，因此这些风险既是个人担心的，更是国家和集体关注的。

其次，政府预算作为立法文件要进行事前预算测定，指数保险也要依据气象知识、统计信息和其他学科的知识精细测算触发风险的指数，二者都需要按各自的方法进行事前预测。

再次，公共财政是国家用来为市场提供公共产品（服务）的。在其社会资源配置、社会保障、满足人民物质文化需要三大职能中，保障公民基本生存的权利排首位。在公共财政预算、国有资本经营预算、政府性基金预算以及社会保障预算四类国家预算中，公共财政预算就是政府凭借国家政治权力，以社会管理者身份筹集以税收为主体的财政收入，用于保障和改善民生、维持国家行政职能正常运转、保障国家安全等方面的收支预算。相应的，指数保险针对的是个人承保力不足的低频率高损失事件，平衡的是自然灾害及其系统性风险对大面积居民生活和企业生产等带来的影响。指数引入保险业的一个优势是它可以将自然巨灾风险转移到资本市场上，分摊政府公共财政的负担。在一些发展中国家，创新型的指数联结解决方案已经使得

政府和援助组织得以将自然灾害造成的部分财政负担转移到资本市场。

例如，在地方政府上报省级、中央政府的灾情报告中，很重要的一部分是受灾群众的相关信息。《广东自然灾害生活救助资金管理的暂行办法》中规定，救灾应急资金请示内容包括转移安置人口数、需衣被救济人口数、需治病救济人口数、倒塌和损毁房屋数量等。可见受灾人口数是衡量灾情的重要指标，也是政府的重要救灾内容。鉴于此，瑞士再保险开发的指数保险方案专门将气象灾害参数与受灾人口结合，通过卫星观测的降雨量数据开发指数保险，以应对季风降雨和台风降雨引发的洪涝灾害。同时，针对台风的灾害特点，开发台风巨灾框架方案，操作简单并且针对性强。这两种方案的组合可以较好的保障广东省以应对台风和洪涝灾害。

2. 政府预算和指数保险互补的内容

政府预算和指数保险的互补性主要体现在五个方面。

第一，政府预算资金规模可观，支付能力强，且从职能上讲是购买公共产品的主要资金来源。因此政府财政预算的资金规模可以较好地弥补指数保险保费高昂的缺陷。

第二，政府预算是经过审理的法律文件，经常对预算进行改动会影响预算的严肃性和稳定性，而且会使预算管理趋于混乱。因此政府预算不便于应对不确定的危害较强的灾难。而指数保险的引入可摊平由于自然灾害而波动的政府预算，加强预算的严肃性和稳定性。

第三，政府预算拨款程序环节多，资金数量变更也需审议，程序较为繁杂，救灾的时效性较差。而指数保险应对自然灾害的反映速度较快，不需要经过繁杂的程序，只需核对相关第三方公开的数据与约定的指数即可开始按保单约定供应救援资金。

第四，政府预算针对自然灾害的救助资金经常会由于事后应急管理的紧迫性而弱化其救助金额测算的准确性，从而可能导致资金供应过多而导致浪费或者官员腐败。而指数保险采用商业运作模式，借助多年的专业经验科学地测定触发指数，赔付资金准确且透明。

第五，政府预算资金投向比较注重安全稳健，因此其保值增值能力可能较资本市场而言较差；而指数保险较政府预算而言具有更好的保值增值能力，能够较好地提高政府预算的资金效率。从长期来看，指数保险较政府预算在自然灾害救助上投入产出比更高，资金使用效率相对较高。

3. 政府预算和指数保险的衔接

指数保险纳入到政府预算的范畴中应该经历如下过程。

第一，巨灾指数保险支出应成为关于自然灾害救助支出的明细科目，且应当单独设立科目进行核算和绩效管理。主要原因在于指数保险的收益是或有收益，而我国预算核算按照收付实现制编制，因此指数保险如果与其他支出混在一起在难以进行管理的同时也难以发现其价值。

第二，巨灾指数保险支出独立科目须进行长期预算管理方法，而非传统的一年时长为绩效管理周期。鉴于预算编制要求收付实现制，而指数保险的收益只有在发生灾害时才能实现，因此在发生灾害前很长一段时间内，指数保险支出的收益在收付实现制下无法体现。因此需要进行长期、多年的预算管理和绩效评估。

第三，巨灾指数保险的实施也需要地方试点，地方的选择应满足三点：自然灾害较高发地区、地方政府财政相对较充足和地方财政局预算管理较合规。以上三个条件的原因也比较明晰：自然灾害高发地区有购买指数保险的需要，且能较快体现指数保险的成本收益性，以便为其他地区是否需采用巨灾指数保险来管理巨灾风险作参考。此外地方财政充足能够降低试点损失，即使巨灾指数保险在我国自然灾害高发地区的试点并不成功，充足的财政会比财力薄弱的地区更能经受考验。

最后，预算管理的合规对于巨灾指数保险支出的管理尤为重要，因为判定巨灾指数保险的成本收益性最终来源于预算中各科目绩效的判定。如果某一地方财政预算管理较不合规或比较薄弱，则即使巨灾指数保险有效且适用，也会因信息的缺陷而告终。

（二）中国政府预算制度改革及对指数保险的引入

自 2010 年社会保险基金预算开始试编以来[①]，中国的政府预算才刚形成公共财政预算、政府性基金预算、国有资本经营预算和社会保险基金预算四位一体的体系。而世界范围内已经开始了致力于资金使用效率提高的预算改革。政府预算从最初的仅强调合规性，转变为开始更多地关注预算的绩效；从仅关注年度收支计划，转变为更多地关注中期预算、关注长期预算；从仅关注收支平衡，转变为更多地关注资产负债平衡状况，关注政府的各种财务活动。任何国家预算改革都是一个顶层设计问题，实施还需要技术和体制支持。受世界范围内政府预算改革的启发，结合我国实际情况，尤其是指数保险的引入，本文作者认为中国政府财政预算制度的改革应从以下四个方向[②]。

1. 政府预算除了年度预算外还应逐步建立中长期预算

任何事物的发生发展都有其自身的规律，有近因短期的，也有远因长期的，还有多因不确定的。因此国家及各级政府的事务管理都有中长期发展规划，单位、家庭、个人也都有近期计

①② 杨志勇：“健全政府预算体系问题研究”，载于《地方财政研究》，2011 年第 5 期。

划和远期设想。政府财政预算遵循的主要原则之一就是事权与财权统一，这种统一不仅仅局限在职责上的统一，还应逐渐做到时间上相协调。如老龄化问题是一个长期的问题，中国养老的政府财政预算就应该是长期预算[①]。中国是一个大国，地质地貌自然环境非常复杂，自然灾害的种类很多，各地发生的频率也不同，而且任何自然灾害发生的时间都是一个非常不确定的因素，因此赈灾的政府财政预算除了年度预算外，还应有中、长期的预算。

2. 政府财政预算的执行可借助市场运行提高效率

政府财政预算的形成过程是国家权力机关审定预算内容和赋予政府预算执行权的过程，即政府必须将所编政府预算提交国家立法机关批准后才能据以进行预算活动。它包括编制、执行、监督三方面的内容[②]。政府负责编制和执行，人大负责审查、批准和监督。《中华人民共和国预算法》要求执行预算年度自公历 1 月 1 日起，至 12 月 31 日止，有明确的时限规定。上级政府不得在预算之外调用下级政府预算的资金，下级政府不得挤占或者截留属于上级政府预算的资金。政府预算的优点是编制过程复杂，考虑问题全面客观，资金量大，保障有力度；缺点是形成过程长、速度慢、调整不灵敏、放款受执行时间限制。法国政府的预算执行多使用政府采购行为，包括公共采购和公共服务的委托经营两个方面。公共采购是通过合同形式进行的，政府直接付钱进行这种采购；公共服务委托经营是指政府通过合同将政府行为交给企业经营，其收益作为企业收入。政府通过合同要求企业提供货物或进行施工[③]。新西兰实行以“产品”为基础的部门管理，以“产品”为基础的预算体制。政府进行公共部门管理体制的改革，还将某些前政府行为市场化。而且用“使用者付费”这一哲学，让那些接收政府部门提供的产品和服务的顾客也支付相应的费用[④]。这些借助市场的方法大大提高了政府财政预算在执行过程中的效率。理论上讲尽管企业和个人活动于市场有效领域内，而政府活动于市场失效领域内，但大量的社会经济活动是需要赢利的企业和非赢利的政府共同介入和承担的。当某些行业的活动为社会公众所需要，并且可以有一定的市场收入，但又达不到市场平均赢利水平之时，政府和企业是可以共同承担这类活动的。这就要求政府通过公共财政的投资或补贴等，支持该行业的发展，并为整个社会的利益服务；企业由于可以获得平均利润率，而承担起了部分的乃至主要的投资任务，从而大大减轻政府财政的支出负担。政府财政的非赢利性活动，就直接为市场提供公共服务了。因此我国政府的财政预算执行管理应该多样化：由政府提供的准公共产

①② 杨志勇：“健全政府预算体系问题研究”，载于《地方财政研究》，2011 年第 5 期。

③ 楼继伟：“法国预算管理”，载于《中国财政 》，1999 年 3 期。

④ “新西兰政府财政管理体制改革”，载于《经济社会体制比较》，1998 年第 5 期。

品与赢利性企业合作；公共产品委托给国企用市场的方式来运作，借助市场来提高政府财政预算的执行效率。只有突破这个体制的框架，指数保险才有可能成为政府财政预算购买的一个产品。

3. 政府预算的测算方法仍有贴近实际的改善空间

《中华人民共和国预算法》规定政府预算的编制方法：中央预算和地方各级政府预算按照复式预算编制。中央预算和地方各级政府预算，应当参考上一年预算执行情况和本年度收支预测进行编制。政府财政预算具有法律性、预测性、集中性和综合性四大特点。预测性主要体现在政府通过编制预算可以对预算收支规模、收入来源和支出用途做出事先的设想和预计，也就是对预算年度的预收入和支出的各项指标，进行科学的预计和测算，使其与客观情况相符合。由于我国的政府财政预算方法相对单一，公共财政预算编制的准确性还有待提高。如经济增长率是财政收入增长预测的主要依据，这种预测有很大的局限性，必须经过一定的调整，才能与客观情况相吻合。

收入预测也有许多不准确的问题。法国政府预算支出预测主要采取两种方法[①]：一是对于数额较小的支出项目，采用统计方法进行预测。即对以往的支出作出统计分析，确定今后的支出。比如采用回归法。二是对于数额较大的支出项目，则要进行因素分析。预算局要掌握与该项支出有关的所有信息和影响该支出的所有因素，在此基础上进行支出预测。比如，对社会福利支出的预测，必须根据享受福利待遇的人员数、福利标准以及有关福利政策法案的修正因素进行比较严格的预测。最后每月将各项支出的预测数加总起来。由此看来，财务预算是为完成事务规划服务的，不仅要在时间上符合事物的发生发展规律，还要在操作和程度上与事务的实际情况相匹配，事前预算与实际发生的情况吻合率越高，预算的效率才越高。

为了提高政府财政预算的效率，政府财政预算的测算方法应多样化，除了充分挖掘信息统计技术外，还应参考指数保险中，关键的触发指数设定，使用大量气象和图像技术，还应学习不同类别预算涉及领域的相关知识，借助其他学科的先进技术，采用多种预算测定方法，使预算尽可能符合事物的实际发生情况，提高政府财政预算的效率。政府赈灾资金预算就可以参考指数保险测算方法。

4. 不断完善各级政府事权与财权的统一性

1994 年颁布的《中华人民共和国预算法》[②] 规定预算支出内容包括经济建设支出；教育、

---

① 楼继伟："法国预算管理"，载于《中国财政 》，1999 年 3 期。

② 《中华人民共和国预算法》，1995 年 1 月 1 日。

科学、文化、卫生、体育等事业发展支出；国家管理费用支出；国防支出；各项补贴支出及其他支出等六方面。从政府预算体系来看，无论有多少种政府预算，从根本上看，必须将公共财政预算置于核心地位。迄今为止，中国尚未形成规范的社会保障预算①，政府有关保障支出还在公共财政预算中体现。《中华人民共和国预算法》有关赈灾的预算规定：各级政府按照本级政府预算支出额的1% ~3%设置预备费，用于当年预算执行中的自然灾害救灾开支及其他难以预见的特殊开支。《国家自然灾害应急预案》中要求：县级以上人民政府将自然灾害救助资金和自然灾害救助工作经费纳入本级政府财政预算。意味着我国政府把赈灾工作纳入了地方政府的事权。

按照我国政府财政预算遵循的原则：各级政府分级预算，事权和财权相统一。全国性的公共产品，应当属于中央政府的事权；对本地区有影响的公共产品，应当属于地方政府的事权；交叉性的公共产品，应由中央和地方两者共同提供。实际现状是中央政府与地方政府在财权和事权的划分上还存在不匹配，若干事权从中央向地方政府层层下移，相对的是财权仍然是集中在中央政府，事权多压在地方政府身上，尤其是基层政府更是不堪重负。人类对物质的需要是有限的，对精神的追求是无限的，少部分人过多的物质积累对自己是烦恼，对同类是刺激，因此人类的天性是不患寡而患不均，社会稳定的一个重要前提是国民收入水平不能相差太多。中国是统一的社会主义国家，全民应享有统一均等的社会保障，因此随着我国经济发展，全民最低保障应逐步从地方政府的事权上升为中央政府的事权，才更有利于社会稳定和国家统一。自然灾害是社会保障中的小概率大损失事件，一方面是政府最需要保障的公共服务，另一方面单从商业保险的角度来讲，赈灾保险投保覆盖的人群越多、地域越广，财力越集中，才越有效率，保障才能真正有力度。因此将社会最低保障，尤其是自然灾害救助这个最重要的社会保障的事权划归中央政府才更公平，更有保障力度，才更符合中国的政治体制和国情。

地方政府财力不足，频发自然灾害的地区财政更加薄弱，应该将纳入县级以上地方政府财政预算的国家自然灾害预算资金的预算工作上移到中央政府，由国家设立全国范围内自然灾害指数保险基金，将全国自然灾害救助金纳入中央政府公共财政预算或社会保障预算，并将此项预算购买全国自然灾害指数保险，交由保险公司按市场的方式运作，负责全国自然灾害资金的事前风险管理，更有利于抵御自然灾害的巨大风险。

赈灾预算购买指数保险产品有四大优点：一是自然灾害发生是不确定因素，难以与政府财政预算的年度划分相吻合，长周期的指数保险就不会再受政府预算年度放款执行时间的限制。

① 杨志勇："健全政府预算体系问题研究"，载于《地方财政研究》，2011年第5期。

二是灾难出现时，指数保险能早期介入，甚至事前接入，大大减少因救助不及时，扩大或放大的灾难次生损害，一方面减轻了人民、企业和国家的实际损害，另一方面也节约了指数保险基金，进而提高了政府预算的效率。三是自然灾害发生少时或自然灾害发生前，指数保险还可以通过稳妥的金融机制使赈灾基金保值甚至升值，还可以通过其他的金融工具将风险适当地转移到资本市场上，将风险适当扩大和转移，提高自己的赔付能力，减轻政府财政预算的压力，弥补政府财政的不足。四是指数保险的加入便于自然灾害的层级管理：大型偶然性严重灾情采用以指数保险为主的事前风险管理，小型经常性灾情可以延用事后应急处理。

5. 与指数保险提供机构需专业谈判

指数保险中，尤其是巨灾指数保险具有很强的专业性，涵盖地理、精算等自然科学。因此，在测算巨灾指数保险价格以及赔付金额和定损指标时，需要财政部门联合相关自然学科专家借助其专业知识和经验进行相关指标和价格的讨论。因为具有专业性的同时也具有信息不对称的问题，信息不对称程度越高溢价越高。而地方财政的资金相对有限，为提高财政资金利用效率，须对该问题进行较为正规的讨论。除此之外，各地方的城区农村布局不同，这对巨灾指数保险有较大影响，对于我国来说尤其是地震灾害。因此在面对巨灾指数保险的各种产品模型的选择上，需要当地专业人士发表一定意见。例如，在瑞士再保险提供的两种地震指数保险“受灾框”和“地震烈度”中，哪种更适合当地的情形，这需要当地的专业人士给予一定判断。

（三）财政预备费与指数保险衔接的探索

1. 我国财政预备费的制度基础

按照《预算法》第三十二条规定，“各级政府预算应当按照本级政府预算支出额的1% ~3%设置预备费，用于当年预算执行中的自然灾害开支与其他难以预见的特殊开支”。具体比例由各级人民代表大会自行确定，少数民族人口较多的个别地区，国家批准比照民族自治地区的办法办理。预备费在预算编制时往往计入“其他”项下，属于预算执行过程中临时需要追加的支出，在预算编制时又不安排具体用途的专项基金[①]，是财政后备的一种形式。我国预算编制过程中，预备费分为中央总预备费和地方总预备费。各级设置的预备费，先由财政部门审核后提出意见，报经本级人民政府批准后方可动用。动用时间一般安排在下半年，根据情况追加使用。

是对一些不可预见的支出，国家预算不可能在年度开始前作出具体安排。因此，在预算执

① “国家预算预备费”：《百度百科》，http：//baike. baidu. com/view/11586667. htm？ fr = aladdin。

行过程中发生一些新的追加支出是不可避免的。为了保证年度预算收支的平衡，国家预算中必须设置预备费，使必须解决而预算又未列入的临时性需要有可靠的资金来源。

2. 加强政府预备费管理的构想

首先，预备费作为预算的一个组成部分，应该遵循预算管理的一般性原则。编制预算时，应该将方向确定为增收节支、量入为出、留有后备、收支平衡的原则来确定预备费的规模。

其次，要明确预备费使用的制度规范。预备费原则上应主要用于重大自然灾害的救灾和灾后重建支出，一些突发事件的抢险与应急开支，以及其他一些较为特殊的难以遇见的开支。但预备费的支出必须经政府主要领导提出，经政府常务会议通过并经政府领导班子集体决议后，由财政部门向政府直接分管领导及政府主要领导汇报预备费的动支情况，并应在年度决算时向政府常务会议汇报预备费的累计动支情况。

最后，还要对预备费的使用进行常规的和专项的监督检查。预备费的使用部门应定期向财政部门报告相关资金的使用情况以及年度决算情况，并接受财政部门的经常性监督。对于重大项目的支出，其支出效果和决算概要还应报政府常务会议。

3. 重大自然灾害的救灾经费来源

目前，我国发生重大自然灾害时，依然要重点依赖财政资金的支持，这主要来源于预备费。国家发布的《国家突发公共事件总体应急预案》《国家专项应急预案》等规定了财政部门在公共危机管理中的职责和在应急管理中的具体程序，如财政部门负责中央应急资金以及应急拨款的准备，中央财政每年根据上年度实际支出安排特大自然灾害救济补助资金，专项用于帮助解决严重受灾地区群众的基本生活困难等。但是，由于很多自然灾害爆发时往往没有预兆，造成的损失也有可能超过当期财政应急资金可以承受的范围，所以往往还需要缩减预算支出，以节约资金。比如在2008年，财政部就会同有关部门研究起草了《国务院关于支持汶川地震灾后恢复重建政策措施的意见（代拟稿）》，通过依法调整2007年中央预算等措施，安排灾后恢复重建资金700亿元；压缩中央国家机关公用经费5%，地方也相应压缩，节省的资金专项用于抗震救灾。19个省（市）按每年不低于地方财政一般预算收入1%安排资金，开展对口支援工作①。

除财政资金支持之外，还需要依赖社会各界的捐赠和国际援助资金。社会捐赠资金是一项专项资金，具有专门的指定用途，其来源于社会各行各业，是社会各界人士自愿、无偿、义务

① 孔祥敏："我国应急财政资金来源及存在的问题"，载《才智》2009年第32期。

捐赠的资金。国际援助的规模则视灾害的程度、我国的国际地位以及睦邻友好关系等因素而定。

因此，总体上来讲，我国应急财政资金呈现出一种在灾害事故发生时紧缺且难以及时筹集的现状。首先，预备费往往与年度预算捆绑在一起，这导致年度预算中的计划数与非常规发生的自然灾害之间的预算差异成为必然，再通过调整预算来实现预算的拨付，往往降低了预算的效果；而社会各界的捐赠和国际援助是一种道德标准的约束，有积极的社会影响和作用，但如果从自然灾害的应对资金筹集而言，则具有较大的不确定性，这也影响了救灾及灾后重建的效果，从而有可能弱化此类资金的使用效率。

4. 在相关试点地区用财政预备费购买指数保险的建议

鉴于财政预备费的积累常规化，以及重大自然灾害发生非规律性的特点，单纯在每年的年度预算中安排预备费来应对这些突发性的风险有一定的难度，而在没有发生重大灾害的年份，预备费的预算又造成了一定的机会成本。是否可以降低这个机会成本，并且将自然灾害的筹资来源以更加市场化的手段来管理，是一个亟待解决的问题。从逻辑上来讲，以财政预备费的一部分来购买指数保险，应对有可能突发的重大自然灾害，是一个可以在部分保险市场较为成熟的区域进行的有益尝试。

一方面，如果每年的预备费中能够拿出一部分购买指数保险，并没有影响财政预算的全盘支出，一旦发生重大自然灾害，则由保险资金对自然灾害中造成的损失以及灾后重建进行对口的、对应度较高的资金支持。

另一方面，这种尝试并不是一开始就在所有地区开展，而是在保险市场较为发达的地区以及自然灾害频发的地区进行一些先行的尝试，这并不影响预算整体的结构，又能够得到一些预期的经验和教训。

如果开始实施预备费购买指数保险的试点，应将购买保险的过程、保险兑付的过程以及重大自然灾害的损失弥补或灾后重建的效果进行常规的和专项的审计，为其他地区进行类似的尝试提供理论和实践依据。

| 第七章 |

指数保险在国际和国内的发展经验和教训

——以指数保险在农业领域的应用为案例

◎**陈宗胜**(南开大学)
◎**周云波**(南开大学经济研究所)

一、指数保险的含义及优势

指数保险起源于巨灾风险证券化，是国际保险业提出的新型的巨灾损失分散方式之一，其赔付机制并不是建立在损失评估的基础上，而是以事先在保单中列明的某一事件（即指数）的发生与否作为保险补偿的触发条件。指数保险具有不同于传统型损失补偿保险的特有优势，在分散巨灾风险，尤其是农业巨灾风险方面卓有成效。因此，目前世界范围内指数保险主要应用在农业领域。

与传统的农作物保险或者单个农场的保险相比较，指数保险在农业领域应用时所表现出的优点主要有以下四个方面。

第一，没有道德风险和逆向选择。当被保险人存在改变自己的行为以便增加自身效用的可能性时，传统保险就会产生道德风险问题。同时，与保险人相比，如果潜在被保险人掌握更多的关于损失潜在可能性和严重性的信息，那么潜在的被保险人就会利用这些信息自我选择购买或者不购买保险，产生逆向选择问题。指数保险能够克服传统保险的道德风险和逆向选择的问题。一方面，指数保险的赔付依据不是根据个别生产者所实现的产量，而是根据该地区客观的产量进行赔付，因此能够有效避免道德风险；另一方面，指数保险所依据的是范围更为广泛且可获得的信息，所以没有信息不对称的问题。

第二，管理成本低。与传统的农场层次的多重风险农作物保险不同，指数保险产品不需要对单个农场进行监督，赔偿金仅仅根据由政府代理人或其他第三方组织所测定的指数来进行支付，因此管理成本较低。

第三，数据易于获得。指数保险依赖的有关区域产量或天气事件的长期系列数据，一般比传统农业保险依赖的农场产量数据更易于获得。地区产量的标准差也低于单个农场产量的标准差，因为观察数目越多，标准差越低。依据观察数目的平方根规则，在评估产量趋势和实现水平时，地区产量保险比单个农场产量保险的估算错误要低。

第四，指数保险标准化、透明的结构具有可获得性和可转让性。指数保险单仅仅是一种简单的证明，其结构与指数一致，购买者能够容易地理解合约术语。同时，指数保险单很容易在二级市场上进行交易。这些市场的流动性允许保险单流向其价值被高估的地方。当指数公布时，个人可以购买或出售保险单。因此，指数保险合约对各种各样的组织，包括农民、农业贷款者、交易者、农产品加工者、生产资料供应商、店主、消费者、农业工人等都是可以获得的。

总之，指数保险在农业领域应用的过程中，不是根据单个农场产量而是根据地区产量或某些目标天气事件，如气温和降雨量来进行支付的。与传统的根据个人农场产量进行赔偿的多重风险农作物保险相比，指数保险提供了超级的风险保护。由于指数保险不会有逆向选择和道德风险问题，所以就不需要免赔和部分赔偿。指数保险追求为农业生产部门提供保险保障，使它们免于遭受范围广泛的农作物产量损失（如洪涝），因此是一种比较有效的保险选择。

二、指数保险国际实践及经验

——以在农业领域中的应用为例

目前国际上在农业生产领域的应用中，指数保险包括区域产量指数保险、天气指数保险、收入指数保险、牲畜指数保险[①]和价格指数保险等，但最主要的是区域产量指数保险、价格指数保险和天气指数保险。下面分别对这三类保险的赔付机制和在国际上的应用情况作进一步详细的介绍。

（一）区域产量指数保险

区域产量指数保险作为一种在农业生产领域广泛应用的创新保险产品，其基本设计机制包括如下几方面：第一，设计保费和赔偿额取决于某一区域的平均产量，其规定的保险产量以及保险金额是根据投保人所处地区的平均单位产量的一定比例来确定。第二，其赔偿的起动机制

① 蒙古是唯一一个将气象指数保险应用于畜牧业的国家，蒙古之外的其他国家都将气象指数保险应用于种植业。

是，当保单持有者的农作物发生了灾害损失时，如果该区域的实际平均产量低于保险产量时，该区域所有投保人将会得到赔偿，赔偿额等于保障水平与单个投保人的实际产量的差。这就有效地防范了农户不善经营的道德风险和为不良作物投保的逆向选择问题。第三，当地区单位产量低于保险产量时，那些个体产量高于该水平的农户也同样能从保险公司获得赔付，这有利于刺激生产者之间的竞争，促进农业生产力的提高。总体上看，地区产量指数保险的基本风险比较低。

瑞典是世界上较早推行区域产量指数保险的国家，早在1952年就开始开发区域产量指数保险产品，并在1961年实施。加拿大在1977年推出区域产量指数保险项目。美国1993年由农业部推行团体风险计划（GRP）项目试点，并在1994年成功推广到1875个县。美国的团体风险计划作为区域产量指数保险的典型代表是较为成功的。其中，从1993~2011年，美国一直坚持推行以某区域平均产量指标作为指数的GRP保险产品，既区域风险保险。区域风险保险是专门针对大麦、玉米、棉花、花生、小麦、饲料等8种主要农作物而设定，该险种的保险产量是与所在区域（一般是县级区域）该种农作物的平均产量挂钩，只有当该区域（全县）的实际平均产量低于保险产量时。农民才能获得赔偿。显然，该保险产品设计的一个重要特点是当个别农民的保险作物的实际产量受到损失而低于保险产量，同时全县的实际平均产量不低于保险产量时，受损农民无法得到赔偿。因此当农作物遭受灾害后，农民会积极地进行抗灾减损，有效降低农作物发生风险后可能存在的道德风险。未来10年内，美国还计划通过精算模型把高风险区域和一般风险区域划分开来，设立一个特别基金，把高风险的农业生产者集中在一起，由政府提供保障，而一般风险地区的农业保险业务则由私营公司承担。

（二）价格指数保险

农产品价格指数保险是以农产品价格为标的、以价格指数为赔付依据的一种农业保险产品，是对农业生产经营者因市场价格大幅波动，农产品价格低于既定价格或价格指数造成的损失给予经济赔偿的一种制度安排。其基本的设计机制和优点包括：第一，当农产品市场价格低于保险产品规定的价格水平时，保险人会根据规定的价格水平以及投保人的农产品实际价格之差进行赔付；第二，农产品价格指数保险的承保对象为市场价格波动而产生的损失，和具体农业生产行为无关，是为防范农产品市场风险而提供的一种风险保障；第三，价格指数保险不需要了解被保险人的实际损失情况，也就省去了逐家逐户查勘核损，降低了保险的经营成本；第四，价格指数保险的购买者不仅仅局限于农业生产者，从事市场经营的商户主体也可以购买，有利于扩大农业保险的保障范围。

发达国家历来都重视农业生产的利益保护问题。目前，美国、加拿大都开办了相应的农产品价格保险，以其作为分散和转移市场价格风险的管理工具，从而为养殖者的养殖利益提供保障。

美国主要的价格指数保险产品是毛利润保障保险和养殖业价格保障保险。其中，毛利润保障保险的内容是，在保险期间内，如果投保人的实际养殖毛利润低于投保的养殖毛利润，则投保人获得相应的赔偿。该保险主要用于防止畜牧产品市场价格波动及饲养成本浮动造成养殖者利润受损，实际起到一个抑制饲料价格上涨及畜牧产品市场价格稳定器的作用。目前，美国有超过 20 个州都提供畜牧毛利润保障保险，该保险产品可适用于肉牛、奶牛、生猪等牲畜。而养殖业价格保障保险仅保障由于畜牧产品市场价格波动对养殖者造成的损失，其区别于畜牧毛利润保障保险的关键点在于这个保险的设计只考虑畜牧产品市场价格情况，不考虑饲料等其他养殖成本。

加拿大价格指数保险以阿尔伯塔省生猪价格指数保险（HPIP）最为典型。该价格指数保险是由加拿大阿尔伯塔省农业金融服务公司（AFSC）推出的一项新型保险计划。该保险计划是为阿尔伯塔省生猪养殖户设计的一款应对生猪价格波动的风险管理工具，当一定时期内该省生猪价格出现突降时为养殖户分散或转移市场风险。

（三）气象指数保险

由于农业生产受天气影响很大，气象条件如降雨量、风雪、冰雹等是许多地区农作物损失风险的主要源泉。根据目前国际经验来看，天气指数保险是指数保险中最重要的类型，也是以后重点发展的指数保险类型。尤其是大多数发展中国家的历史天气数据的质量比历史产量数据的质量要高，因此，大多数发展中国家更多的考虑天气指数保险。

1. 农业气象指数保险的运行机制、优点及分类

农业气象指数保险或称为农业天气指数保险，是指把一个或几个气候条件对农作物损害程度指数化，每个指数都有对应的农作物产量和损益，保险合同以这种指数为基础，当指数达到一定水平并对农产品造成一定影响时，投保人就可以获得相应标准的赔偿。农业气象指数保险的风险事件包括干旱、洪涝以及湿度异常、温度过高或过低等，其相应的指数有降雨量、河水位、风速、温度以及牲畜死亡率等，根据风险事件和指数的不同，农业气象指数保险包括降雨

量指数保险、干旱指数保险、洪水指数保险和季风指数保险等类型。农业气象指数保险的设计主要包括风险识别、产品定价及销售等一系列程序，具体原理见图 7.1。

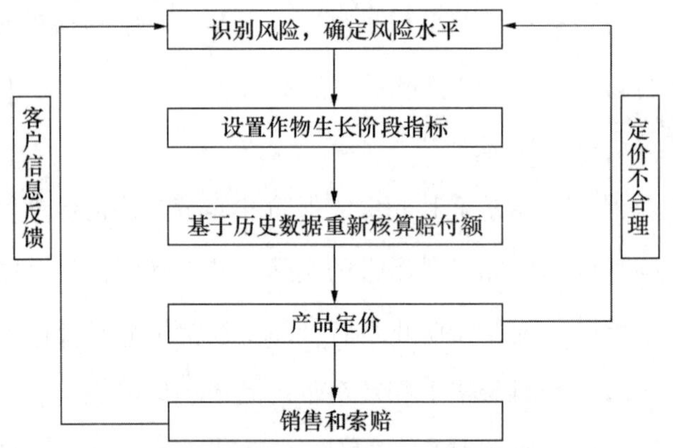

图 7.1　农业气象指数保险产品设计步骤

农业气象指数保险具有运营所需信息少、承保与理赔相对简单、保险合同易于理解且具有流通性的特点。其市场主体包括农民、农业银行等存贷款机构、保险公司以及全球再保险公司和资本衍生品市场。其中，存贷款机构的网点具有广泛性并与农民有紧密的联系，因此其在农民与保险公司之间建立起了一道桥梁，同时，农业气候指数保险也为金融机构缓解信贷风险。国际再保险公司参与农业气候指数保险的再保险，全球资本衍生品市场对指数保险的保单进行证券化，有效分散了气候指数保险的风险。气象指数保险的市场结构如图 7.2 所示。

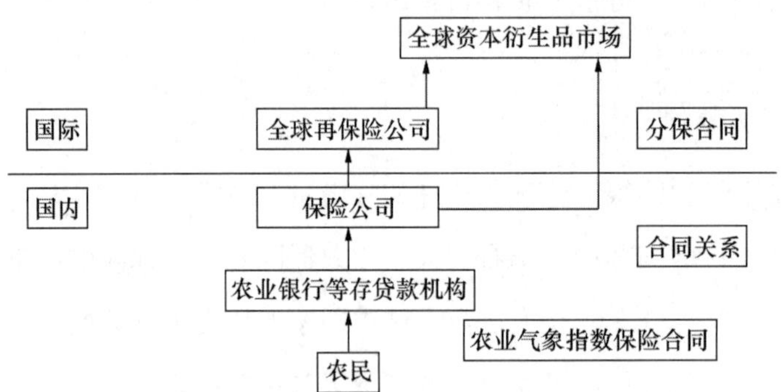

图 7.2　农业气象指数保险的市场结构

目前国际上，农业气候指数保险在农业风险管理中的应用主要分为三类：一是单指数保险产品，包括单一型产品和综合型产品。其中，单一型指数产品以同一灾害确定单个指数，加拿大的积温指数保险就是单一型产品，该保险产品以积温为指数，当农业生产积温不足时，保险公司进行赔付；综合型产品作为单指数产品，仍是存在单个指数，但是该产品可以通过不同的灾害情况确定指数，如印度的降雨指数保险，既有总降雨量指数保险，也有降雨分布指数保险

和耕种期降雨指数保险，以满足不同农户的需求。二是多指数保险产品。多指数保险产品是指一个保险产品存在多个不同的指数，以承保不同的风险引起的损失，如印度的综合天气指数保险，即提供降雨指数，还提供霜冻、风速等指数，保障更为全面。三是卫星指数保险，以反映气温和作物或牲畜生长状态的卫星遥感图像作为指标，对因气温偏高或生长不良的农作物产量损失或畜牧和奶产量的损失进行赔付。

2. 气象指数保险在发达国家的应用

发达国家中农业气候指数保险推广较好的国家是加拿大。艾伯塔省是加拿大的重点农业地区，该地区推广的天气指数保险主要有三种：一是温度指数保险，从每年的 5 月 15 日开始到第一次霜降期间，当该区域累计温度低于或等于过去几年累计的平均最低温度 2 度时，保险公司对该地区农场主进行赔付，设计该险种主要考虑的是温度与农作物的成长和产量密切关联度；二是降雨不足保险，根据指定气象站发布的降雨信息提供保险，农场主可以选择农作物生长季节的不同月份作为组合，当本年度降雨低于过去年度测定的正常降雨量的 80% 时，保险公司就进行赔付；三是卫星云图保险，由卫星对指定区域的湿度进行监测，如果本年度监测的湿度情况达到过去年度测定的正常湿度水平 90% 时，保险公司就进行赔付。

3. 气象指数保险在发展中国家的应用

农业气象指数保险由于其自身的优点得到世界银行的大力支持而向各个发展中国家推广，目前世界上约有 30 个指数保险项目在发展中国家试点或进行可行性研究。

（1）气象指数保险在发展中国家应用的分类

农业气象指数保险在发展中国家应用的过程中，按照实施的目的主要分为两类。一类是以发展为目的的气象指数保险，该种气象指数保险通过清除阻碍农民提高生产力的障碍来帮助农民摆脱贫困；另一种是以灾害救济为目的的气象指数保险，该种保险通过成本效益更高、更及时的灾害应急反应来拯救生命、维持生计，防止人们陷入贫困。

（2）农业气象指数保险在发展中国家应用的三个阶段

根据 Joanna Syroka（2007）的研究，发展中国家农业气象指数保险已走过了三个阶段。第一阶段是 1997 ~ 1999 年，这个时期农业气象指数保险处于理论研究初始阶段，研究的重点是发展中国家农村经济部门如何设计应用程序来试验气象指数保险。第二阶段是 2002 ~ 2006 年，该阶段的重点是气象指数保险试点项目的设计和实施，试点项目主要包括 2002 年的墨西哥试验、2003 年的印度试验、2005 年的马拉维试验和 2006 年的埃塞俄比亚与粮食计划署试验。第三阶段为 2006 年至今，国际社会对有关气象指数保险项目的投入迅速增加，投资重点是新的

风险指数和新的参加试验国家、新的风险评估技术及使用、新的系统工程评价方法等。

（3）农业气象指数保险在发展中国家应用的三个层面

在应用层面上，农业气象指数保险可分为三种不同的风险水平，即个人和家庭（微观层次）、企业和中介（中间层次）、政府和国际组织（宏观层次）三种。

在微观层面上，农业气象指数保险的目标市场是个体投保人，发展中国家通常称之为小额保险。在具体应用上，指数保险可与其他金融服务进行捆绑，以便于个体投保人降低产品的交易成本，例如将气象指数保险产品与农业贷款挂钩，可以增加获得贷款的数额。气象指数保险产品也可作为一种担保形式，放款人可依据保险合同给借款人提供较低利率的贷款。作为赔付依据的指数，微观层面上的气象指数通常是在距离农户最近、具有代表性的、单一的气象站测量。微观数据应满足一些条件，包括 30 年或 30 年以上的天气数据、有限的缺失值和非正常值、完整的数据记录程序、观察技术的一致性、可靠的解决机制、测量干扰小等。

在中观层次，农业气象指数保险可以用来保护金融机构或其他企业因气象灾害而造成的农业价值链损失。当农业生产因为天气灾害产生重大损失时，农村银行、农业企业等在农业生产链条上的企业也会承受损失，气象指数保险可以弥补他们的损失。代表中观水平指数的测量需要在几个气象站进行。

在宏观层面上，气象指数是用来衡量一种风险对整个地区的影响，由于这个层面上的损失可能非常大，政府或国际组织利用指数保险或其再保险在更大范围、更多手段上建立灾害损失分摊机制。宏观层面的指数可能会参照多个气象站测量的结果，也可能会使用主要天气风险的测量结果，特别是针对一个地区的台风危害。目前，宏观气象指数保险市场增长速度很快，如在加勒比海地区被用来建立针对飓风和地震的区域救灾基金，在墨西哥被用于资助农业保险和救灾计划，在埃塞俄比亚被用于资助干旱引起的饥荒救济。

4. 农业气象指数保险在发展中国家的发展案例

在世界银行、联合国粮食计划署等国际组织的推动下，气象指数保险产品在印度、墨西哥、马拉维、埃塞俄比亚等发展中国家开展试点并投入应用。部分发展中国家农业气象指数保险试点汇总如表 7－1。

其中，印度、墨西哥、马拉维、埃塞俄比亚四个发展中国家实施的气象指数保险计划时间长，涵盖的天气风险种类多，目标客户达到了一定的规模，是发展中国家应用气象指数保险的典型代表。

表 7-1　　部分发展中国家农业气象指数保险项目一览表

国　家	主要灾害性天气事件	指数度量	合同形式	目标客户
印　度	洪涝和干旱	降水量	借贷款绑定	小型农户
墨西哥	自然灾害，主要为干旱	降水量、风速、温度	指数保险	州政府巨灾救济并支持“自然灾害基金”项目
	灌溉不足	水库水位	指数保险	Rio Mayo 地区的供水商
马拉维	干旱	降水量	借贷款绑定	“马拉维国家小型农户联盟”成员
埃塞俄比亚	干旱	降水量		小规模种粮农民及世界粮食计划署在埃项目
蒙　古	极端天气下大范围牲畜死亡	地区牲畜死亡率	牲畜数量指数保险	游牧家庭
秘　鲁	干旱	太平洋厄尔尼诺现象程度	指数保险	乡村金融机构
	干旱	地区产量指数	信贷款绑定	棉花种植户
泰　国	干旱	降水量	信贷款绑定	小型农户
孟加拉国	洪涝	降水量	巨灾救济	小型水稻种植户
	干旱	降水量	借贷款绑定	
洪都拉斯	干旱	降水量		世界粮食计划行动组
哈萨克斯坦	干旱	降水量	与“多灾害农业保险计划”绑定	中大型农场
尼加拉瓜	生长阶段为干旱或暴雨，收割阶段为暴雨	降水量	指数保险	花生种植户
坦桑尼亚	干旱	降水量	信贷款绑定	小型农户
加勒比海巨灾风险保险计划	飓风和地震	美国国家海洋和大气局（NOAA）和美国地质勘探局（USGS）提供的指数		加勒比海国家政府

（1）气象指数保险在印度的应用

印度的气候指数保险的起步甚至早于其农业收入保险，被誉为发展中国家最重要的金融创新。2003 年，ICICI 伦巴德通用保险公司首次向印度农民提供气象指数保险。最初，该气象指数保险将过度降雨引起的洪涝灾害作为天气风险，以单一的降雨量作为指数。随着指数保险计

划在印度的不断扩大，其所覆盖的天气风险也逐渐扩展到干旱、洪涝、高温、与天气相关的作物疾病、雾以及湿度等，相应的指数也从单一转变为多种多样。值得一提的是，ICICI 伦巴德通用保险公司实施的气象指数保险并不是一个独立的保险产品，而是镶嵌将贷款合约与强制储蓄账户联系在一起的保险产品，即嵌入式农业气候指数保险。

嵌入式农业气候指数保险是由非保险人经营的品种，最初由印度第三大农业信贷机构Basis于 2003 年研发面世，称为降雨指数保险（MONSOON I）。这一产品在降雨 - 产量相关度统计分析基础上，按照金融期权结构构造相应的合同权力。嵌入式农业气候指数保险经营实践具有两大特点。

一是产品设计中选择了产量相关度高并且较普遍的降雨指数为保险标的。印度约有 57% 的人口和劳力在农村，低收入、贫困和赤贫人口主要分布于农业部门。据统计，导致印度农业产量波动的因素中，80% 为天气因素，65% 直接与降雨量有关，其耕地非灌溉面积有 40%，多数灌溉耕地水源不足。另一方面，印度农业以小规模经营为主，这一经营结构抗风险能力弱、农业信贷评级低、融资渠道短缺，严重制约着农业发展和农民脱贫步伐。而干旱是其最主要的天气风险，世界银行对印度农户的调查验证了这一问题，在列举的 12 类影响农户家庭经济的风险事件中干旱位居第一（接近 50%）。基于这些现实，以产量为保障目标的农业指数保险研发中，Basis 首选了能更贴近农业风控需要的降雨量指数。

二是银保一体化的产品组合和运行结构。Basis 降雨指数保险是一种信贷挂钩型产品，它采取嵌入形式，作为农贷合约的组成部分，用于保障天气事件致使农贷抵押作物歉收条件下，农户持续低利率的农业贷款和延续经营。这一产品设有专项“信贷 - 保险 - 农户储蓄”账户，借助智能卡运行。

嵌入式产品在实践中呈现出众多优点。首先，该指数保险提供了信贷 - 保险一体化的农业金融服务，有助于农户风险控制财务体系的构建。其次，嵌入式指数保险客观上保护了银行农贷债权，并拓宽了农业保险市场，具有多种金融机构介入的动力。再次，该险种解决了农业保险运行成本的难题。嵌入式天气指数采取了银保结合的运行结构，银行和保险在分工中各自扬长避短。以 Basis 为例，它负责产品销售和资金结算，其保险合作人——印度 ICIC 公司负责保险产品设计、承担天气 - 产量精算风险。在财务上，保险运行成本由 Basis 承担，损失成本由保险人承担。通过这一体系在现存农贷机制下，天气指数保险降低了销售交易成本，同时开辟了以产品为根基的新的银保农村金融服务合作领域。这种合作完全不同于单纯的银行代理销售保单（如投资连接型保单），后者缺乏共同的产品基础，而天气指数保险则建立在银 - 保一体

化产品之下，有着更加扎实的基础。

2004 年，印度农业保险公司推出了气象指数保险试点计划。该气象指数保险计划是由农业保险人开发的产品，因此是一种纯保险型气象指数保险产品。信贷机构首创的嵌入式天气指数保单开辟了新的农村金融服务天地，作为国家特许专业农业保险人的 AICIL 及时地将之移植到自身主营的农险业务框架内，借助其在农业保险领域的优势加以推广。在初步尝试后，又将之作为重要的农险业务不断推陈出新，相继实行了诸多新险种。

目前，印度 AICIL 的降雨指数 - 产量保险大致分为 3 类（见表 7 - 2）。其中，第一类覆盖了全国各类主要农作物的降雨指数；第二类是同咖啡等农业部门联手的经济作物降雨 - 产量保险；第三类是 2007 年开始尝试的小麦卫星图像保险。该计划的目标客户是与百事公司签订马铃薯订单合同的农民。该种气象指数保险产品是为了抵御晚疫病和一种由温度、湿度相关的真菌病造成的损失。同年，4250 位农民购买了该种保险；2008 年，购买该种保险的人数达到 4575。其中，大约 50% 的农民是小额农民，他们拥有的土地少于 5 英亩。

表 7 - 2　　印度 AICIL 天气指数保险概要

	种类	承保风险	保险利益和实施情况
主要农作物的降雨指数保险	总降雨量保险	作物季节内总降雨量低于生长需要的正常雨量	指数短缺性偏差 20% 起赔，赔偿额递增，指数短缺 80% 获全赔
	降雨分布指数保险	季节内降雨总量在不同生长阶段实际分布低于合约分布	短缺 20% 起赔，短缺 90% 获全赔
	误耕保险	耕种期间雨水短缺	短缺 80% 获全赔
	Vegetative Phase 保险	发芽阶段雨水短缺	短缺 80% 获全赔
经济作物降雨 - 产量保险	咖啡生产降雨指数保险	咖啡种植开花结果期间降雨短缺和过量风险	7 ~ 8 月间日降水量超过 35mm 达 7 天；定额支付，按天递增
	芒果天气保险	降雨气温霜冻和风速等指数；覆盖主产地	积累经验扩展至茶叶、橡胶、可可等热带作物和蔬菜水果药用植物
	鸦片保险	印度专营机构 CBN 注册的鸦片因天气事件的产量损失，主要在鸦片种植区	
卫星图像保险	小麦卫星遥感图像保险	因气温偏高或生长不良的产量损失；以气温或农作物生长卫星图像为标的	

印度在没有政府补贴支持下实施的天气指数保险是成功的，在天气指数保险的带动下，印

度农业保险的覆盖率随之提高。据世界银行统计，2004 年印度农业保险公司实施的气象指数保险计划覆盖该国 4 个州的 20 个县，近 1100 名农民参加；2005 年，该计划覆盖到 10 个州，12.5 万农民参加；2008 年，大约 70 万农民参与这一计划。印度实施的气象指数保险计划规模进一步扩大，其所覆盖的农作物种类也变得更加广泛。同时，自 2012 年以来，在世界银行的帮助下，印度最大的私人银行——印度产业信贷和投资银行已经连续 3 年试行农业天气指数保险，取得了很好成绩，已经能够自主经营、自负盈亏，业务拓展到全印度。

印度的农业气象指数保险的最大创新之处是将指数保险和微型农村金融机构连接起来，从而使得印度的农业天气指数保险取得了很好成绩。同时，印度农业气象指数保险的实践表明，农业气象指数保险的发展还需要做到以下几点：首先，保单设计上要简单明确，语言朴实，使即使文化程度不高的投保农户也可以理解保单内容；其次，保险公司要做好宣传工作，派外勤人员深入农村考察，发放多种形式的保险宣传资料，提升新险种的市场知名度；再次，保险公司还要根据投保人的反馈，定期改进保险合同，以提升险种在农户中的口碑，逐步提高险种的市场占有率。

发展新型农业指数保险，只有保险公司的尝试，没有政府的支持是远远不够的。从 2007 年开始，印度政府在全国部分地区鼓励发展基于指数的农作物天气保险计划（WBCIS）。该计划的保险标的是 10 ~ 11 月播种、次年 4 月间收获的部分作物，风险区间是从作物的播种期到成熟期。WBCIS 计划的操作原则是区域方法（Area Approach），即在参照气象站附近一定地理区域选取参照单位区域（Reference Unit Area）作为保险中风险承担和赔偿评估的同质保险单位，所有投保人在参照单位区域种植认可作物，他们的保险条款和赔偿评估都是一致的。其中，参照气象站是指定的为保险赔偿评估提供天气数据的气象站。WBCIS 计划内所有赔付保证在 45 天内完成，赔付过程迅速、透明。

2003 年以来，印度的天气保险市场迅速发展，已成为全球最大的天气指数保险市场，也是发展中国家实施气象指数保险最为成功的案例之一，其实施的气象指数保险涵盖的天气风险繁多，参保人数达到了一定的规模。印度《经济时报》（*Economic Times of India*）2012 年 7 月 30 日的一篇文章指出，印度的农民可以为约 40 种农作物寻求极端天气下的保险保障，这些保险全部以天气指数为依据。尽管印度的农业天气指数保险获得了较快发展，但是其风险责任主要限于干旱和洪涝，因此其农业天气指数保险种类需要进一步丰富与发展。

（2）气象指数保险在墨西哥的应用

墨西哥由于地理位置的影响，78% 的耕地属于无浇灌耕地，完全依赖于每年 5 ~ 11 月的季

节性降雨，因此，墨西哥的自给农民很容易受到干旱和洪涝的影响。鉴于墨西哥农业发展面临的实际情况，2002 年，墨西哥实施了发展中国家的首个气象指数保险计划，该项目由政府管理的国有保险公司（AGROASEMEX）设计和实施，然后该公司把农业保险业务转给联邦和州救济署（PACC）。

墨西哥的农业气象指数保险将干旱和洪涝作为风险事件，以降雨量为指数。降水量数据主要来自国民水资源委员会根据 5 个气象站收集的数据。该产品的触发值，即保险合同事先规定的达到赔付标准的天气指数的累计额，是依作物、地区和作物生长阶段而定。每年，AGROASEMEX 都会评估并调整触发水平和覆盖期间，以改善即将到来的季节性灾害引发的支出。该气象指数保险触发值有两个水平，即干旱和过量降雨，如果触发值不能反映赔偿损失的真实情况，政府则使用应急资金来弥补气象指数保险未能赔偿的剩余损失。

该产品的保险费率取决于自治市的边缘化程度。联邦政府为高度边缘化的自治市补贴 90% 的保费，低、中度边缘化的自治市补贴 70% 的保费，其余部分由相关的州政府自行补贴。同时，保险公司经营准则声称最低支出是每公顷 82 美元，与在极端事件发生时政府提供的援助相当。州政府从保险公司收到需补偿农户的名单，然后直接把补偿发放给农户，政府保留收到的多余赔款。对于政府来说，购买和经营指数保险比直接向农户支付灾害援助资金更节约成本。

墨西哥不仅实现了微观层次的天气指数保险的发展，而且还开发了国家和国际级指数保险。墨西哥政府通过指数保险，对当地的 FONED 和 FAPACC 两个救灾基金进行最后保护。FONED 主要为修复没有保险的基础设施提供救灾资金以及救济灾害中低收入的遇难者；FAPACC 主要用于恢复农村的生产力和保护弱势群体的生产性资产。当该国发生严重的干旱、霜、冰雹、洪水、暴风以及地震灾害时，政府可以利用指数保险作为政府的应急响应机制，从而能够保持这两项灾害救济计划的可持续性和偿付能力。

墨西哥最大的创新性是将天气指数保险用于相互保险和再保险，促进天气衍生品市场的发展。天气市场的发展使人们有了分担农业巨灾风险的新想法。2002 年，墨西哥农业保险计划利用天气市场对它们的多重农作物保险进行再保险，通过利用基于主要生产地区气温和降雨量的天气指数，创造一种与墨西哥农作物保险损失经历高度相关的天气指数。这种再保险方法被证明比传统的再保险更为有效。除了在再保险中利用天气指数以外，墨西哥农业保险计划还与相互保险基金合作来实施天气指数保险。相互保险基金购买天气指数保险，然后再决定向它们的成员提供什么类型的相互保险，这种努力仍处于早期尝试阶段。

墨西哥的降雨指数保险能够为农民提供资金，是在干旱情况下建立的救助计划的替代和国际市场风险的部分转移。同时，该指数保险使得联邦救助基金支付目标人群与当地的降雨指数、主要粮食作物的产量增长高度相关，使救济方案处在一个更合理的基础上。自 2002 年以来，墨西哥的气象指数保险试点平稳实施，2010 年保费收入为 6.28 亿美元，赔付 8100 万美元，在 33 个州中天气指数保险覆盖了 77%，使大约 320 万低收入的农民受益。与以前政府直接在干旱年份提供援助补助金相比，农业气象指数保险这一新方案更具成本效益，有更好的针对性和快捷性。

（3）气象指数保险在马维拉的应用

马拉维是非洲典型的农业国家，80% 的人口从事农业，其中大部分为小自耕农，马拉维 90% 以上的农作物生产依赖雨水，但是其降雨量非常不稳定，干旱经常发生，导致大范围的农作物减产。2005 年，马拉维指数保险试点方案由世界银行商品风险管理工作发起，国际气候与社会研究所（IRI）提供保险产品设计和方案评估等方面的技术支持。该试点方案的目的与印度相同，可以分为两类：一类是以发展为目的的气象指数保险，以种植烟草的农民为目标客户；另一类是以灾害救济为目的的气象指数保险，目标客户是马拉维政府。这两种气象指数保险都以干旱作为风险事件，将降雨量作为指数。其具体情况如表 7－3。

表 7－3　　马拉维气象指数保险产品实施情况

天气风险	天气指数	目标客户	首次实施时间	实施目的	备　注
干　旱	降雨量	烟草种植农民	2005～2006	促进农民获得发展机会	开始以花生和玉米农民为目标客户，但由于供应链问题，将客户转为烟草农民
干　旱	降雨量	马拉维政府	2008	灾害救济	2008 年首次实施

马拉维气象指数保险试点的第一个特征是利益关系各方的共同参与和相互合作。首先，马拉维政府给予试点很大的支持，该国气象部门提供了保险方案设计所需的天气数据和相关专业知识。主要的数据分为在一定时期旱情发生的次数、降水分布的地理差异、马拉维不同地区降水量的相关性。其次，马拉维全国小农协会（NASFAM）积极参与，这是一个由 40 多个当地农民协会组成的“伞形”协会，其主要职能是提供种苗和收购会员的农产品。另外，全国小农协会还扮演确保贷款偿还的重要角色，在向农民支付农产品价款时，先扣除贷款或者对保险赔款金进行调节。马拉维两家小额贷款机构——马拉维农村金融公司（MRFC）和马拉维机会国际银行（OIBM）对干旱保险在保障贷款收回方面的作用表现出浓厚的兴趣。同时，马拉维

主要的保险公司通过保险行业协会作为统一承保商参与到该计划当中。对于这些保险公司而言，指数保险试点为它们提供了进入小农业务领域的机会，而之前这些公司完全未涉足该领域。

马拉维干旱指数保险的另一个特征是与农业贷款相捆绑。在雨季的早期，每个参保农民团体与银行订立一份正式的贷款合约。在整个方案运作当中，农民个人事先拿不到任何现金，每个团体将部分贷款交给全国小农协会用于购买种子，还有一部分作为干旱保险保费交给马拉维保险行业协会。参保农民同意按照保证价格将农产品卖给全国小农协会，全国小农协会将用农产品销售收入偿还银行贷款并将盈余收入支付给农民。农民无法事前得到现金，这在一定程度上可以降低银行的坏账风险。

随着项目的发展以及实际风险管理的需要，马拉维政府作为农业发展计划的参与者，于2008年10月开展宏观层面的气象指数保险试点。该气象指数保险计划的目的是将严重的国家一级的干旱风险转移到国际市场，在实施过程中得到了世界银行以及国际发展署英国部门的大力支持。该项目从宏观层面向国际风险市场转移全国性严重干旱灾害风险，利用国际市场与期权工具组合管理巨灾干旱风险。

马拉维试点经验表明，气象指数保险也能够用于小农领域，这一创新有利于鼓励农民采用新的增产技术，推动农民根据季节预测调节生产活动，其效果是农作物的产量将会更高、更稳定。干旱指数保险的另一个重要作用是可以使得农业生产供应链（从种植到收购、加工）更加稳定和牢固，一旦发生干旱灾害，农民可以很快获得保险赔款，从而能够偿还贷款和及时恢复生产，有利于农业生产和农业贷款供给的可持续。

但是，马拉维试点也暴露出一系列的问题。一是“单方销售”问题，有些农民将农产品卖给比全国小农协会出价更高的投机商，从而暴露出保险和贷款方案的脆弱性；二是气象站分布密度低的问题，由于指数保险依赖于气象站观测的天气数据，气象站的低密度分布将会限制保险的推广；三是降雨的空间多样性问题，在试点过程中，农民反映较多的一个问题是用于确定赔款支出的降雨数据主要采集自20公里处的一个降雨观测站，其结果是有些农民获利而有些则吃亏。马拉维试点遇到的问题也是各国在进行农业气象指数保险发展过程中需要解决的问题。

（4）气象指数保险在埃塞俄比亚的应用

2006年，埃塞俄比亚开始实施农业气象指数保险计划，实施目的包括灾害救济和发展。两类气象指数保险均以干旱作为天气风险，以降雨量作为指数，具体气象指数产品如表7－4。

表 7－4　　埃塞俄比亚气象指数保险产品实施情况

天气风险	天气指数	目标客户	首次实施时间	实施目的	备　注
干　旱	降雨量	WFP 在埃塞俄比亚的计划	2006	灾害救济	2006 年没有发生损失赔付，随后几年，政策都没有更新
干　旱	降雨量	小规模玉米种植农民	2006	促进农民获得发展机会	小规模试点，可行性研究的一部分
干　旱	降雨量	阿迪河花眉草农民	处于研发阶段	同上	

埃塞俄比亚干旱指数保险项目实施的第一个阶段为灾害救济干旱指数保险，其目标客户锁定为联合国粮食计划署在埃塞俄比亚的计划。该试点计划由联合国粮食计划署和埃塞俄比亚政府共同制定，试图将国家一级的干旱风险转移到全球保险市场。干旱指数保险项目实施的第二个阶段是向小规模种植玉米的农民开展了气象指数保险可行性研究，这项工作由世界银行商品风险管理集团（CRMG）开展，包括一部分农民的试点计划，目的是确定埃塞俄比亚是否具备气象指数保险实施的基本条件，使得微观层次的天气风险管理更加广泛。

随后，埃塞俄比亚、世界银行和联合国世界粮食计划署共同开发设计了一款指数保险，旨在为联合国世界粮食计划署在埃塞俄比亚的紧急救援项目提供先期融资。该指数保险由全球再保险公司——安盛再保险（Axa Re）提供，可以迅速为联合国世界粮食计划署提供可预期的资金，预计能够将其对干旱危机的应急响应提前 4 个月，保险金额为所需食物总量的一部分。实践证明，相对于单纯依靠事后的救助，结合指数保险的应急准备金手段无疑是解决问题的一个更好途径。借鉴联合国世界粮食计划署的经验，可以设计其他类似的指数保险，为更大范围的捐赠机构提供风险保障，包括许多非政府组织和一些当地机构，当农业安全问题出现时这些机构将需要快速的应急响应。

（5）气象指数保险在其他发展中国家的应用

农业气象指数保险发展较好的国家还有秘鲁以及蒙古。其中，秘鲁于 2006 年推出厄尔尼诺（ENSO）保险产品，投保农业自然灾害风险，该产品属于中间层面的农业气象指数保险实践。ENSO 保险是以秘鲁海岸海平面温度指数为基础，当温度异常时则支付保险金。ENSO 指数由美国国家海洋学与大气管理局测量、维护以及发布，日常记录采用已经存在 50 年的成熟技术。该保险产品通过小额信贷机构与天气指数保险互动，通过指数保险减少小额信贷机构风险。厄尔尼诺指数容易操作，为巨灾事件提供了重要的风险转移。

蒙古国的畜牧业在经济中占有重要地位，并且吸纳了约 1/3 的就业人口。但是畜牧业容易受到干旱和冬季严寒的影响，造成牲畜产量波动。因此，2005 年，蒙古政府与世界银行签订协议，在蒙古试点以县域为主的牲畜死亡率指数保险项目。2009 年，项目试点扩大到蒙古四省，参与保险的牧民贷款可以获得较低的利率或享受优惠贷款。蒙古指数保险项目的特点体现在风险的分层管理设计以及公私合作的风险管理，即采取自我留存、私人保险公司提供商业保险和政府管理社会保险结合的资金安排模式。具体机制包括：一是设计分层融资结构，即不同层次的风险管理方式对应不同的风险融资方式，具体来讲，牧民自我融资承担低于 6% 的微弱损失，销售基础保险产品的商业保险公司用保费收入赔偿牧民的损失比例占 6% ~30%，政府提供灾难应急产品。二是建立牲畜保险赔偿资金池，由所有提供畜牧业保险产品的保险公司存入，政府监管，用于保证商业保险公司赔付。

除了以上几个国家开展的气象指数范例，还有一些国家的气象指数保险产品也在试点或运作。例如越南的天气指数保险、加拉瓜的降水指数保险、摩洛哥的降雨指数保险以及孟加拉国的洪水指数保险等。

2010 年瑞士再保险公司专为越南保险公司开发的以指数为基础的保险计划已进入实施阶段，越南政府正研究利用可以穿透云层的雷达卫星技术，以支持湄公河三角洲的水稻指数保险发展。该保险计划将为越南境内多达 10 个省的大米种植农户提供债务保障，并逐步将保障范围扩展至越南全国。这种指数保险计划在东南亚地区尚属首例。为了分散农业灾害风险，尼加拉瓜在 20 世纪 90 年代后期开始实践世界银行的指数保险项目，并首次为世界银行提供了降水指数保险的经验。

5. 农业气象指数保险在国际实践中的经验与借鉴

农业气象指数保险在发达国家和发展中国家应用的实践为我国农业气象指数保险的设计提供了宝贵的经验。具体包括保险设计模式、保险组织模式、保险的市场营销模式等方面。

（1）保险设计模式

首先，明确天气指数保险产品的应用层面。根据 World Bank（2007）《在低收入国家指数保险抵御天气风险》的报告，天气指数保险，的应用分为三个层面：微观层面的天气指数保险，其投保人主要是单个农户，用于保障某些农产品的天气灾害风险；中观层面的天气指数保险，其投保人主要是农产品加工企业等；宏观层面的天气指数保险其投保人主要是政府或银行，用于保障某种天气风险对较大范围地区的影响。因此，一个国家在开发农业气象指数保险的时候，首先要明确该指数保险的应用层次，进而根据不同的层次设计不同的保险合同。

其次，确定天气保险产品的承保范围和保险责任范围，即明确承保风险类别及农产品类别。其中，确定承保风险类别就需要通过收集相关气象数据对农作物遭受损失的原因进行分析，查明特定地区特定农作物面临的主要天气风险，进而将恶劣天气对农民收入的影响进行量化，从而识别风险，确定风险水平。天气指数保险产品设计的关键就在于通过对历史数据的考察和统计计算出科学的保险合约触发指数，即确定特定农产品针对特定天气指数的损失率，确保农业生产实际损失与所选取的指数之间具有充分的相关性。

再次，进行天气指数保险合约的构建和合约的定价。天气指数保险产品作为新兴农业保险产品，其合约的构建应遵循简明易懂的原则，便于产品的初期推广。合约的定价要合理，既要考虑产品经营的财务持续性，又要考虑投保人的经济承受力。

最后，构建合作分销渠道，创新销售形式，降低交易成本。例如，将保险产品与信贷产品捆绑，不断深化互动，以降低交易成本（IRI，2009）。由于农户面临农作物减产的风险，传统微型金融机构不愿向农户提供信贷服务。指数化保险的设计，使得农户有效地规避了天气环境对于农作物生产的不利影响，这就为农户归还贷款提供了基础保障。因此，投保指数化保险农户很容易从金融机构得到贷款，用于购买优质农资，从而增加农户生产力和收入水平；或者通过农业合作组织销售，根据指数保险合同管理机构面临的系统性风险，将政府补贴的区域产量指数保险与农业合作组织相结合，既解决营销成本高昂，又可以使政府的补贴利益由农业合作组织获得并分配给成员。同时，保险公司应该注重天气指数保险的再保险问题，与国际组织合作，探索通过国际再保险市场与国际资本市场转移风险，以保证系统性风险的时空分散性以及赔付的支付能力。

（2）保险的组织模式

从天气指数保险的国际实践情况看，天气指数保险的业务组织模式主要有三类。

一是农业保险机构自主进行产品创新和运作的模式。1997 年发生在美国的世界第一笔天气衍生品交易为农业风险管理提供了新的思路，一些发达国家的农业保险机构也因此较早开始天气指数保险的设计实施。如美国农业保险公司将降雨量与玉米挂钩设计了天气指数保险产品；加拿大艾伯塔省农业金融服务公司开办了包括卫星云图保险、降雨不足保险和温度保险在内的三种天气指数保险。

二是天气保险公司的专业化运作模式。美国天气保险公司 Weather Bill 是全球第一家面向家庭和企业提供天气保险服务的公司。Weather Bill 提供用于分析天气对客户业务影响的工具以及类似于保险的金融项目，其费用因特定的天气状况而异。从事农业生产和加工的个人和企业可以选择多种险种（如雨季险或霜冻险），也可以根据需要选择定制的天气保险。

三是国际组织支持下的天气指数保险试点模式。如在印度，世界银行的商业风险管理组织支持 BASIX 公司和 ICICI 伦巴德通用保险公司联合开发降雨指数保险产品；在马拉维，世界银行发起了花生种植的干旱指数保险试点。国际组织尤其是世界银行对天气指数保险的大力推广，促进了发展中国家对天气指数保险的认知和实践，该模式也是发展中国家发展农业气象指数保险的主要模式。

（3）农业气象指数保险的市场营销模式

从实践情况看，目前农业气象指数保险产品的市场营销模式主要有三类。

一是直接销售模式。如美国的天气保险公司提供的网上天气保险业务就采用该模式。

二是代理销售模式。天气指数保险产品的目标客户大多位于偏远的农村地区，保险公司建立直接销售渠道成本较高，因此可以选择农村销售网络较完善、信誉良好的信贷机构、储蓄机构或农业生产资料供应商作为天气指数保险产品的销售中介，进行代理销售。如印度的农业保险公司就充分利用涉及订单农业和农业投入品的相关企业来拓展自身的销售渠道。

三是捆绑销售模式，即银保互动模式。银保结合的方式主要有印度模式（BASIX 零售降雨指数保险以转移贷款的违约风险）、蒙古模式（牧民的借贷行为与牲畜指数保险结合）和秘鲁模式（信贷与 IBRTPs 相结合，通过 MFIs 销售，同时与个人贷款联系，最高赔偿额为贷款额度）。银保互动机制绩效体现在：一方面能够减少交易成本，拓宽指数保险营销渠道。天气指数保险产品的保险责任较为单一，且发展历史较短，尚未被目标客户广泛认可，因此进行独立的产品销售较为困难。实践中，不少国家采取天气指数保险与农业信贷捆绑销售的模式，能够减少交易成本；另一方面，指数保险具有转移系统性风险的功能，能够提高农民风险管理能力，平滑农户收入，从而放松了农民金融需求的自我抑制，并降低农民的违约率。同时，农业贷款违约率降低，借款人收益增加，从而提高金融机构发放贷款的意愿与规模，有利于提高农村信贷市场的效率。

（4）国际组织的支持与商业保险公司的参与

农业气象指数保险的国际实践表明，农业气象指数保险计划在发展中国家的顺利开展都离不开国际组织以及各国政府提供的有力支持。世界银行、气候与社会国际研究院、世界食品项目及大型再保险集团的技术支持是指数保险项目成功与否的关键。各国覆盖面较广的气象站支撑和完善的气象、产量等相关历史数据支持是指数保险合同定价与理赔的基础。

商业保险公司能够参与农业气象指数保险的开发与调研，拓宽和改善销售系统，及时根据客户的反馈意见对产品进行修改和完善，因此，商业保险公司的积极参与也是天气指数保险顺利发展的必要保证。另外，通过各种宣传教育方式提高农户尤其是小农户的风险认知态度以及对指数保险的了解，从而提高对指数保险的有效需求也是发展农业气象指数保险的必要手段。例如，印度、秘鲁的指数保险项目，采用宣传册、广播、电视、手机、微型电影等能接触到分散的农民的方式，开展宣传教育。

（5）农业气象指数保险在发展中国家的实践中遇到的主要问题

从发展中国家农业气象指数保险试点来看，指数保险作为一种农业风险管理方式的创新，还存在一些问题。

第一，指数保险在发展中不可避免地会面临基差风险。基差风险作为一种剩余的未保险损失，来自于依据指数的赔付额和保险原本要抵御的实际损失之间的不完全匹配。由于气象指数保险的指数和损失之间没有充分的相关性，投保人可能得到的赔付会高于实际损失，甚至会出现没有蒙受损失也获得赔付的可能性；与之相反，投保人蒙受了巨大的损失，但得到的赔付远远不足以弥补实际损失，并且基差风险的程度会随着天气发生空间变化、管理方式、土壤质量或者是作物品种的不同而不同。同时，气象站不足及历史数据缺乏也会加大指数保险的基差风险，从而影响农户投保的积极性，成为制约发展中国家气象指数保险计划进一步发展的障碍。

第二，农业气象指数保险的目标客户大多处于偏远地区和散落在农村。一方面，农户不了解指数保险与传统农业保险差异，参与者少，受益面小；另一方面，保险公司的销售渠道难以到达这些顾客，导致销售渠道薄弱，制约着农业气象指数保险的进一步发展。2009 年，全球 30 个发展项目保险收益人约为 129 万人、总保额约 10 亿美元，而传统的 6 个灾难救助项目收益人约 117 万人、总保额高达 2165 亿美元，可见其发展水平仍然较低。

三、指数保险在我国的实践以及进一步完善的政策建议

（一）指数保险在我国的实践

1. 价格指数保险在我国的实践

目前，我国的价格指数保险也进入试点阶段。上海在国内首创了蔬菜价格保险制度，主要由上海安信农业保险公司负责实施，政府对保费进行补贴。上海推出的蔬菜价格指数保险的具

体品种包括2010年在上海市农委支持下，上海市安信农业保险公司推出的“冬淡青菜成本价格保险”产品以及2013年在上海市崇明县推出的“绿叶菜田头交易价格指数保险”。2013年10月，成都市也开始实施政策性蔬菜价格指数保险的试点工作。该方案包括莴笋、空心菜等11个大宗蔬菜种类，青白江等9个区市县的企业、农民、合作社，凡有两年以上种植经验且已参加政策性特色农业蔬菜保险的均可投保。该蔬菜价格指数保险采用蔬菜离地价格作为蔬菜价格指数保险理赔参数。当保险蔬菜在保险期限内的平均离地价格低于保险价格时，视为保险事故发生。同年，江苏省张家港市推出“夏季保淡绿叶菜价格指数保险”产品。

在生猪养殖方面，2013年5月24日，北京生猪价格指数保险启动暨签单仪式在顺义举行。安华农险签出全国生猪价格指数保险第一单，该指数保险以生猪为保险标的，以生猪价格指数为保险责任，在保险期间内，生猪平均价格指数低于保险责任约定价格指数时，视为保险事故发生，保险公司按照保险合同约定负责赔偿。同年，安华农险在山东省沾化县推出生猪价格指数产品，以减少市场风险对生猪养殖户的冲击。2013年8月，中航安盟保险公司在四川省彭州市推出“调控型育肥猪价格指数保险”，在规避市场风险的同时，也通过调控的方式来稳定生猪生产数量，避免非理性扩大生产规模导致价格下跌，保证市场供求平衡。

从国内价格指数保险发展实践来看，我国已经具备了一定的技术手段和机构资源，应该积极鼓励保险公司根据我国的实际情况创新适合农产品市场需求的价格指数保险产品。

2. 气象指数保险的在我国的实践

我国幅员辽阔，是世界自然灾害多发的国家之一，自然灾害种类多、分布广，每年由自然灾害引发的农业经济损失巨大。面对频发的自然灾害给农业及人民生活带来的巨额损失，我们需要引入一种新的农业巨灾风险管理方式，为农业生产和农民生活提供更充足的保障。目前，我国部分省份已经相继启动了农业气象指数保险的研发和试点工作。

上海安信农业保险股份有限公司在我国首开气象指数保险在农业领域应用之河，于2007年4月，试点推出了全国首个农业气象指数保险——西甜瓜梅雨强度指数保险。西甜瓜梅雨强度指数保险规定，在梅雨期间，当保险西甜瓜所在区域的暴雨日数累计达到3日以上（不含），并且累积降雨量超过本合同约定的“预定触发值”时，保险人按本保险的约定负责赔偿。但由于政策调整，政府取消了财政补贴，加之费率较高，农民投保积极性出现不足，业务量随之萎缩，安信农险停办了该业务。

2008年4月，国元农业保险股份公司、中国农业科学院农业环境与可持续发展研究所与国际农业发展基金、联合国世界粮食计划署等机构合作在安徽试点开展“农村脆弱地区天气指数农业保险”合作项目。该项目选取安徽省长丰县、怀远县分别作为旱、涝灾产品的研发基地，共同开展我国农业气象指数保险产品试点工作。在对农户需求、支付能力和意愿、对农业风险认知程度等进行深入研究和分析的基础上，项目组的中外专家在2009年共同开发完成了两项农业气象指数保险产品设计：一种是以干旱灾害为保险责任的长丰县水稻干旱天气指数保险产品，另一种是以洪涝灾害为保险责任的怀远县水稻内涝天气指数保险产品。长丰县水稻干旱天气指数保险于2009年得到了中国保监会的试点批准，并于2009年签订了首张保单，为长丰县水湖镇盐湖村地区的482户农民、共约85公顷的水稻提供了38万余元的农作物风险保障。据最新数据显示，2012年，该产品的保障范围进一步扩大，已惠及1471户农户，参保面积达12810亩，保险总金额211.2万元。而怀远县水稻内涝天气指数保险仍处于模拟实验阶段，尚未向市场投放相关产品。与此同时，我国首例农业气象指数保险赔付也出现在安徽省，2011年5月，由于低温触发了“小麦种植天气指数保险”的赔付指数标准，国元农险根据保险合同，立即启动理赔程序，并借助气象农业保险理赔程序简便、快捷的优势，于3个工作日内完成了所有理赔工作。

除了上海市和安徽省外，我国其他省份也开始积极对农业气象指数保险产品进行研发和试点工作。2012年中国人寿保险公司在福建长汀县三个乡镇开展了“烟叶冻灾和水灾指数保险”。该险种由烟叶公司、地方政府和烟农三方共同承担保费。水产养殖方面，2013年，人保财险股份有限公司在大连市针对水产养殖开展了“风力指数保险”产品，以风力指数为理赔依据，兼具“渔业保险”和“指数保险”双重属性。其他还有针对台风灾害的海南橡胶风灾指数保险、针对低温冻害的江西柑橘气象指数保险等项目（见表7－5）。

表7－5　　我国农业气象指数保险试点情况

地　区	风险事件	测量指数	保障对象	现　状
上　海	梅　雨	累计降雨量指数	西瓜种植户	2007年试点
安　徽	旱　灾	降雨量指数、气温指数	水稻种植户	2009年试点
	内　涝			模拟试验
海　南	台　风	台风指数	橡胶种植户	2008年实施，2010年作为政策性森林保险提供
江　西	秋季低温	低温指数	蜜橘种植大户	2011年试点
北　京	干旱和阴天	累计降雨量和连阴天数	蜂群饲养户和农民专业组织	2011年人保公司研发产品，正酝酿试点
福　建	冻灾和水灾	冻灾和水灾指数	烟草种植户	

从实践经验看，目前我国各省份的农业气象指数保险试点时间均比较短，承保面积都不大，保障金额也不多，农业气象指数保险给农业生产和农民生活带来的经济效益尚待确定。

3. 地震指数保险在我国的实践

地震作为典型的巨灾风险，具有预测预报困难、波及地域广泛、灾难损失巨大等主要特点。中国地震灾害严重且频发，津京地处华北地震带，自1679年以来经历了数次高强度地震。故此，建立和完善地震保险制度迫在眉睫。瑞士再保险公司根据在其他国家和地区试点推行的巨灾融资机制——巨灾指数保险实践经验，与南开大学国际保险研究所合作共同研究设计适合天津市特点和需要的地震巨灾指数保险方案。其目的在于以天津为试点，通过指数保险概念和模式下的灾前融资方案及其对城市地震灾难损失的有效解决应用研究，对中国紧急灾难救助体系的完善，以及保险在政府应对重特大自然灾害救灾工作的资金支持等方面发挥重要作用，从而为推动中国巨灾保险体系的发展和创新及中国财政预算的体制化提供有益支持。

（二）指数保险在我国发展遇到的瓶颈

虽然指数保险拥有诸多优势，但在我国还没有被大规模应用，其发展仍然存在诸多瓶颈。

第一，各个相关利益者对指数保险认识不足。在政府层面，决策层对指数保险的定位尚不明晰，尚未明确指数保险的相关立法和规定以及产品创新的合法程序和方案；在产品的供给层面，相关保险机构对指数保险产品的设计和运作研究不足，缺乏参与产品创新的主动性；在产品的需求层面，绝大部分消费者和相关企业对指数保险产品缺乏了解，对该产品的主动需求有限。缺乏对产品的了解，必然会抑制消费者对指数保险产品的需求；缺少市场需求，必然会影响指数保险产品研发的主动性，进而阻碍指数保险在我国的发展。

第二，缺乏开发指数保险所需要的技术和数据。由于我国还未对指数保险的发展给予足够的重视，指数保险研究试点呈现分散性和自发性的特点，效率较低。政府相关职能部门以及保险公司等关键机构尚未就产品研发建立统一的资源共享和专业技术互补机制，致使指数保险产品设计必须的技术和数据支持不足或获取困难。

第三，幅员辽阔以及相关人才的匮乏增大了指数保险产品的设计难度。指数保险产品设计需要针对特定区域的特定主体所面临的特殊风险量身打造。我国幅员广阔，地理环境复杂，气候环境多样化，这为产品的设计增加了难度，同时也给基差风险的控制增加了难度。因此，如何降低基差风险是指数保险产品研发面临的重大挑战。除此之外，指数保险产品的设计需要拥有各相关领域专业知识和数据作为设计基础，而目前我国缺少各领域专业人才合作的协调机制，更加缺乏具备农业、气象、保险背景的复合型人才的储备，因此，导致指数保险产品的设计在风险的识别和量化、触发指数的确定、合约的定价等环节也存在较大困难。

（三）我国发展指数保险的对策建议

指数保险在我国发展时间短，基础数据搜集、产品设计技术及产品经营经验等均存在不足。尽管如此，为了促进我国风险管理，尤其是弥补传统农业巨灾风险管理方式的缺陷，保障不同群体尤其是农民利益和农业生产的顺利进行，继续在我国发展指数保险势在必行。本文结合国外指数保险发展经验和我国的初步实践，从政府、保险机构、消费者三方面提出以下对策建议。

1. 发展指数保险需要政府的多元支持

（1）完善法律法规和监管体系

目前，对于指数保险是否属于真正意义上的保险范畴还存在一定争议。因此，要想指数保险在我国健康发展，首先需要加强制度保证，政府要提供必要的制度保证和监督，倡导建立覆盖全国、运转有效的农业保险制度。政府可以参照其他国家的相关立法，建立指数保险市场准入、市场退出、经营范围、业务品种、市场行为规则、服务对象、财务监管、风险控制、监管主体的职责与权利等内容的完善的法律法规和监管体系。同时，与传统保险一样，指数保险本身也无法消除系统性风险，保险公司需通过国际资本市场或国际再保险在全球范围分散风险。政府在立法时，要注意立法的标准化和国际化，以便商业保险公司与国际风险市场顺利对接。

（2）完善相关政策，出台创新措施支持指数保险发展

第一，积极寻求国际组织支持的试点项目。由于技术和经验欠缺，我国指数保险需要来自国际组织，如世界银行、国际农业发展基金、联合国世界粮食计划署等在资金、专业人才和技术上的支持，提高项目的成功率，从而对我国指数保险的发展产生示范效应。

第二，为指数保险产品设计提供便利。充足的地区产量、价格、农业和气象数据是进行指数保险产品开发的必要前提，我国众多数据尤其是气象观测资料大部分掌握在政府部门手中，指数保险产品开发多受制于缺乏足够的数据支持。为此，政府要选择优质保险公司开展指数保险试点的产品研发，并在保险公司、政府职能部门、气象部门等主体之间搭建一条数据获取的

“绿色通道”，为指数保险产品研发提供支持。

第三，在推行指数保险的过程中，政策支持十分重要，特别是地区和险种试点政策。指数保险在全球推行的经验表明，先行试点、逐步推广是其成功的经验。不同区域的个体面临不同的费率差别及不同风险对不同地区产量影响的差异问题，因此，指数保险的地区和险种试点是必须的。例如，价格指数保险在我国没有固定成熟的模式可以遵循，需要结合农业实际，积极探索尝试，稳步推行试点，提炼可供借鉴或复制的经验做法。同时，发展价格指数保险还需要选择适宜品种。对于农业气象指数保险，我国可以选择保险发展较快，尤其是农业保险运行比较有代表性的地区先行试点，发现运行中的问题，需要进一步改进。

（3）加大财政、技术和人才支持力度

一方面，在我国，农业保险作为政策性保险，其发展一直以来很大程度上是依靠政府财政补贴支持。要在我国进行指数保险产品研发和推广，必须借助政府财政资金的大力支持，并对开展指数保险的保险机构进行财政补贴或税收优惠。尤其是发生系统性风险时，政府要给予足够的资金支持和信贷支持。

另一方面，指数保险的研发需要大量的数据作为支撑，政府需要投入资金建设完善的数据观测系统，培养和引进具备相关知识技能的专家人才。

2. 保险机构要提高指数保险研发的主动性

（1）积极进行指数保险产品研发

保险机构要认清自身定位和承担的社会责任，密切关注世界银行等国际组织的试点计划，寻求政府及相关职能部门的帮助，积极争取获得试点项目支持。不断提高指数保险产品研发的积极性，进行充分的市场调查，建立历史数据库，完善产品设计环节，合理设计产品赔付指数标准和定价标准，做好出险后的理赔服务。同时，产品创新需要立足于我国农产品市场的实际需求，例如价格指数保险需要选择在居民消费指数（CPI）中权重较大的典型品种为重点研究对象，探索价格指数保险的保供稳价模式。

（2）提高产品设计的科学性

由于专业技术和实践经验等方面的不足，可以首先以简单的指数保险项目试点，待条件成熟后再做更大范围和更深层次的推广应用；同时，指数保险的运行在很大程度上依赖于指数的确定，因此保险公司要适当谨慎地确定试点地区和产品品种。应合理的选择并制定指数保险合同内相关的指数参数，特别是触发理赔指数，一定要参照所选区域历史产量和损失情况；通过对大量的、长期的、尽可能完整的历史数据和生产数据的分析，建立合理科学的损失模型。同时，要根据实际情况适当的对指数参数进行调整和完善，充分考虑到消费者，主要是农民群体知识水平不高及接受新事物能力较弱的特点，尽可能简化保险合同的内容和流程。

（3）建立完善的巨灾分散机制

由于多数指数保险产品处于试点阶段，地域范围较小，风险分散程度较低，容易产生系统性风险。因此，保险机构在指数保险经营管理中，要注意风险管控，建立完善的巨灾分散机制，购买充分的再保险，将风险分散到国际保险市场，并可以借鉴再保险人先进的风险管理技术，对指数保险产品不断改进完善。

（4）加强专业人才队伍建设

指数保险产品研发是一个工作量很大的系统工程，需要气象、农业、保险等专业人才的参与，我国保险业亟须加强相关综合专业人才队伍建设，为产品开发奠定基础。同时，保险公司应加强与消费者尤其是农户之间的沟通，增强信息处理能力。保险公司可以通过营业网点建设，组织与农户见面等增强与农户之间的交流，从而提高保险机构对于“三农”的渗透率。

（5）积极推动乡镇银行保险战略合作

在目前中国农村居民保险意识有待提高的情况下，国内保险公司应积极拓展指数保险的销售渠道，与农村信贷机构开展战略合作，发展农村银保模式，由农村信贷机构代理销售指数保险，与农业生产贷款有机结合。指数保险合同高度标准化、透明化，条款简单明晰，适合于银保渠道销售。银保模式能够有效降低农村信贷机构的放贷风险，有利于扩大放贷规模，改善农村信贷环境，进而推进农村保险市场快速发展。银保模式还可以大幅提高农村信贷机构销售渠道的利用率，满足农村信贷机构提高经营效益的迫切需要，进而提升保险公司与农村信贷机构战略合作的长期稳定性，有利于农村金融体系的健全与完善。

（6）通过多种渠道做好指数保险再保险

2008 年全球灾害频繁发生、金融危机爆发，国际再保险价格纷纷上调。在此情况下，保险公司应与中国再保险集团或国外再保险集团积极合作，进行指数保险的联合开发，探索指数保险的再保险工作安排，以降低指数再保险费率。同时，政府可在未来通过建立巨灾基金，向指数保险提供低于国际市场价格的再保险，进而实现对指数保险的间接经济支持。另外，还可利用指数保险的标准化特性，设计基于指数保险的巨灾风险债券，通过资本市场实现指数保险的再保险。

3. 加强对指数保险消费者的教育

我国的指数化保险主要是针对农业生产，因此应该积极向消费者尤其是农户进行相关需求调研。对于中国乡村的农民而言，指数保险是全新的事物，如果产品的投保者不了解保险产品，则会给产品的销售和市场拓展带来困难。因此，需要加强对消费者的教育，强化对农村干部、农技人员的培训，普及指数保险知识，要让广大农户清楚地了解指数保险的优缺点，让农民们明明白白买保险，真真实实得保障。